大数据时代智慧档案建设与管理

于胜田　董洪志　杨　威◎著

线装書局

图书在版编目（CIP）数据

大数据时代智慧档案建设与管理 / 于胜田，董洪志，杨威著. -- 北京：线装书局，2023.10
ISBN 978-7-5120-5535-3

Ⅰ．①大… Ⅱ．①于… ②董… ③杨… Ⅲ．①档案馆－建设－研究－中国②档案馆－档案管理－研究－中国 Ⅳ．①G279

中国国家版本馆CIP数据核字(2023)第126315号

大数据时代智慧档案建设与管理
DASHUJU SHIDAI ZHIHUI DANGAN JIANSHE YU GUANLI

作　　者：	于胜田　董洪志　杨　威
责任编辑：	白　晨
出版发行：	线装书局
地　　址：	北京市丰台区方庄日月天地大厦B座17层（100078）
电　　话：	010-58077126（发行部）010-58076938（总编室）
网　　址：	www.zgxzsj.com
经　　销：	新华书店
印　　制：	三河市腾飞印务有限公司
开　　本：	787mm×1092mm　　1/16
印　　张：	12
字　　数：	280千字
印　　次：	2024年7月第1版第1次印刷
定　　价：	68.00元

线装书局官方微信

前　言

随着档案信息化，特别是数字档案建设的深入推进，各级档案馆逐渐积累了大量档案数据。大数据时代的到来以及智慧城市建设的推进，又进一步加剧了档案数据的增长。面对新形势，许多档案馆开始采用物联网、云计算和数据挖掘等技术方法探索档案数据的智慧管理与应用。互联网的快速发展加速了档案管理信息化、数字化、智慧化转型升级。在档案管理中运用大数据技术能够提高档案资源建设质量。在新时代背景下，数字档案资源建设大有可为。档案数字化、智慧化管理取代传统人工为主的材料收集、整理与归档工作，大大提高档案资源建设的效率；同时，利用大数据技术手段有效改善了档案录入不全、不准、不规范的问题，推动了档案资源建设向高质量阶段迈进。

本书属于大数据时代智慧档案建设与管理方面的著作，由大数据与档案工作、智慧档案的基础设施与信息系统建设、智慧档案信息资源建设、智慧与档案信息化保障体系建设、智慧档案数字化建设、大数据时代数字档案馆与智慧档案馆建设、大数据时代电子文件管理及应用、大数据时代档案管理技术、大数据时代的档案管理工作等部分构成，全书主要研究智慧档案建设与管理，分析智慧档案建设方法，阐述智慧档案管理思路，对从事智慧档案建设与管理的研究学者与工作者有学习和参考的价值。

本书参考了大量的相关文献资料，借鉴、引用了诸多专家、学者和教师的研究成果，其主要来源已在参考文献中列出，如有个别遗漏，恳请作者谅解并及时和我们联系。本书写作得到很多专家学者的支持和帮助，在此深表谢意。由于能力有限，时间仓促，虽极力丰富本书内容，力求著作的完美无瑕，虽经多次修改，仍难免有不妥与遗漏之处，恳请专家和读者指正。

编委会

张镠亮　叶　敏　陶东明

张筱蕾　唐　蕾　李京鸿

目 录

第一章 大数据与档案工作 (1)
- 第一节 大数据概述 (1)
- 第二节 档案的基本知识 (10)
- 第三节 档案工作概述 (23)

第二章 智慧档案的基础设施与信息系统建设 (34)
- 第一节 网络基础设施 (34)
- 第二节 数字化设备 (38)
- 第三节 数据存储设备与数据备份 (49)
- 第四节 信息系统建设 (54)

第三章 智慧档案信息资源建设 (64)
- 第一节 档案信息的数字化 (64)
- 第二节 电子文档归档与电子档案移交 (66)
- 第三节 档案数据库的建设 (73)

第四章 智慧档案数字化建设 (79)
- 第一节 档案数字化建设基础知识 (79)
- 第二节 纸质档案数字化 (83)
- 第三节 其他载体档案数字化 (91)

第五章 大数据时代数字档案馆与智慧档案馆建设 (100)
- 第一节 数字档案馆建设 (100)
- 第二节 智慧档案馆建设 (105)

第六章 大数据时代电子文件管理 (122)
- 第一节 电子文件的计算机管理 (122)
- 第二节 电子文件管理软件及其应用 (133)

第七章 大数据时代档案管理技术 (138)
- 第一节 计算机与多媒体档案管理技术 (138)
- 第二节 档案管理网络化技术 (143)
- 第三节 档案信息存储与数字档案馆技术 (151)

第八章　大数据时代的档案管理工作 …………………………………（157）
　　第一节　大数据环境下的档案信息资源整合 ……………………（157）
　　第二节　大数据环境下的档案信息资源挖掘 ……………………（168）
　　第三节　大数据环境下的档案信息资源开发与利用 ……………（178）
　　第四节　大数据环境下的档案信息服务创新 ……………………（181）
参考文献 …………………………………………………………………（190）

第一章 大数据与档案工作

第一节 大数据概述

一、大数据的定义

(一) 大数据的概念及其内涵

大数据，也就是海量数据，一般指所含的数据集规模巨大，现在大众的软件工具无法在合理的时间进行采集、存储、分析管理的数据信息。因其在各个行业的广泛应用，使之关注热度历年来居高不下。作为人们获得新的认知、理念和创造价值的源泉，大数据的数据来源可以囊括我们在日常生活中普遍可以见到的上传到网页上的图像、视频、录音，高速公路上车辆与收费记录、日常监控录像，医院的治疗病例、高端的基因测序，天文学中通过望远镜收集的信息数据等。

1. 狭义的大数据概念

受早期研究者将数据作为一种工具的思想的影响，很多研究机构和学者将大数据作为一种辅助工具或者从其体量特征来进行定义。

高德纳（Gartner）咨询管理公司数据分析师 Merv Adrian 认为，大数据超过了在正常的时间内和常用硬件环境下，常规的软件工具计算、分析相关数据的能力。

作为大数据研究讨论先驱者的咨询公司麦肯锡，给出的定义是：大数据指的是规模已经超出了传统的数据库软件工具收集、存储、管理和分析能力的数据集。需要指出的是，麦肯锡在其报告中强调，并不是超过某一个特定的数据容量才能定义为大数据，因为随着技术的不断进步，其数据集容量也会不断地增长，行业的不同也会使大数据的定义不同。

电子商务行业的巨人亚马逊的专业大数据专家约翰·拉瑟（John Rauser）将大数据定义为超过了一台计算机的设备、软件等的处理能力的数据量。

简以概之，对于大数据的狭义理解，研究者大多从微观的视角出发，将大数据理解为当前的技术环境难以处理的一种数据集或者能力；而在宏观方面，研究者目前则还没有提出一种明确的看法，但多数都提出了对于大数据的宏观理解，需要注意其在不同行业领域的差异及随着技术进步，其数据容量不断增长的特点。

2.广义的大数据概念

广义的大数据概念是以对大数据进行分析管理，挖掘数据背后所蕴含的巨大价值为视角，对大数据的概念进行定义。

维基百科对大数据给出的定义是：或称为巨量数据、大资料，指的是所涉及的数据量规模巨大到无法通过当前的技术软件和工具在一定的时间内进行截取、管理、处理，并整理成为需求者所需要的信息。

肯尼思·库克耶（Kenneth Cook）将大数据定义为：大数据是人们获得新的认知、创造新的价值的源泉；大数据还为改变市场、组织机构，以及政府与公民关系服务。他们还认为大数据是人们在大规模数据的基础上可以做到的事情，而这些事情在小规模的数据基础上是无法完成的。

IBM组织则是从大数据的特征出发对其进行定义，它认为大数据具有3V特征，即：规模性（Volume）、多样性（Variety）和高速性（Velocity），故大数据是指具有容量难以估计、种类难以计数且增长速度非常快的数据。

国际数据公司（IDC）则在IBM的基础上，根据自己的研究，将3V发展为4V，即数据规模巨大（Volume）、数据的类型多种多样（Variety）、数据的产生、处理、分析速度加快（Velocity）、数据的价值难以估测（Value）。所以，IDC认为，大数据指的是具有规模海量、类型多样、数据的产生、处理、分析速度加快，需要超出典型的数据库软件进行管理，且能够给使用者带来巨大价值的数据集。

通过对大数据的定义进行梳理可以发现，大多数研究机构和学者是从数据的规模量，以及对于数据的处理方式来对大数据进行定义的，且多是从自身的研究视角出发，因此对于大数据的定义，可谓是仁者见仁，智者见智。

本书在参照了学术领域各个研究机构和行业企业对大数据的定义的基础上，将大数据定义为在信息爆炸时代所产生的巨量数据或海量数据，并由此引发的一系列技术及认知观念的变革。它不仅仅是一种数据分析、管理以及处理方式，也是一种知识发现的逻辑，通过将事物量化成数据，对事物进行数据化的研究分析。大数据具有客观性、可靠性，既是一种认识事物的新途径，又是一种创新发现的新方法。

（二）大数据的价值及其战略意义

1.大数据的价值

现在的社会是一个高速发展的社会，科技发达，信息通畅，人们之间的交流越来越密切，生活也越来越方便，大数据就是这个高科技时代的产物。未来的时代将不是PT时代，而是DT（Data Technology，数据科技）的时代，可见大数据的重要性。

有人把数据比喻为蕴藏能量的煤矿。煤炭按照性质有烟煤、无烟煤、褐煤等，而露天煤矿、深山煤矿的挖掘成本又不一样。与此类似，大数据并不在"大"，而在于"有用"。价值含量、挖掘成本比数量更为重要。对于很多行业而言，如何利用这些大规模数据是赢得竞争的关键。

大数据的价值体现在三个方面：①为大量消费者提供产品或服务的企业可以利用大数据进行精准营销；②做小而美模式的中小微企业可以利用大数据做服务转型；③面对互联网的压力，必须转型的传统企业需要与时俱进，充分利用大数据的价值。

不过，"大数据"在经济发展中具有巨大作用并不代表其能取代一切对于社会问题的理性思考，科学发展的逻辑不能被湮没在海量数据中。

在这个快速发展的智能硬件时代，困扰应用开发者的一个重要问题就是如何在功率、覆盖范围、传输速率和成本之间找到那个微妙的平衡点。利用相关数据和分析，企业组织可以降低成本、提高效率、开发新产品、作出更明智的业务决策等等。通过结合大数据和高性能的分析，下面这些对企业有益的情况都可能会发生：①及时解析故障、问题和缺陷的根源，每年可能为企业节省数十亿美元。②为成千上万的快递车辆规划实时交通路线，避免拥堵。③分析所有SKU，以利润最大化为目标来定价和清理库存。④根据客户的购买习惯，为其推送他可能感兴趣的优惠信息。⑤从大量客户中快速识别出金牌客户。⑥使用点击流数据分析和数据挖掘来规避欺诈行为。

2.大数据的战略意义

大数据技术的战略意义不在于掌握庞大的数据信息，而在于对这些含有意义的数据进行专业化处理。换言之，如果把大数据比作一种产业，那么这种产业实现盈利的关键在于提高对数据的"加工能力"，通过"加工"实现数据的"增值"。

随着云时代的来临，大数据吸引了越来越多人的关注。大数据通常用来形容一个公司创造的大量非结构化和半结构化数据，这些数据在下载到关系数据库用于分析时会花费过多时间和金钱。大数据分析常和云计算联系到一起，因为实时的大型数据集分析需要像Map Reduce（一种编程模型，用于大规模数据集的并行运算）一样的框架来向数十、数百，甚至数千的计算机分配工作。

二、大数据的应用与需求

（一）大数据的主体分类

随着信息时代的不断发展，人们的生活和工作都离不开网络，上网记录最终变成数据。互联网上的大数据不容易分类，百度把数据分为用户搜索产生的需求数据以及通过公共网络获取的数据，阿里巴巴则根据其商业价值分为交易数据、社交数据、信用数据和移动数据。互联网大数据可以分为互联网金融数据以及用户消费数据、用户地理位置数据、用户行为数据、用户社交数据等。

从社会宏观角度根据其使用主体，互联网大数据可分为以下几类。

1. 政府的大数据

各级政府各个机构拥有海量的原始数据，包括形形色色的环保、气象、电力等生活数据，道路交通、自来水、住房等公共数据，安全、海关、旅游等管理数据，教育、医疗、信用、金融等服务数据。政府部门内部数据僵化，部门之间数据固化造成了极大的资源浪费，如果关联这些数据，使其流动起来，对其综合分析，有效管理，这些数据将产生巨大的社会价值和经济效益。

现代城市依托网络智能走向智慧化，无论智能电网与智慧医疗，还是智能交通和智慧环保都离不开大数据的支撑，大数据是智慧城市的核心资本。建设智慧城市，大数据可以在方方面面提供决策支持与智力支持。政府作为国家的管理者应该将数据逐步开放，以供更多有能力的机构组织或个人来分析并加以利用，造福人类。

2. 企业的大数据

企业的快速发展，实现利润，维护客户，传递价值，支撑规模，增加影响，服务买家、提高质量，节省成本，打败对手、开拓市场等都离不开数据的支持。企业需要大数据的帮助才能为快速增长的消费者群体提供差异化的产品或服务，实现精准营销。网络企业应该依靠大数据实现服务升级与方向转型，传统企业面临无处不在的压力同样必须谋求变革，融合新技术，不断前进。

随着信息技术的发展，数据成为企业的核心资产和基本要素，数据变成产业进而成长为供应链模式，慢慢连接为贯通的数据供应链。互联网时代，互相自由连通的外部数据的重要性逐渐超过单一的内部数据，单一企业的内部数据更是难以和整个互联网数据相提并论。综合所提供的数据，推动数据应用、推动数据整合加工的新型公司明显具有竞争优势。

大数据时代产生影响巨大的互联网企业，而传统IT公司也开始进入互联网领域，运用云计算与大数据技术来改善产品，提升平台，实现升级，这两类公司互相借鉴，相互合作，彼此竞争。

3.个人的大数据

每人都能通过互联网建立属于自己的信息中心，积累、记录、采集、储存个人的一切大数据信息。根据相关法律规定，经过本人亲自授权，所有个人相关信息将转化为有价值的数据，被第三方采集可以快速处理，获得个性化的数据服务。通过信息技术各种可穿戴设备（包括植入的各种芯片）都可以通过感知技术获得个人的大数据，包括但不限于体温、心率、视力等各类身体数据以及社会关系、地理位置、购物活动等各类社会数据。个人可以选择授权给医疗服务机构，允许其查看身体数据，以便监测出当前的身体状况，制订私人健康计划；还能授权专业的金融理财机构，允许去查看个人金融数据，以便制定相应的理财规划并预测收益。当然国家有关部门还会在法律允许的范围内进行预防监控，以保障公共安全，预防犯罪。

个人的大数据严格受到法律保护，其他第三方机构必须按法律规定获得本人授权方可使用，数据必须接受公开透明全面监管；采集个人数据应该明确按照国家法律的要求，由用户自己决定采集内容与范围；数据只能由用户明确授权才能严格处理。

（二）大数据的应用

1.大数据在个人生活上的应用

（1）在各类文化产品上的应用

根据统计资料，文化传媒是第二大数据来源，仅次于政府产生的信息数据。如何运用大数据提高数据价值，了解消费者需求，使生产文化商品能满足目标人群的需求，提升利润空间，成为无数文化企业关注的核心课题。

影视业中应用大数据直接迎合观众需求。过去主要靠导演、主演、制片人的经验制作影视剧；很多时候投资需要寻找社会关系；播出需要借力平台，依靠品牌效应。而观众只是客体，只能被动欣赏。在大数据时代，影视制作模式创新，播出模式开始转变。导演直接了解观众需求，想看什么拍什么。

旅游业中应用大数据预测游客趋向。在法国阿维尼翁论坛上，大数据成为会议最流行的热词。为了迎接外国游客，法国蓝色海岸区域旅游委员会和法国移动运营商Orange联合应用大数据计算进行调研，对超过100万个用户进行数据分析，检测游客的游览路线、采集住宿情况、测量游客数量、定位用户电话、计算停留时间、测算游客活动范围，以完善地区旅游发展方案，调整酒店位置，设计不同交往方式，针对不同地区的旅游者，设计相应活动。这些做法快速有效地提高了地区收入，提升了服务质量。

此外，还可以应用大数据来在在线音乐平台精准投放广告。音乐服务商可以通过网络收集用户的数据，找到适合的音乐类型，发现用户在不同场所与时间段以掌握用户的爱好兴趣，从而直接推送对应类型的广告，让用户充满兴趣。例如，在周末下午，收听动感音乐，电台会尝试投放参加波多黎各冒险游的广告；而如果周一一早晨，在办公室上班前听激情音乐的用户，可能需要电台投放一个欢乐的巴黎之旅广告。

艺术品市场也可以应用大数据来判断市场，评估变化，预测交易，提高交易数量。大数据在艺术市场引领潮流，预测方向。艺术品行业产生的大数据主要来自用户交易、内容分析和物流渠道三方面。艺术品数据公司 Artnet 搜集艺术品交易记录，建立包括艺术家、经纪人、设计师的数据库。签约用户可以利用大数据分析艺术品市场，预知变化。

同时，大数据还可以应用在时装设计中。大数据改变着时装设计的方法，影响时装行业。时装设计能否成功常常取决于对颜色图案、形状面料、大小尺寸等的正确的选择，而这些都可以通过大数据收集资料，分析趋势，来获得答案。

最后，大数据还可以应用在设计开发电子游戏上。现在无论是手机游戏还是社交游戏，数据分析成为开发的主要环节，在整个过程中都起着重要作用。通过大数据，采集分析每日活跃在网络的用户数，调整游戏时间等，设计者不仅能提升客户体验度，还有利于降低新游戏投入市场的风险，减免成本。

（2）在其他方面上的应用

大数据有望在社会生活的方方面面得到应用，改变市民的日常生活。

在卫生健康方面，针对临床质量分析、医疗辅助决策、医疗资源分配、科研数据服务、个性健康引导的需求，需要建设全民医疗健康公共服务平台，完善涵盖全部患者的电子诊疗档案库，形成 PB 级的医疗大数据，支撑所有医生在线诊疗的医疗平台。在食品安全方面，面对依然严峻的食品安全形势，通过数据管理，了解顾客需求，建设食品安全大数据平台；在全民教育方面，提高全民素质，终身学习、继续教育都需要应用教育大数据为其提供服务；在智能交通方面，细化交通规划，改善交通方案，协调跨部门管理，提供个性化服务，掌握公众信息，全方位地利用交通大数据，建设服务平台；在社会安全方面，为实现治安防控、保证反恐维稳、作出情报研判、帮助案情侦破等，迫切需要建设大数据公共平台，整合安全管理；在科技发展方面，支持科技服务数据整合、实现交互式服务、预测发展趋势、支持战略决策，探索科技服务链整合、众包分包、供需对接的交互式平台型服务模式，建立科技服务业的大数据体系，所有资源共享，建设跨领域科技服务平台，利用科技服务推动工程创新。

2.大数据在企业发展上的应用

（1）在资源优化上的应用

无论是工业、研究、金融、媒体，还是日常生活都会产生大量数据。大数据通过采集周边环境的信息，建立数据库，帮助我们预测未来，推荐健康的生活方式，世界上每分钟都会产生大量数据，但重要的不是庞大的数据本身，而是用这些数据我们可以做些什么。数据共享可以为企业创造机遇使企业服务得以改善，实现透明高效发展，为顾客提供个性化服务。进行监管大数据是欧盟支持大数据建设、推动欧洲经济发展的第一步，实现较低费用使用公共数据，推动简捷方式优化使用条件。

在零售行业，同类产品彼此之间差异小，可替代性强，零售企业提高销售收入就需要提供更好的购物体验和客户服务，需要增加有特色的商品，丰富本地商品种类，增加各种流行款式，缩短消费周期，运用计算机技术和各种通信技术了解客户需求，对消费需求的变化迅速作出反应。通过分析大数据，零售企业可以精心选择上架产品，提供新鲜式样新颖的商品以吸引顾客；进行大数据分析，分析消费行为，以及判断销售趋势，进行调整；在制定价格时采取灵活策略，考虑节假日和天气等因素；稳定收入源，了解消费群体，进行大数据预测，利用电话、网络、电子邮件等一切方式联络客户，采集数据，进行分析，并结合各种客户的具体购物习惯，提供个性化的服务，提高客户忠诚度。运用大数据技术及时收集微博等社交媒体产生的大量的实时数据，将其与市场销售数据进行整合，为企业决策提供帮助，实现智能化发展，帮助企业把握市场发展趋势，预测客户消费行为，制定更加有效可行的策略。

每个机构和组织都在分析大数据，进而挖掘出来对客户与社会有价值的信息。通过分析客户的金融数据，银行可以进一步确定潜在的优质客户，找到高质量的信用卡用户，提高还款比例，实现利润提升。通过整合交通信息，交管部门可以掌握全局，了解实况，更好地预测路面情况，优化管理措施，建立优质高效的交通管理机制，根据大数据预测解决交通拥堵问题。

（2）在高效分析上的应用

只有提出正确问题，利用高效分析工具，对数据作出分析处理，数据才能产生巨大价值，有用的相关数据才会发挥作用，帮助我们决策，大数据的价值才会实现。企业除了需要大数据分析的新技术，还需要新人才，尤其是分析人才（如数据科学家）。人才需求激增的情况下，企业要想稳步发展就要尽早开始人才储备。数据离不开统计学，大数据时代需要新的统计方法，统计分析变得更加重要。

由于数据的采集、储存和分析的成本高，传统统计学试图通过最小量的样本观测来发现规律。而在大数据时代，我们可以收集所有产生的数据，对所研究现象进行分析。此外，在统计学中，我们进行分析时会考虑与研究对象具有内在关系的因素，如根据一个借款者的信用状况判断其按时还款的可能性。大数据时代会考虑一些不具内在关系的信息，如借款人的发型与颜色，经常使用的搜索工具与网络浏览器，打字时习惯用大写还是小写字母，常用的拼写格式，等等。

3.大数据在政府社会服务上的应用

（1）在政府部门间合作上的应用

政府掌握着从人口、卫生到交通、税收，从医疗、社保到城市规划等方方面面的大数据，但是各个部门间的各种数据并没有得到高效整合，大量部门数据仍然处于固化之中，这些信息孤岛不便于政府调度，难以服务公众，办事受到制约，数据活力不能得到有效激发。

政府部门拥有社会各领域产生的各种大数据，在数据采集储存方面具有天然的优势。但是，海量的政府信息分属于不同单位与部门，各部门间又有不同类别的数据，并没有互相关联，而是相互隔离，形成数据割据，对于这些规模巨大的信息，各部门对数据的利用不足，仅仅限于收集分类，简单地进行统计分析，缺少对数据的整合和深入挖掘，难以获得社会价值。因此，可以将大数据应用到政府部门间的合作上。一方面，政府拥有正规专门的各级统计部门和规模庞大的干部队伍，掌握了大量经济社会各个领域的大量数据，数据十分可观；另一方面，政府工作密切关系民生，在日常相关行政过程中，不断积累储存了各类与社会生活紧密相关的数据。同时，政府还可以按照具体需求，直接要求事业单位、企业、行业协会主动提供各种数据。

（2）在公共服务上的应用

目前中国的大数据应用主要集中在科研学术领域和工业商业领域，然而可以预见，大数据时代将为政府转型，转变职能，带来新的发展机遇，这一时代趋势将变革公共服务方式，影响服务体系建设，需要政府部门提前规划、提前布局。

公共服务需要大数据来建立健全导向机制。当前公共服务的对象难以明确而且类型众多、爱好各异，这要求政府提供的服务不能千篇一律，以免缺乏针对性，造成资源浪费。在公共领域，依靠大数据分析技术，系统收集信息，分析民众需求，开展有针对性的服务，实现网络推荐，进行效果评价，建立反馈机制，不仅能提高公共服务效能，还能够提高群众满意度。

在市政管理中，应用大数据技术有助于优化资源，有效使用行政资源，促进政府的支出效益实现最大化。大数据有助于执法与经济规划，而在防灾和灾后恢复等方面，大数据同样可以大显身手。大数据可以应用于预防犯罪，执法人员可以在犯罪行为实施前作出预测，对其进行监控，侦查到有效证据，提前预防，先发制人。

在反恐与国防安全领域，大数据有助于提高国家安全保障能力。应用大数据技术对储存在各部门的不同信息进行自动分类、处理分析，有效预测，改善情报不足，帮助侦查系统升级，增强国家安全保障能力。

挖掘大数据可帮助提高政府决策质量，实现决策的科学性、高效性。

（三）大数据的需求

目前，企业数据中非结构化数据成为主流。企业信息技术架构中，结构化数据和非结构化数据占据了越来越重要的位置。

从表面来看，企业对于数据分析的需求始终都存在，数据不是理论上的革命或者技术上的革命，它是一种革新，这种革新标志着企业对于数据应用的需求上升到一个新的发展阶段。在这个阶段中，企业不但处理数据的速度越来越快，而且处理数据的类型也会越来越多，既要处理结构化数据，又要处理非结构化和半结构化数据。最为重要的是，企业怎样把这些数据上升为战略资源，利用这些数据提升自己的市场竞争力。

大数据的核心价值在于，帮助用户从大量的结构化或非结构化的大数据中，用一种全方位的方法或者一种数据分析手段，发掘出新的业务模式，创造一些新的商业发展机会，以及发掘新的潜在用户。

对于大数据目前的应用可能性，从行业应用特点来讲，大数据技术与互联网、电信、制造、医疗、金融流通这些行业的切合度最高；从应用需求来分析，互联网、制造、医疗、政府、能源、教育、快消品等行业与大数据的技术切合度较高，会有比较大的应用前景。

互联网行业，除了社交、商业零售业务之外，像在线音视频业务、广告监测、精准营销等都是未来潜在的大数据应用场景。电信行业中实时营销、线路监控、新业务挖掘等也是未来电信行业比较有潜力的大数据应用场景。金融行业中信用卡、防欺诈、电子支付业务等对大数据有较大的需求。制造行业中供应链的优化、产品研发、仓库监控等是未来制造行业中应用大数据较多的领域。

另外，不一定规模大、业务量大的企业对于大数据才有比较迫切的应用意愿，一些中等规模企业对于应用大数据相关技术的意愿更高。

此外还应该构建大数据创新体系，成立大数据产业联盟，实施技术创新战略，成立数据科学方向的国家重点实验室，建立数据工程技术研究中心等，为实现大数据产业应用、技术创新以联盟为纽带，促进形成若干引领大数据产业技术创新的企业联合实体。企业联合实体以合同为保障，有效整合产、学、研、用各方资源，以实现技术创新、满足市场刚性需求为目标，发展拥有自主知识产权，符合国内外市场产业发展需求的应用技术，建立产业标准、产品规范。

大数据帮助我们构建信息社会，更好地了解社会，为每个人提供服务，帮助人们作出决策。目前分析数据人才稀缺，就业市场尤其需要有经验、有知识储备的人才。在日常生活中人们不能仅仅依据感性经验作出决策，而应该运用数据分析，医生应该在大数据分析的基础上选择恰当的治疗手段；学校和老师需要对教学案例进行大数据分析，合理安排教学，改进教学方法；公司和企业应该学会利用大数据分析，创造新产品，为客户提供新服务；政府改进政策更加需要建立在大数据分析的基础上。在数据规模庞大的今天，我们更加需要收集大量的数据并作出行之有效的分析，这样才能实现上述目标。

第二节　档案的基本知识

一、档案的概念

由于文字的发明、社会生产力的发展、人类活动领域与范围的扩大、社会公共行政管理事务的需要，档案作为"人类历史的记忆"，于原始社会末期便产生了。在我国档案的名称经历了较长时期的演变，最后才基本稳定在"档案"这一称谓上。根据现在所知，"档案"一词最早记载见于清代顺治朝官府档案中。

（一）档案的一般定义

《档案工作基本术语》给档案的定义：档案是国家机构、社会组织或个人在社会活动中直接形成的有价值的各种形式的历史记录。该定义言简意赅地指出了档案的形成者、特点以及形式。

实际上，关于档案的定义，可谓见仁见智。恩格斯（Engels）曾经指出，唯一的定义就是事物本身的发展。他进一步指出，定义可能有许多，因为对象有许多方面。美国档案学家谢伦伯格（Schellenberg）曾经对各国档案工作者关于"档案"的定义研究后指出：不同国家的档案工作者对档案一词下了各不相同的定义。他们中间的每一个在下定义时，所考虑的都是如何能够适用于他所处理的材料。"档"一词显然并没有一个不可更动而必须优先采用的、最终的、最完备的定义。它的定义可以在不同的国家做不同的修改，以适应不同的需要。因此，关于"什么是档案"，产生了并可能继续产生若干新的认识是很正常的，是符合认识规律的。

（二）档案一般定义的基本内涵

档案产生于各种社会组织和个人的社会实践活动中，这说明档案的产生时间久远，产生领域广泛，内容构成丰富。

档案形成于人类实践活动中，是人类社会历史的"记忆"和"再现"。可以说，自从有了文字和个人及社会组织利用文字进行信息交流与沟通的需要以及留存备查的需要，就有了档案。同时，人类实践活动涉及自然和社会的各个方面，既包括政治活动、军事活动、经济活动，还包括科学、技术、文化等；既涉及人类认识自然和社会以及改造自然和社会等各个方面，也涉及人类认识和改造自己的主观方面。

档案是保存备查的历史文件，档案由办理完毕且有保存价值的文件转化而来。这指明了档案的成因和价值因素。文件是各类社会组织和个人在履行职务、处理事务的实践活动中形成的具有效用的一切材料的总称。由于社会实践的持续性和继承性，将以后仍具查考利用价值的文件有规律、有规则地保存下来，就转化成了档案。可以说，现在的档案就是过去的文件，现在的文件就是将来的档案，二者具有天然的"血缘关系"。从某种意义上说，"文件"和"档案"是同一事物在不同阶段的两种称呼或者两种表现。

文件转化为档案是有条件的。文件转化为档案一般需要具备三个条件，即办理完毕、具有保存价值、按照一定规律适当集中。所谓"办理完毕"，是指文件在文书处理程序上的办理完毕，而非办事程序和内容上的办理完毕。所谓"具有保存价值"，是指办理完毕的文件的未来使用价值，即未来有用性。具有保存价值的文件，是文件转化为档案的根本原因。所谓"按照一定规律适当集中"，是说必须按照文件之间的内在联系，通过一定的程序和方法将其集中起来规范整理，实现系统化、条理化。科学定义上的档案，不是孤立的或者杂乱无章的文件堆积，而是内在联系着的有价值的文件整体。

档案的形式多种多样，这揭示了档案的物质存在形态和形式范围。人类实践中产生的档案，形式多种多样。档案的形式是指档案文件存在形式和内容记述与显示方式等因素。从档案信息载体来说，有甲骨、金石、缣帛、竹简、泥板、纸草、纸张、胶片、磁介质、光介质等；从信息表达方式来说，文书档案有法律、条例、办法、决定、指示、总结等，科技档案有产品图、竣工图、测绘图、气象图等；从档案材料制作方式而言，有刀刻、手写、印刷、摄影、录音、录像、复印、缩微等。档案形式的多样性要求我们在实施档案管理活动时，要注意从档案形式方面构建结构合理、科学的档案库藏结构，丰富档案资源。

档案是原始的历史记录，这揭示了档案的本质属性，是档案定义的核心和实质。"原始的历史记录"是档案所以成为档案的质的规定性。"档案是原始的历史记录"这一本质属性，是科学界定档案的范围，恰当区分档案和非档案的根本标准。

（三）电子档案、电子文件的定义与特点

电子计算机技术飞速发展，特别是电子计算机技术和现代通信技术相结合形成了信息技术产业，极大地推动了办公自动化、电子商务、电子政务的发展和深化，由此产生了电子公文、电子图书、电子图形图像、电子文献资料等电子文件。具有档案保存价值的电子文件经过归档，即形成电子档案。因此，电子档案就是人类在运用现代信息技术从事社会实践活动的过程中形成的具有保存备查价值的电子文件经过归档转化而来的原始历史记录。电子档案与电子文件具有显著同一性。

"电子文件指在数字设备及环境中生成，以数码形式存储于磁带、磁盘、光盘等载体，依赖计算机等数字设备阅读、处理，并可在通信网络上传送的文件。"电子文件是"以数码形式记录于磁带、磁盘、光盘等载体，依赖计算机系统阅读、处理并可在通信网络上传输的文件"。还有的认为，电子文件是通过代码形式记录于载体，如磁盘、磁带或穿孔卡带，它的内容只能通过机器来利用，并根据来源原则进行整理；电子文件是通过数字电脑进行操作、传输和处理的文件，并具有文件的一般定义。可见，电子文件具有这样一些特点：以数字形式存在，是数字化信息技术的产物；非人工直接识读性；对设备、技术的依赖性；物理结构与逻辑结构的复杂性及对元数据和背景信息的依赖性；文件信息与载体的相分离性和自由移动性；形成与更改易操作性；信息的流动性和资源利用的共享性。电子文件有文本文件、图像文件、图形文件、音频文件、多媒体文件、超媒体文件、程序文件、数据库文件等类型，而且新的种类还会不断产生。电子档案虽然因其生成条件、运行过程、识读方式以及检索、传输、利用等均与传统档案存在较大的差异性，但在主要方面仍然符合档案一般定义所揭示的档案特质。

二、档案的属性

要科学地管理档案，就必须掌握档案的属性。把握了档案的本质属性，才能科学地区分档案和非档案；把握了档案的一般属性，才能正确理解档案与其他事物的关系，恰当处理好档案管理和其他相关工作的分工与协作，有效地服务经济与社会建设事业。

（一）档案的本质属性

档案不仅具有"原始性""历史性"和"记录性"，而且三者有机融合在档案这一特定事物中。"原始的历史记录"是档案的本质属性。

原始性"原始"的含义包括"最初的""开始的""第一手的""最古老的、未开发的"。说档案具有"原始性"，是"原始的"历史记录，就是说档案在内容和

形式上是"直接形成"于它所记载和反映的特定主体的社会实践活动中，而且是最初始的、第一手的、未开发的材料，即"没有掺过水分"的一次性文献。档案特别注重"当时性"和"当事性"。另一方面，档案上以文字、图像、声音等各种形式记录下了客观活动过程的具体情况，包括思想、计划、决策、具体内容、实施过程、质量与效果等；在档案上还大量地留存着产生当时的有关当事人的笔迹、图像、语音等若干原始痕迹符号，如领导签发与签署的笔迹、当事人的指纹、当事人的声音、机关印章、个人私章等。

"原始性"直接关系到档案的"证据价值"，是一个根本性的问题。同时，也必须意识到，档案的"原始性"并非绝对的，仅仅是相对于当时、当事和特定主体而言的。还必须指出，电子档案虽存在易更改性，但从相对的角度看，仍然具有原始性；另一方面，随着电子文件及电子档案信息安全保障技术的日益完善，其典型意义上的原始性仍然是非常显著的。我们不能以技术保障措施的缺陷去否认电子档案本身客观存在的"原始性"。客观地讲，只是人们还没有找到有效的解决办法而已。

何谓历史性？其含义可以从三个方面认识：一是指时间上的"过去"；二是指"事物发生、发展的全过程"；三是从我们认识和研究历史的目的上讲，所谓"历史"，就是"以过去之光照耀现在"。从整体上和科学、典型的意义上讲，档案记载和反映的是"过去"的工作活动；档案是对某个或者某类实践活动或现象的发生、发展、结果等"全过程"进行全面、系统、完整的记载和反映；档案的基本价值和使命以及档案管理的基本任务目标之一，就是要"维护历史发展的真实面貌""再现历史的本来面貌"，充分发挥档案"以过去之光照耀现在"的历史作用，满足各方面利用需要，服务经济和社会建设事业，所以档案具有突出的"历史性"。

记录性档案的"记录性"，指档案是基于某种需要而有意识地通过特定方式与方法形成和积累的。一方面，任何档案的形成都是有意识的而不是无意识的，是人类有意识地制作和使用文件，并有意识地将完结文件中具有保存价值的部分经规范集中和系统整理后转化而来的。另一方面，文件和档案都以文字、声音、图像、数字、图形、线条等符号记录了当时、当事和特定主体开展工作、处理事务的具体思想和活动过程及其成果情况。文献所蕴含的知识与信息是通过人们用各种方式有意识地将其记录在载体上的，而不是天然荷载在物质实体上的。

总之，"原始的历史记录"是档案的本质规定性，是档案区别于图书、资料、文物等若干种非档案事物的显著标志和本质特点；"原始的历史记录"也是档案的根本价值所在。由此决定，只有维护档案的真实历史面貌才能保证档案的根本价值。任何对档案真实性的破坏，将严重损害档案根本价值。

档案虽然一方面与文物、图书、资料、情报、文件等有质的区别，但另一方面，它们之间也客观地存在着内容不同、程度不同的某些联系，有时甚至呈现出交叉、重合的关系。因此，在实践中一方面要按档案自身的特点管理档案，另一方面要适应信息资源管理的时代要求，积极推进档案与图书、资料、情报、文件等的管理一体化。

（二）档案的一般属性

目前，关于档案的一般属性，形成了"知识性""信息性""文化性""资源性""物质实体性""人工记录性""动态发展性"等成果。在这里我们主要就档案的"知识性""信息性""资源性"做介绍。

档案的知识性简单说，就是人们对主观世界和客观世界认知的成果，而这种认知总是和人类实践活动密切相连。马克思主义认为，每个人的知识虽然由直接知识和间接知识所构成，但从根本上和整体上说，又都是从实践中获得的，离开了实践也就无所谓知识的正确获得、科学运用、有效积累和传承与发展。人们把各项实践活动中所获得的认识和经验加以总结和深化，就成了知识。档案直接形成于人类实践活动中，并真实记载和再现了人类认识世界和改造世界实践的思想、过程和结果，必然是一种重要的知识存在和存储形式。而且档案不仅是直接知识的存在形式，内容丰富，而且还是各种书本知识（间接知识）的源泉。从现代知识管理的角度讲，文件、档案作为活动的记录，凝结了实践活动者在从事各项活动过程中获得的认识、体会、经验和教训，一般是最主要的显性知识。

总之，档案的形成就是产生、提炼和存储知识的过程，积累档案就是积累知识，管理档案就是管理知识，利用档案就是传播知识。档案中蕴含的知识是一切文献知识中最基础的知识，档案是其他文献知识的基本起点和源泉，是知识继承和发展的重要基础和前提条件之一。

档案的信息性。信息是客观世界中各种事物变化和特征的最新反映，是客观事物间联系的表征，是客观事物经过传递后的再现。信息是事物的普遍属性，是人们感知事物的中介，能够给人们提供事物性质及运动状态的知识，消除不确定性，向有序化和组织化方向发展。信息来源于物质，但又可以脱离物质而被传递和贮存；信息与载体具有不可分性，必须依附于物质载体而存在和交流。信息按产生先后和加工程度可分为零次信息、一次信息、二次信息和三次信息；按存在的领域可分为自然信息、社会信息和知识信息；从来源与表现形态可分为直接信息和间接信息。信息，特别是间接信息，具有比较显著的价值性、传递性、可存储性、可加工性、延续性、可继承性和可开发性等特性。因而，信息在一定条件下可以转化为生产力或者呈现出其他方面的价值。

从信息的含义、特征、种类、作用等不难发现，档案是一次信息、社会信息、间接信息，属于信息的范畴，具有强烈的信息属性。

具体地讲，档案是人们在社会实践活动中形成的，真实地记录了各种实践活动的整个过程、具体运动状态和存在方式。它所储备的是人们实践活动中直接产生和形成的原生信息。在各种文献中，唯一直接记录和储备原始信息的只有档案。人们在实践中，既不断地从自然和社会中摄取各种零次信息，又不断地形成新的思想认识，取得成功的经验或失败的教训，获得这样或那样的实践成果。所有这些信息，都首先是借助于纸张、磁带、胶片或者其他载体，并通过手写、摄影、摄像、印刷、刻画、数字等各种记录方式，以档案的形式记载和存储下来，并被人们在实践中查阅利用。而且档案承载的信息具有原始记录性，记载和描述了最直接、最原始的运动状态、运动过程，它是真实的，具有极其明显和突出的凭证价值。档案信息是社会信息中最基本的一种存在形式，通常是其他形式的信息源。档案信息的原始性、真实性和可靠性，使得它在整个信息家族中具有非常特殊的地位和作用，极具价值。

信息技术迅速发展，信息领域的变革促进了档案领域的历史性变革。一方面档案信息受到了社会广泛关注和重视，社会对档案信息的需求被深度激发，档案信息共享成为历史的必然和潮流。另一方面，各种信息存取技术、新型文献载体、大容量数据库以及局域网、国际互联网的广泛应用，为档案信息的管理和利用提出了新要求，提供了技术支持。新技术、新需求，彰显了档案的信息属性和信息价值，促进了广泛而强烈的社会需求的迸发，极大地推动了档案信息化建设的进程。

档案的资源性。简单讲，资源就是指能够带来经济效益和社会效益的要素。现代意义上的资源观，不仅要看到人、财、物等资源，而且还从更广阔意义上理解资源。例如，知识是资源，信息是资源，关系是资源，渠道的资源，建议是资源，客户是资源，商标、品牌、厂名、地理位置是资源，商誉是资源，诚信度是资源，机制是资源，管理方法是资源，思想观念是资源等。不仅要看到硬性资源，还要看到软性资源；不仅看到有形资源，还要看到无形资源；不仅要看到物质性资源，还要看到精神性资源。正确把握和调动各种资源，才能够使其发挥重大的作用，创造出更加辉煌的业绩。

21世纪是以知识和信息为特征的，知识和信息都是21世纪最基本、最重要甚至起决定性作用的资源。可以肯定地说，档案具有资源性，是一种重要的知识资源、信息资源。例如，从相对传统的角度讲，企业档案信息是具有重要情报价值的经济资源和管理资源，而且已成为企业资源计划和企业业务流程重组实施的基础。在企业资源计划中，各项经营管理活动都被看成供需链上的环节，它们之间的关系也化为一种信息流在内部流通和共享。如果没有档案信息（特别是有关客户和供应商的档案信息）在管理业务流程上的传输和共享，就不可能实现各种管理信息的集成，更无法实现企业业务流程重组。可见，档案的资源属性和资源价值是显著的。

从文化的角度上分析，档案不仅具有知识性、信息性、资源性，还具有显著的文化性。之所以这样讲，一是因为档案的产生和历史演进本身就是人类文化的产物和文化发展的结果，档案就是文化的一种表现形式；二是因为档案还直接具有记载和积累文化的作用；三是档案具有传播文化的功能，是一种重要的文化传播手段。站在这个意义上说，档案又是一种文化资源。

总之，档案是一种知识，是一种信息，是一种文化产物和文化承载与传播形式，是社会资源的重要组成。

三、档案的一般形成规律和历史联系

（一）档案的一般形成规律

档案是社会组织或个人在履行职能任务或实施个人事务过程中形成并办理完毕且有保存价值的文件转化而来，是与其记载和反映的社会实践活动"间接同步""成套"地形成的，并与其产生的社会文明及技术环境不可分离。在档案管理中，只有充分地研究和尊重档案的形成规律以及由此决定的档案的内在联系等，才能管理好档案，才能有效促进档案资源的开发与利用。

档案是与其记载和反映的社会实践活动"间接同步"地形成的，档案是由文件转化来的，从内容和形式上看，文件和档案是"同一事物"，没有丝毫差异；而文件是作为有关社会活动的内容组成部分与社会活动直接同步地形成的。所以，从内容和形式上看，档案是与有关社会活动"同步"形成的。但是，基于"社会实践活动——文件——档案"的脉络，严格、完整、典型意义上的档案与社会实践活动的关系是一种"间接性"的关系。我们只能说，档案是与其记载和反映的社会实践活动"间接同步"地形成的。

档案是成套地形成的，任何一项社会活动中所形成的文件一般都自然地"成套"，完整地记录和再现该项特定实践活动的发生（或筹备）、演变（或经过）、结果、事后影响（效果）。从积累知识和经验、记录历史的需要而言，保持材料成套性，完整反映每一项活动是一种客观要求。只有成套地形成的档案才利于实现档案的价值和使命。

档案是与特定社会文明及技术环境不可分离的。从实质上看，档案的演进是与人类文明的发展相一致的，与特定历史背景下的技术条件不可分离的，不论是

其产生还是识读和利用均是如此。例如，金石档案的产生与当时的青铜冶炼和青铜器制作工艺密不可分；纸质档案的产生是由于造纸术的发明，并随着雕刻技术和印刷技术的产生与发展而日益普及，进而成为人类近2000年来主要的信息记载与传播工具；声像档案离开了特定的阅读设备是无法进行识读和利用的，而现代电子化和信息技术条件下的电子档案，其生成、阅读、利用与计算机技术、网络技术、现代通信技术以及相关的支持软件、网络系统、硬件设备等具有极为显著的不可分离性。

（二）档案的历史联系

档案历史联系概述由档案的形成规律决定，档案之间具有客观、内在的历史联系，我们必须以科学的态度和方法努力地认识它、把握它、揭示它、保持它、利用它。保持联系是档案管理中的基本原则和根本性要求之一。把握档案的历史联系，一般应主要研究三方面因素：档案的基本形成特点、档案材料本身的基本构成要素、档案管理的实际需要。

从档案的基本形成特点看，首先，人类实践活动在时间上是延续、继承和发展的，"今天"的活动总是"昨天"的延续、继承和发展，"明天"的活动也必然是在"今天"活动的基础上合乎规律地客观发展结果。档案在时间上具有突出的延续性和顺序性。在空间上是密切相关的，每一社会组织和个人的实践活动绝不是彼此孤立的，而是不同程度地相互联系着的，具有空间关联性。作为与实践活动"间接同步"形成的档案，都围绕机关、单位的职能任务，具体形成于为实现特定目的而开展的每一项活动的全过程中，客观地有着某种职能、目的、活动、形成过程方面的同一性和相互间的逻辑联系性，即来源上是联系着的。

从档案材料本身的基本构成要素看，任何文件一般都有责任者、事由（问题或内容）、时间、空间（地区）、文种等五个内容要素。该五要素既是区分文件的五个方面，又是分析和把握文件之间具体联系的五个方面。抽象地从这个角度看，档案具有责任者联系、事由（问题或内容）联系、文种联系、时间联系、空间联系。档案的历史联系可归纳为来源联系、内容联系、时间联系、形式联系。

（三）档案历史联系的内容及其对档案管理实践的主要要求

来源联系。来源联系是指档案间在来源上具有同一性，或者是"实体来源"上的同一性，或者是"概念来源"上的同一性。所谓实体来源，是指以档案形成者为中心的档案实际来源。实体来源具有较强的可操作性，成为档案收集、整理、保管、检索等实务活动的直接依据和具体方法。概念来源是指电子档案基于计算机虚拟管理实际而具有的某种职能、目的、活动、形成过程等来源。概念来源强调关注、了解、利用和保持文件的形成过程和背景等来源联系，它一般不适用于档案实体管理工作，主要起一种理念作用。

不论是实体来源还是概念来源，对档案管理实践均有指导价值，都要求保持同一来源的档案或档案信息的适度归集，不同来源的应当采取适当方式区分。其中，实体来源联系要求管理档案实体必须区分全宗，在全宗内分类时可采用机构分类法，在档案实体材料排列时可根据具体情况适当采用机构序列排列法。

内容联系。内容联系是指档案材料在内容上的同一性。内容是档案构成要素中最实质、最稳定的核心性要素，是社会利用档案的主要需求对象。因此，档案管理一般都必须优先、充分地考虑和保持内容联系。遵循和保持内容联系，一方面要求将内容相同的档案集中在一起并一般地依内容的重要程度或内容间的逻辑关系进行科学排列；另一方面要求将不同内容的档案区分开来，不可交叉混杂。在档案分类时采用问题分类法，排列时采用内容重要程度或内容间逻辑关系排列法，进行档案检索以及档案信息开发与提供利用服务时充分挖掘档案内容因素的价值。

时间联系。时间联系是档案间存在的客观联系，是指档案材料在时间上的相同性及顺序性。遵循和保持档案间的时间联系，一方面要求将时间相同的档案集中在一起，不能分散、割裂；另一方面又要将时间不同的档案区分开并按照时间顺序进行排列。保持档案之间的时间联系，要求在全宗内档案分类时应采用年度分类法，进行文件排序时应采用时间排列法，进行档案编目及信息开发时应准确标写或反映出时间。

形式联系。档案的形式联系是指在文种、载体等方面的联系。形式联系虽非档案间的主要的和实质的联系，但对档案管理实务也具有重要作用。实践中不同载体、不同存储手段的档案及档案信息应当分开保管。例如，纸质档案与照片档案、磁介质档案、胶片档案等应当分库存放。

四、档案的价值

（一）档案价值的概念及其基本内容

档案的价值是档案和档案管理工作存在与发展的生命力之所在。所谓档案的价值，是指档案的利用价值，亦即档案对社会需要的满足或者说是档案对满足社会需求的有用性。档案的属性特别是本质属性能够满足社会的某种需求时，就形成了档案的价值。档案的价值问题是事关档案"生死"、决定档案事业"存亡"的最根本的问题之一。需要指出的是，档案不是商品，因而"档案的价值"不是政治经济学上定义的"价值"，而是指档案的使用价值或者说是它的"有用性"。

档案能够满足社会需要的有用性，虽然其具体表现呈现出多样性、变动性，但归纳起来，基础性的价值主要有两方面：凭证价值、参考价值。档案的其他具体价值都是以此为基础的，可以说没有凭证价值和参考价值，诸如文化价值、资源价值等均无从谈起。

档案的凭证价值是指档案由其本质属性决定而具有的证据价值，可以起到其他文献无法比拟的证据作用。档案的凭证价值是档案最基本和最基础的价值，没有这一点，档案也就根本不可能具有并发挥任何其他的作用。

档案具有凭证价值是由其形成规律和档案自身的特点所决定的。从档案形成过程及其结果上看，档案是从当时、当事直接使用的文件转化而来，并非在使用之际临时编造的，它客观地记录了以往的历史情况，是历史真迹，是令人信服的历史证据，具有无可置辩的证据作用。从档案本身的物理形态上看，文件上保留着真切的历史标记。如有的文件上有当事人的亲笔签署或批示，有的文件上有机关或个人的公章，而有的文件上则有原来形象的照片、录像和原声的录音等，这些就成了日后查考、研究、争辩和处理问题的依据。这些原始标记进一步证明了档案是确凿的原始材料和历史证据，是真实的历史凭证。

档案的参考价值。参考价值是指档案因其基本属性所决定而具有的对他时、他人、他事的借鉴价值。档案作为人类实践真实的原始记录，客观记录了实践的思想、活动经过、实践方法与技术、成绩与问题、经验与教训以及对有关实践活动规律的认识等。而且档案来源非常广泛，记录的知识信息内容极其丰富。档案中有成功的经验和失败的教训，有思想观点和实践事实，既涉及社会的变革又涉及生产的发展等。这些都可为后人和他人提供借鉴，使我们在工作和学习中少走弯路，尽快达到目的。人类社会发展的连续性、承继性，需要档案发挥参考甚至依据作用。与图书资料等相比较，档案的参考价值具有更强的可靠性、系统性。档案是原始记录，是第一手的资料。同时，档案是人类在活动中形成的，具有来源广泛、内容丰富的特点，是可以满足各类社会组织和个人广泛利用需求的。任何单位或个人遇难题，都可以到档案部门参考档案，寻找答案。

（二）辩证地认识档案价值

从主体与客体关系角度认识，档案的价值实际上是档案的客观属性与利用主体需求间交互作用结果的客观反映。如果档案仅有某种属性却无利用主体或者与利用主体利用需求不相匹配，其所谓的"满足社会需求的有用性"也就无从谈起；如果仅有社会利用主体的某种需求，但无与需求匹配的档案，则社会需求也无从满足。所以，"档案的价值"应是一个具有社会属性的概念，是档案能够同社会利用主体的实践活动及其具体利用需求相联系、相匹配的一种属性，属于关系范畴的概念。档案的属性只有同主体的需求联系起来并得到肯定时才谈得上具有"价值"，也才能构成"档案的价值"。这就要求档案部门一定要科学地全面分析档案的客观属性，准确判断社会实践活动各方主体对档案信息的需求，有效促成二者间的结合。

从静态与动态结合上认识，一方面，档案的价值就是档案的客观属性与档案利用主体需求之间交互作用的结果的客观反映；另一方面，档案客观上具有的可以满足社会需求的潜在有用性是多方面的，从理论上说是完全能够满足不同时期、不同领域、不同主体的不同需求；再一方面，主体对档案的需求客观地呈现出明显的层次性和变动性。因此，对档案价值的认知、利用、评价，应坚持马克思主义唯物辩证法，从静态和动态两方面进行全面分析与把握。这就要求档案部门在研究和开发档案信息资源时，一方面，要坚持"围绕中心，服务重点"的原则分析并发掘档案的价值，从宏观层面上找到服务的结合部；另一方面，对潜在和现实的具体需求内容与规律加强研究，把握微观利用主体的需求脉搏，提高服务的具体针对性；要把握和利用好档案价值的多维性、间接性。

从对国家和社会的价值与对个体的价值上认识，档案的价值是多方面的，而且在满足社会需求上因主体的动机和目的不同而呈现出不同的层次性，"对国家和社会需求的满足"和"对单个社会组织或者个人具体需求的满足"即其表现之一。应当说，"对国家和社会需求的满足"和"对单个社会组织或者个人具体需求的满足"是既统一又对立的关系。一方面，"对国家和社会需求的满足"并不是抽象的和不可触摸的，它一般是通过"对单个社会组织或者个人具体需求的满足"来实现，二者在整体上和根本上是一致的，具有统一性；另一方面，二者毕竟又是分别处于不同层面上的价值，是档案对不同层次的主体需求予以满足所呈现出的"有用性"。因此，在分析档案价值时必须坚持全面的观点，处理好"具体与一般""局部与整体""个体与社会"之间的关系。在档案信息资源开发与利用服务中，既要立足于首先满足每一特定利用主体的利用需求，又要紧紧围绕党和国家以及地区、行业、单位的中心工作、重点项目等，通过有效满足个体利用需求实现对国家和社会整体需求的满足。

从有用性与可用性上认识，档案对满足各种需求是有用的，具有多角度、多层次的有用性。但是具有"有用性"仅是档案价值问题的一个方面而已，更为重要和更有价值的是问题的另一方面，即"可用性"。如前所述，只有"有用"的档案真正与社会利用主体的具体需求相吻合，并通过利用主体的实际有效利用，现实地满足社会需求，才能获得社会的认同，才会真正被认为是"有价值"的。否则档案和档案工作的"立足之地"将受到严峻的挑战。

因此，档案部门不仅要大力宣传档案和档案工作的价值，营造必要的有关档案价值的社会意识环境；更为重要和关键的，应当是在坚实地做好档案资源基础性管理工作的条件下，千方百计抓准需求，全面、深入、动态地系统开掘，综合分析档案价值的形态与内容，运用传统和现代的有效技术手段和方法，编制科学的检索工具，建立体系完整、实用性强的检索体系，不断"生产"适销对路的档案信息产品。

从工具价值与文化价值上认识。客观地讲，档案作为人类社会实践的成果，具有显著而强烈的文化性，具有传承人类文化的重要作用，是一种其他形式的文献无可比拟和无可替代的文化资源，具有文化价值。但同时也必须认识到，档案还呈现出"工具性"的一面，即还具有工具价值。档案为什么会产生？档案为什么需要保存？答案很简单，正如理论认识成果中说的那样："保存备查。"为"备查"而"保存"，因"保存"而能够"备查"，因保存而可以实现"今世赖之以知古，后世赖之以知今"。这已经充分说明档案产生、积累和保存的直接原因和目的之一，就是作为一种必要的"工具"和手段。实事求是地说，"工具性"应该是档案的一种基础性属性，如果没有档案这种"工具"，何来记载和反映历史真实面貌？何来的传承文化？何来的凭证和参考？因此，"工具价值"也就自然地成为档案的一种基础性价值。

当然，从实质上说，工具价值仅是档案的一种形式价值，文化价值才是其内涵价值认识和开掘档案价值，既要着力于档案的文化价值，发挥其文化资源的作用，但也不能对其工具价值视而不见或任意忽略。要正确处理好内容与形式、目的与手段的关系。

五、档案的一般作用

档案的一般作用是档案基本价值的具体表现。机关、单位工作查考的凭据档案是由机关等社会组织在过去活动中形成的文件转化而来的，记录和反映了社会组织过去各方面活动的情况，并在最初主要是为社会组织工作服务。社会组织要保证其工作的正常开展和延续，一般必须查考利用档案，因而档案工作成为社会组织行政管理工作的重要组成部分。各社会组织在工作中，为了解组织历史，为增强职工主人翁责任感而进行宣教，为塑造良好的组织形象而进行社会宣传，为科学决策和制定切实可行的管理规章，为掌握工作规律或寻求解决问题的办法等，通常需要查考利用档案。无案可查或有案不查，都会给工作带来困难。

生产建设的参考依据。例如，科技工作中复用技术图纸及技术参数以节约劳动耗费，创造经济效益；利用档案帮助确定经济建设项目；利用档案帮助制定经济技术指标等。档案记载了各种生产活动的情况、成果和经验教训，也反映了自然资源、生产条件、生产管理和生产技术等方面的信息，是经济管理和生产建设的重要依据和有益参考。尤其是科技档案，更是现代化生产与管理不可或缺的条件。不论是制定一个地区、一个部门的生产发展规划，还是生产某个产品、进行某项技术改造，都要利用档案。在全面建设节约型社会的今天，更应重视档案特有的作用。

科学研究的必要条件。任何研究都必须以广泛占有材料为基础，以材料的真实可靠性为前提。如果不利用档案文献，不但不能完整、准确掌握业界研究状况，不能科学把握相关领域实践成就及规律等基础信息，而且还可能造成损失，影响工作的效率与效益。"科学研究是站在前人肩膀上向上攀登的事业"，这一形象比喻道出了大量掌握、研究、学习借鉴前人的研究成果和经验的无比重要性。档案一方面能提供原始的记录供直接借鉴，另一方面能以其记载的大量的事实、经验和实验、观察结果为现实的研究提供基础材料。

宣传教育的生动素材。档案再现了丰富多彩的历史，记载了各个历史时期进步势力、英雄人物的光辉事迹；记载了社会主义建设事业取得的成就；记载了特定组织取得的生产、建设、服务的每一项成果；记载了涌现出的先进模范人物的榜样事迹。因此，档案在革命历史教育、爱国主义教育、社会主义建设成就教育、社会主义法制教育、组织成员的主人翁教育、勇于改革创新教育等方面起着更为重要的作用。而且和其他宣传素材相比，档案以原始性、直观性、具体性和生动性等特点见长，利用档案开展宣传教育具有强烈的说服力和感染力，有助于收到良好的成效。档案部门应充分认识这一点，努力把档案馆（室）建设成国家、社会、单位宣传教育的重要基地。

档案作用的发挥有其特定的规律性，正确认识和把握它，有助于增强针对性，便于采取措施促进档案价值的充分实现。

档案作用发挥的规律性主要有四个方面：档案作用范围随着时间的推移和作用性质的变化，会逐步从主要服务于其形成者扩大到为包括形成者在内的社会各个方面；随着时间的推移和条件的变化，档案的保密范围会逐渐缩小，保密等级会逐步降低，开放程度日益提高，可供社会共同利用的非密档案将越来越多；基于多维性、间接性特点，随着时间、条件和人们利用目的的变化，档案将逐步从主要发挥现行作用转变为主要发挥科学文化作用，档案作用能否充分发挥，与特定的条件直接相关，受到社会制度、政治路线、政策状况、社会档案意识和社会利用实践、档案管理与服务水平等诸多条件的影响。

第三节　档案工作概述

一、档案工作的内容与性质

（一）档案工作的内容

档案工作的具体内容可谓纷繁复杂、丰富多彩，但归纳起来主要有以下方面的内容。

1. 档案收集

档案收集是指档案馆（室）接收或征集档案和其他有关文献的活动。收集的任务是实现档案从相对零散向集中的转化，并为国家和社会积累档案财富。通过收集工作，为档案的系统保存与有效利用奠定基础条件。

2. 档案鉴定

传统意义上的档案鉴定，主要是指鉴别档案真伪和判定档案价值的活动。档案鉴定的目的，一是尽量地保管应该保管的档案，二是确保档案的真实可靠，三是区分重要与相对次要的档案，使档案保管机构的人力、物力和财力能够充分发挥作用。随着电子档案数量的不断增加及其管理与利用的日益普遍，对电子档案的鉴定除上述内容外，还包括进行必要的技术鉴定，确保其运行与识读顺畅。

3. 档案整理

档案整理主要是指按照一定的原则，系统地对档案进行全宗区分以及全宗内的分类、排列、编目、组合、包装等，使之从相对"凌乱"转变为"系统"的有序化过程。通过档案整理工作，使来源广泛、内容复杂、形式多样、数量庞大的档案条理化、系统化，为科学保管、有效检索、系统开发和全面利用打下坚实基础。

4. 档案保管

档案保管是维护档案信息及其载体的完整与安全的活动。档案保管的内容主要是两个方面，首先是与各种损害档案信息及其载体安全的因素进行不懈地斗争，是维护档案及其信息存储的有序性。保管的目的与任务一是实现档案"延年益寿"；二是通过科学管理"方便利用"。

5. 档案信息开发

档案信息开发即科学"开掘"与"发现"档案的价值与作用，并通过适当的渠道、适当的方式、适当的方法适时将其传递给用户，以满足社会利用需求的活动。就我国的档案信息开发实践而言，一般就是"档案编研"。档案编研是指在研究档案和社会需要的基础上，按照一定的题目、体例和方法编辑档案文献的活动。通过档案编研工作，一方面可以发现档案的有用性，而且可以提高档案的可用性，有效满足社会需要，及时实现档案价值；另一方面，通过编研，不仅有利于让档案信息以编研成果形式源远流传，而且还有助于延长档案原件的寿命。

6.档案利用服务

档案利用服务也叫"档案提供利用"，是指档案部门通过阅览、复制、摘录、上网等方式，向利用者及时、准确地提供其所需档案信息进行使用的活动。档案利用服务既是档案管理工作根本属性的体现，也是档案管理工作的最终目的。通过有效利用服务活动，可以使档案和档案管理实践活动的价值得以体现和实现。

7.档案统计

档案统计是指对反映和说明档案及档案工作现象的数量特征进行搜集、整理和分析的活动。通过档案统计工作，可以让人们对档案"心中有数"，并反映出档案工作的成绩或不足，有利于促进档案管理水平与绩效水平的不断提高。

（二）档案工作的性质

档案工作是一种管理和开发档案资源服务的建设事业，是维护历史真实面貌的重要事业。就其基本性质而言，具有显著的服务性、管理性、文化性、政治性。

档案工作是一项服务性的工作，就其实质性的基本内容和作用方式而言，主要是通过管理档案和开展档案信息资源利用服务活动来满足社会各方面需求，为生产、建设、管理、服务等社会活动的顺利推进并取得实效提供必要条件的工作。档案管理劳动的价值和作用的体现，具有"间接性"，必须以社会有关领域的用户的实际有效利用为"媒介"，并通过用户利用后创造的经济效益与社会效益反映出来。因此，档案工作具有显著的服务性，档案工作者必须树立坚定的服务思想，富有"绿叶"精神。

档案工作是一项管理性的工作，主要有两方面的理由：第一，档案工作自身是一项以档案为管理对象的专业性管理工作，自身有一套科学的管理理论、管理方法、管理技术，有其特殊的规律和丰富的科学内容。第二，档案工作是社会管理和其他专业管理工作的重要组成之一。从系统论的观点看，档案工作这一相对独立的管理系统处于不同规模和层次的更大管理系统之中。一方面，档案管理工作融于其他管理工作之中；另一方面，其他管理工作也离不开档案管理工作。例如，人事管理离不开人事档案，财务管理离不开会计档案，教学管理离不开教学档案，人事档案工作、会计档案工作、教学档案工作分别融于人事、会计、教学等管理工作之中，并成为其实施管理的基础性工作。

档案工作是一项具有文化性的工作，档案具有文化性，是一种重要的文化资源。因此，以档案为基本管理对象、以档案为服务社会的基本条件的档案工作，自然也成为具有文化性的工作，甚至可以说是文化工作的重要组成。特别是档案馆工作，因其在人类社会文化传承中的作用决定了它显著的社会文化性，主要表现在：档案是社会文化的组成部分，档案馆具有保存历史文化遗产的作用；档案馆具有传播社会文化知识与信息的作用；档案馆具有社会文化教育的作用；档案馆具有发展科学文化的作用。

档案工作是一项具有政治性的工作，这主要表现在三个方面：第一，服务方向是其政治性的集中表现。如果服务的方向错误，不但不会使档案发挥它为党和国家服务的作用，相反还会起到危害党和国家利益的后果。第二，机要性是其政治性的重要表现。第三，档案工作是"存信史""留真实"的工作，基本使命是维护历史本来面貌。因此，档案工作者应当增强党性原则，坚持辩证唯物主义和历史唯物主义，坚持实事求是，保护档案不受破坏和歪曲，并积极地用档案去印证历史、校对历史。

二、我国档案工作的基本原则

《中华人民共和国档案法》（以下简称《档案法》）规定：档案工作实行统一领导、分级管理的原则，维护档案的完整与安全，便于社会各方面的利用。这就是档案工作的基本原则。其基本内涵是：第一，规定了档案工作组织原则和管理体制——统一领导、分级集中地管理国家全部档案；第二，规定了档案管理基本质量要求——维护档案完整与安全；第三，规定了档案工作根本目的和终极质量检验标准——便于社会各方面的利用。

（一）统一领导，分级集中管理国家全部档案

统一领导，统一管理。统一领导是指国家档案工作由国务院统一领导，地方档案工作由地方各级人民政府直接统一领导。《档案法》规定：各级人民政府应当加强对档案工作的领导，把档案事业的建设列入国民经济和社会发展计划。统一管理，是指国家档案局对全国档案事业进行统一的宏观管理，全面规划、统筹安排，制定统一的制度、标准、规章等；地方和专业（行业）的档案工作由地方档案行政管理部门或中央专业（行业）主管部门统一实施业务管理。

档案工作，由各级档案行政管理机构统一地、分层次地进行监督和指导。全国各机关、企事业单位档案工作和各级各类档案馆工作，均由相应的各级档案行政管理机构进行统一的指导、监督、检查；同时，各机关、企事业单位的档案机构和各级档案馆，必须按统一的规章制度和办法实施档案管理。

档案由各级档案机构分别集中保存，并实行党、政档案的统一管理。各机关、

团体、企事业单位等组织形成的全部档案，必须统一由本单位档案机构集中管理，不得由承办单位或个人分散保存，更不得据为己有；需要长久保存的，应按规定集中到有关档案馆保管。《档案法》把不按规定或不按期移交档案视为违法行为。

一个社会组织的党、政、工、团、妇联等工作中形成的档案，由统一的档案机构进行管理；需要长久保存的档案，统一集中于有关档案馆保存；各单位的档案管理工作则按管理体制和管理权限，实行在国家档案局统一掌管下，以专业主管机关为主，以各级档案行政管理机关为辅的管理体制，在纵向上实行"按专业统一管理"，在横向上由地方各级档案行政管理部门对本行政区域内的档案工作实行监督、检查和指导。

（二）维护档案的完整与安全

维护档案的完整。一是维护档案在数量上的完整，二是维护档案在质量上的完整。在数量上，要求将所有有保存价值的档案收集齐全，完整再现一个单位或一个地区等的历史面貌。在质量上，按档案的内在联系系统地整理，组成有机整体，不零散、不凌乱，系统反映完整的历史面貌。为此应注重在量中求质，质中求量，真正达到完整的要求。

维护档案的安全，一是维护档案实体的安全，二是维护档案信息的安全。因此，在档案管理过程中，一方面要采用一切手段，尽量延长档案寿命，避免物质形态上遭受破坏；另一方面，既要对档案蕴含的机密内容采取保护措施，防止泄密失密，又要通过有效的技术与手段确保档案信息不被篡改，识读不会困难。维护档案完整和维护档案安全，是对档案工作基本质量要求的两个方面，二者相辅相成，有机地联系着。

（三）便于社会各方面的利用

档案管理工作所有的劳动，最终都是为了提供档案有效满足社会各方面的利用。因此"便于社会各方面的利用"是档案工作的出发点和归宿点，是档案工作的根本目的和终极质量检验标准，支配着档案工作的全过程。

统一领导、分级管理和维护档案的完整与安全是手段性，便于社会各方面使用才是目的性，前者为后者提供组织、制度和物质基础保障，而后者则是前者的目的和方向。只有牢记"便于社会各方面的利用"，才能妥善地处理内外关系中的各种矛盾，把档案工作做得更有成效。

档案工作基本原则的三个组成部分是辩证统一的关系。统一领导、分级管理是核心，没有它做保证，就不会有完整与安全，便于利用的目的也难实现；维护完整与安全是手段，否则就不会有方便利用和有效利用；便于社会各方面的利用是目的，离开了它，维护完整与安全也就失去了方向和意义。所以，应该全面地理解和贯彻执行档案工作的基本原则。

三、档案管理机构

我国档案事业组织体系由档案室、档案馆、档案行政管理部以及其他辅助性机构构成，这些机构在全国范围内构成了一个结构合理、管理科学、颇具规模的档案工作组织体系。其中，直接从事档案具体管理的机构是档案室和档案馆。

（一）档案室的性质与功能

从微观上讲，档案室是机关、企事业单位及其他社会组织的内部组织机构，是集中管理本单位档案的专业机构，是机关、团体、企事业单位内具有参谋和咨询作用的部门；从宏观上看，档案室是国家档案工作组织体系中最普遍、最大量、最基层的业务机构，肩负为国家、为社会积累档案财富的使命。整个国家档案的完整程度和连续积累，首先决定于档案室；档案室是档案形成后首先提供利用、发挥档案作用的前哨；档案室中具有长远利用价值的档案最终要过渡到档案馆，因此档案室工作的好坏直接关系到档案馆档案质量的高低。

档案室按职能任务可以分为两种：一种是纯粹的档案保管机构；另一种是具有档案保管和档案业务指导双重职能的档案室。具体又分为普通档案室、科技档案室、音像档案室、人事档案室、综合档案室、联合档案室六种。

《中华人民共和国档案法实施办法》规定，档案室的职责是：第一，贯彻执行有关法律、法规和国家有关方针政策，建立、健全本单位的档案工作规章制度；第二，指导本单位文件、资料的形成、积累和归档工作；第三，统一管理本单位的档案，并按照规定向有关档案馆移交档案；第四，监督、指导所属机构的档案工作。

（二）档案馆的性质与功能

档案馆是集中管理特定范围内形成的具有"永久"或"永久和长期"保存价值的档案的基地，是科学研究和利用档案史料的中心，是国家文化事业单位。

档案馆是档案工作组织体系中的主要业务系统，居于主体地位。第一，档案馆集中保存了大量的具有长远保存价值的档案；第二，档案馆在干部配备和物质条件等方面优于其他档案部门；第三，档案馆工作最能体现一个国家或地区的档案工作成果，反映档案工作水平。

《中华人民共和国档案法实施办法》规定，档案馆的职责是：第一，收集和接收本馆保管范围内对国家和社会有保存价值的档案；第二，对所保存的档案严格按照规定整理和保管；第三，采取各种形式开发档案资源，为社会利用档案资源提供服务。

我国的档案馆主要有五种：综合档案馆是指按照行政区划或历史时期设置的，管理规定范围内多种门类档案的，具有文化事业机构性质的档案馆，如中国第一历史档案馆、中国第二历史档案馆、四川省档案馆、成都市档案馆等均属此类。

专业档案馆是管理特定范围专业档案的档案馆，既可按其所保存档案的载体形态设置，也可按其所保存的档案涉及的专门领域设置，如中国电影资料馆、中国照片档案馆、中国地名档案资料馆、上海市城建档案馆等均属此类。

部门档案馆是专业主管部门设置的管理本部门及其直属机构档案的档案馆，如中华人民共和国外交部档案馆等。

企业档案馆是某一企业设置的管理本企业档案的档案馆。

事业单位档案馆是事业单位设置的管理本单位档案的档案馆。

四、两个一体化

（一）文档管理一体化

随着社会主义市场经济的深入发展和科学技术的突飞猛进，特别是计算机技术、网络技术等的发展，理论和实践领域根据新的形势提出了"文档一体化"的管理理念。随着信息化建设的积极推行和日益深化，"文档一体化"的实践已初见成效。所谓"文档一体化"，就是从文件管理工作和档案管理工作的全局出发，在文件生成、处理、归档到档案管理的全过程中，使用"文档一体化"计算机管理系统，一次输入，多次输出，反复利用。

一方面，从文件产生到运转的每一个环节上，特别是在文件向档案转化的关键环节上，都体现并努力符合档案的要求；另一方面，档案管理必须关注文件管理阶段的若干技术细节，注重文件的形成、使用、管理对档案管理的影响，并据此需要通过特定的技术条件和技术手段，在制度与标准的支撑下，从文件管理阶段就提前介入。实现文档生成一体化、管理一体化、利用一体化、规范一体化，做到文件工作与档案工作信息共享和规范衔接。

文件管理与档案管理一体化，是将原来的文书处理和档案管理工作整合为一个既统一又分工，既有联系又有区别的综合性管理过程。这有利于克服文件管理工作与档案管理工作分离而带来的问题和消极影响。由于在日常机关工作中，人们大多只注重文件的现行目的和现行效用，使得文件在质量上出现了物质形态不统一、制成材料不合乎质量要求、信息记录要素不完整、归档范围内的材料不齐全等一系列问题；由于归档是文件管理工作和档案管理工作的结合部，归档工作质量的好坏从根本上决定着档案工作的质量，如果文件管理部门和档案管理部门不能很好配合，将直接影响档案的管理；由于我国文件管理工作和档案管理工作各自作为独立的系统，理应由两组管理机构体系来分别承担，档案部门无法从"源头"来控制档案的质量和数量。实现"文档一体化"，不仅可以解决诸如上述的问题，而且也是一种资源整合，既有助于节约资源、提高效益，也有利于减少环节、减少不协调，重组文档管理流程，提升工作质量和效率。

实际上，"文档一体化"是一种由来已久的、客观的需要，并非什么新东西。只不过在过去没有显得那么必需，未真正有效地进行研究和实践，而在现代社会里，由于信息技术的发展，随着电子文件和电子档案的产生并呈几何级数迅猛增长，这个问题成了非正视不可的了。当然，在今天的条件下，"文档一体化"不仅比过去显得迫切，而且确实也比过去任何时期更有条件实现。我们之所以说"文档一体化"是一种客观需要，主要是基于两点缘由：第一，如前所讲，文件与档案之间本身就存在"血缘联系"。文件管理工作人员头脑中要有"档案"二字，不仅要让文件为当前工作服务，还要站在对历史负责的高度，按"文档一体化"的要求，规范地办理每一份文件；档案部门应当从档案质量和管理的需要出发，加强对文件生成、处理、积累、归档等的全程关注，与文件部门密切合作。

第二，正如文件连续体理论、前端控制理论等所言，"文档一体化"是电子文件（含电子档案）时代的要求。电子文件及电子档案产生后，对界限分明、分工明确的传统管理流程产生冲击，文件管理环节之间、文件管理与档案管理之间、档案管理的各个方面之间，其界限会呈现模糊化趋势。有的环节提前了，例如著录、鉴定、保存等工作在电子文件生成时就被全部或部分地完成；有的环节的实施时间延长了，如加载元数据的著录工作几乎贯穿了电子文件（包括电子档案）的整个生命周期。最重要的是，电子文件管理中的文档一体化流程在总体上呈现集成化趋势，不同的业务环节交叉进行或同时进行，各管理阶段的界限不像在纸质文件管理系统中那么明显。

"文档一体化"使得档案工作发生了很多新的变化，如档案事业的关注焦点从文件实体转向文件形成过程；从注重分散的个别文件的性质和特征转向关注导致文件产生的业务职能、活动、任务、事务处理和工作流程；从根据文件内在价值或研究价值进行鉴定转向宏观鉴定形成者的主要职能、计划和活动，挑选出反映其主要工作活动的文件加以保存；从对文件的实体整理、编目和保管转向根据信息系统和形成者在相关文件之间的有机联系进行整理。

（二）档案、图书、情报一体化

档案、图书、情报信息一体化管理，是基于社会实践的需要和科学理论的发展而提出来的，是一个世界性的趋势和实践要求。一方面，信息成为一种重要的资源，甚至是一种战略性的资源，受到了世界各国政府、各个企业甚至每一个人的特别重视，因而一体化成了必要；另一方面，因信息技术等现代科学技术的飞速发展，既使档案、图书、情报在内容、形式、数量形成方式上发生了很大变化，又使整合档案、图书、情报进行综合管理、整合资源具备了现实可能。

"一体化"是三者间的共性决定的客观要求。虽然三者之间存在着区别，但三者同时也存在着实质性的共同点，而且一般来说，三者的共性方面还是基本的、主要的。第一，它们都具有信息属性，其承载的内容都符合信息的属性和特征，都是重要的信息资源；它们都是以纸、胶片、磁带等物质载体存储有关信息。第二，作为人类积累、传播和储存知识的方式与手段，所发挥的作用和需要实现的目的具有一致性，而且相互间密切联系又互为补充。第三，从三者管理工作方法来讲，从输入、存储、输出三个基本环节来看，三者的技术管理方法和流程大体相同。它们的输入环节主要是靠收集、验收、登记；存储手段主要是分类、编目、统计、保管、控制、选择、转化；输出方法主要是靠提供利用、阅览、咨询等。因此，从内容属性、形式特征、管理方法等看，三者一体化具有客观基础。

科学技术和信息利用的综合性要求实施三者的一体化管理。不争的事实是，现代科学技术各部门、各学科之间既分化分工，又日益综合，相互渗透，边缘化、综合化是科学技术发展中的一个突出特点。任何一个科学部门、每一个学科，其理论研究也好，实践探索也罢，只有在整个科学体系的相互联系中、在实践方法体系中才能得到发展，不可能脱离其他部门或学科而完全独自进行研究和实践探索。因此，档案、图书、情报领域不仅要注重自身积极向纵深发展，同时也应当加强相互间的横向联系。

实际上，即使是自身的纵向发展也通常是建立在相互联系、相互借鉴基础上的。要发展就必须使现代科学与技术各门学科之间既分化又综合，使科学形成统一完整的体系，使各门学科的研究都不可能脱离其他学科的研究而单独进行。档案学要想在自身的发展中有所突破，就必须在注意向纵深发展的同时，加强与相关学科之间的横向联系。从信息利用者的需求特点来看，在信息时代，一方面人们对信息的需求量急剧增大，对信息的完整性和精准性要求越来越高，对获取有效信息的速度要求也空前严格；另一方面，如果档案、图书、情报分别由不同系统、不同部门进行管理，利用者势必在数量众多、形式多样、内容复杂、管理各异的现实面前遇到许多困难，很难达到全、准、新、快的利用目的。这也客观地要求实现档案、图书、情报等信息管理的一体化。

现代信息管理理念和先进的管理技术手段为档案、图书、情报一体化管理提供了条件。档案、图书、情报管理一体化的信息资源整合，实现档案、图书、情报一体化管理，已经在不少企事业单位取得了成效。

就档案、图书、情报一体化管理的具体组织形式而言，可以采取以原有的档案、图书、情报工作中的某一部门为基础,设立信息中心,成为一个专门机构。实践中,企业一般以档案部门为主体建立档案信息中心(也称信息中心),作为统一的信息管理实体机构。这种组织形式便于建立计算机管理系统,实行现代化管理,同时也有利于实现对信息资源的联合开发利用。实践中不仅统一的企业信息管理机构日益增多,而且若干大型企业对信息资源统一管理,进一步从组织上为真正卓有成效地实现一体化管理提供了保障。

建立信息中心,有利于冲破分别管理时不可避免的信息分散、分割的制约,在更大范围内发挥档案、图书、情报信息资源的长短互补、共同发展,资源重组、综合集成优势,充分发挥信息的作用;有利于集中资金、技术,统筹规划、系统设计,积极采用计算机技术、网络技术、光学技术、声像技术等,加速档案、图书、情报管理的现代化进程,既与企业管理现代化同步推进,又可促进企业管理水平和效益的不断提高。

从未来的发展考虑,最终的"一体化"可能不仅仅是"两个""一体化",而应当是"文档一体化"与"档案、图书、情报一体化"逐步实现分化基础上的新的整合,走向文件、档案、图书、情报等各类信息资源管理的"大一体化",实现四者在相互渗透、有机融合基础上的综合管理,使信息资源管理系统的功能进一步放大。当然,在"大一体化"背景下,基于文件本身的一些特殊性,在管理上必然会有一些特殊之处。

五、档案工作标准化与法治化建设

(一) 档案工作标准化建设

档案工作的标准化是实现档案管理规范化、现代化的基础,特别是在档案信息化进程不断推进的条件下,努力提高档案管理标准化水平显得尤其重要。采用标准意味着进步,对档案管理品质的提高和档案管理信息系统建设的长远发展有不可估量的作用。为了推进档案管理业务技术不断现代化,就必须在标准化上下足功夫。

我国国家标准对标准的定义是:"标准是对重复性事物和概念所做的统一规定。它以科学、技术和实践经验的综合成果为基础,经有关方面协商一致,以特定形式发布,作为共同遵守的准则和依据。"因此,在我国标准的基本含义主要是:它的工作对象必须是需要协调统一的事物,而且该事物要具有重复性、多样性的属性特征;它必须以科学技术成果和较普遍的社会实践经验为基础,而不能凭主观和一时一地的局部经验为基础制定;它需要通过有关方面协调统一,以期达到先进、合理、客观可行;它的本质特征是统一;它需要经过社会公认的机构批准，并以特定形式发布，才能在一定工作领域内发挥作用；制定它的目的是获得最佳的经济与社会效益，建立最佳的工作秩序，保证有关工作沿着良性的发展轨道运行；它的制定必须依据《中华人民共和国标准化法》进行；它是一种准则和依据，具有强制性，不可随意违背。所谓标准化，是在经济、技术、科学及管理等社会实践中，对重复性事物和概念，通过制定、发布和实施标准，达到统一，以获得最佳秩序和社会效益。标准化的原则（形式）有：统一、简化、协调、最优化。

所谓档案工作标准，是指以档案工作领域中的重复性的事物和概念为对象而制定或修订的各种标准的总称，它是档案工作中有关单位和个人应当遵守的共同准则和依据。档案工作标准按性质可分为管理标准和技术标准；按实际法定效力分强制性标准和推荐性标准；按相关程度分正式标准和参照标准；按适用范围可分为国际标准、区域性标准、国家标准、专业或行业标准、企业标准等。其属性可以简单归纳为标准的制定与审核或批准等工作程序，都有专门的规定；标准都有固定的代号，格式整齐划一；档案工作标准是从事文件管理和档案管理的共同依据，在一定条件下具有法律效力，并具有一定的行为约束力；档案工作标准的时效性较强，它是以某个历史阶段的档案工作实践水平为基础的；标准内容具有相对专一性；标准依据其不同的种类和级别在不同的范围内贯彻执行，具有较强的可操作性。档案工作标准具有协调、简化、统一与优选等作用。

从微观的角度上说，所谓档案工作标准化，就是通过制定标准和实施标准，对档案和档案管理实行统一、简化、协调和优选等有序化管理控制，以便获得最佳档案管理效益的活动。其形式包括简化、统一化、系列化、通用化、典型化、格式化。

（二）档案工作法治化建设

依法治国，以德治国，是党和国家确定的基本治国方略，作为党和国家事业重要组成部分的档案事业也必须坚持和切实贯彻。同时，进行法治化建设，依法治档，不仅是建设法治国家、法治事业的需要，而且也是积极推进档案管理工作和整个档案事业适应信息化时代要求、顺应电子环境下科学管理和利用档案信息资源的需要。

档案工作法律，简称档案法律。从狭义上讲，它是指由国家最高权力机关制定的档案事业规定性文件，包括全国人大和全国人大常委会制定的各种关于档案和档案工作的法律行为规范。在我国主要指《中华人民共和国档案法》，还包括诸如《中华人民共和国文物保护法》《中华人民共和国刑法》等其他由国家最高权力机关制定的其他法律中涉及档案和档案工作的法律条文。从广义上讲，档案法律是指国家制定的一切调整档案法律关系的法律规范的总和。不仅包括狭义上的法律，还包括有关的行政法规、地方性法规、部门行政规章等。

档案法律对于档案工作的健康、持续、稳定发展具有非常重要的意义。它是建设和发展档案事业的法律保障；它是进行我国档案法规体系建设的重要依据；它是保护我国的国家机关、社会组织及公民形成的或保存的具有国家和社会意义的档案财富的有力法律手段；它是促进我国馆藏档案信息资源开发和利用的有效工具；它还是加强我国档案行政工作的法律依据。

《中华人民共和国档案法》颁布实施以来，我国的档案法治化建设取得了重大发展，获得了丰硕成果，基本建立起了适应我国国情和加入世贸组织背景要求的，以《档案法》为核心的档案法律体系，基本做到了档案事务的"有法可依，有法必依，执法必严，违法必究"。档案法律体系作为一个有机统一的整体，包括了国家最高权力机关制定的档案法律（狭义上）、档案行政法规、档案行政规章、档案地方性法规以及经批准的我国参加的有关公约、签订的有关条约等。

第二章 智慧档案的基础设施与信息系统建设

第一节 网络基础设施

一、服务器

服务器，承担档案信息化数据存储、管理和应用系统运行的任务，具有高速度、高可靠性、高性能、大容量存储等特点，为各用户端的访问提供各种共享服务。

服务器是网络环境中的高性能计算机。所谓高性能，是指服务器的构成虽然与一般 PC 相似，但是它在稳定性、安全性、运行速度等方面都高于 PC，因为服务器的 CPU、芯片组、内存、磁盘系统等硬件配置都优于 PC。服务器接收网络上的其他计算机终端提交的服务请求，并提供相应的服务。为此，服务器必须具有承担和保障服务的能力。档案计算机网络系统建设可根据需要提供的功能、性能、数据量等配置一台或多台服务器。

（一）服务器功能的确定

服务器按照其提供的服务可以分为文件服务器、应用服务器、数据库服务器、Web 服务器等。由于档案管理系统的目录和全文数据量庞大，一般来说，应配置数据库服务器或文件服务器；如果涉及多媒体档案管理，为了提高系统性能，可以配置多媒体数据库服务器。此外，还可配置运行

档案管理应用系统的应用服务器，不同级别或地域的档案部门可根据系统的规模各自配置或集中配置应用服务器。如需实现档案数据网上查询服务的，配置 web 服务器；如需加强档案馆安全管理的，配置数据备份服务器；为了支持办公

自动化系统中大量电子邮件发送的,也可配置专用的 E-mail 服务器等。

(二) 服务器数量的确定

根据本单位投入资金的多少、信息化应用的功能需求、数据的存储和分布要求等来考虑服务器的数量。原则上 FTP 服务器、E-mail 服务器、Web 服务器、内部业务服务器、数据服务器等都需要单独建设,但考虑到资金和安全等因素的限制,应至少建设一个支持办公管理的业务服务器、提供对外服务和内部公共服务及允许外网访问的公共服务器、支持档案管理工作运行并提供档案数据存储和管理服务的档案数据专用服务器。

(三) 服务器性能的确定

不同架构、不同品牌、不同档次的服务器,其性能、质量、价格有很大的差别,选择服务器时要综合考虑档案业务的需求和资金条件,同时还要考虑选择能够提供良好服务的供应商。每个服务器的性能主要取决于 CPU、主板和服务器芯片组的性能,服务器系统的功能与可靠性取决于每台服务器的功能和服务器集群的部署与连接方式。

(四) 操作系统的选择

每台服务器上安装的第一个软件就是操作系统。它是控制和管理计算机硬件与软件资源、支持计算机联网通信、提供多种应用服务的基础软件,也是各类应用程序加载、运行的软件支撑平台。

操作系统按照应用领域可分为桌面操作系统、服务器操作系统和嵌入式操作系统。一台服务器能够安装和兼容哪一类操作系统一般在出厂时就已基本确定,用户在选购服务器时也会连同操作系统一起购买。操作系统的选择同时还需要考虑用户所选用的核心业务系统,如档案管理信息系统的应用程序运行模式、所需要的操作系统与数据库管理系统的支撑环境等。

(五) 服务器连接与工作方式的确定

为确保网络数据的安全存储与高效访问,网络上的服务器通常采用集群工作方式实现互联,具有灾难备份系统的还可能在异地建立镜像服务器系统,服务器之间的通信与数据交换方式根据业务系统的需要而定,可以是实时的,也可以是定时的。

二、应用软件

系统软件的特点是通用,它并不针对某一特定应用领域。而应用软件的特点是专用,即针对特定的管理业务,并应用于某些专用领域的信息管理。如用于政府信息化的电子政务系统、用于企业信息化的电子商务系统、用于辅助行政办公和决策的办公自动化系统、用于机关档案室信息化的数字档案室系统、用于档案馆信息化的数字档案馆系统等。这里所指的应用软件具有以下特点：一是在特定的操作系统环境下，运用特定的软件工具研制而成。二是针对特定的信息处理需求和管理业务需求进行设计开发，且应用于特定的专业领域、行业、单位或辅助特定的管理业务。

数据库管理系统DBMS，是操纵和管理数据库的一组软件，用于建立、使用和维护数据库。DBMS具有以下功能：一是描述数据库，运用数据描述语言，定义数据库结构。二是管理数据库，控制用户的并发性访问，数据存储与更新，对数据进行检索、排序、统计等操作。三是维护数据库，确保数据库中数据的完整、安全和保密，数据备份和恢复，数据库性能监视等。四是数据通信，利用各种方法控制数据共享的权限，在确保数据安全的前提下广泛共享数据。

各种工具软件：软件工具是指为支持计算机软件的开发、维护、模拟、移植或管理而研制的软件系统。它是为专门目的而开发的，在软件工程范围内也就是为实现软件生存期中的各种处理活动（包括管理、开发和维护）的自动化和半自动化而开发的软件。开发软件工具的最终目的是提高软件生产率和改善软件运行的质量。

三、终端设备

终端设备是经由通信设施向计算机输入程序、数据或接收计算机输出处理结果的设备。这里所说的终端设备主要是指用于各类用户访问服务器或进行档案信息处理工作的主机、外存储器、输入和输出设备等。其中，输入终端设备有：鼠标、键盘、手写板、麦克风、摄像头、扫描仪等；输出终端设备有：显示器、音箱、打印机、传真机等。其他类别的终端设备有：无线、路由器、网卡、U盘、移动硬盘等。目前，档案网络终端设备的主机大多为PC机，又称终端机。影响终端机处理能力与速度的是主板，CPU、内存、显卡等组成计算机的核心部件，它的选择要根据各业务人员的工作要求进行。

终端机从网络应用的角度又称为"客户端"，常见的客户端分为两类：一类是胖客户端，是指主机配置较高档、数据处理能力较强的客户端。如一般工作中的PC机，它负责网络系统中大部分的业务逻辑处理，以减轻服务器的压力，降低对服务器性能的要求，因此对客户机的性能要求比较高；另一类是瘦客户端，是指数据处理能力比较弱的客户端，它基本上不处理业务逻辑，只专注于通过浏览器显示网络应用软件的用户界面，数据储存和逻辑处理基本上由服务器集中完成。网络终端机经历了从胖客户端到瘦客户端的发展历程。

目前，档案信息管理系统的网络终端大多为胖客户端，然而瘦客户端在档案信息化建设中的应用前景也不容忽视。瘦客户端配置的优越性：有利于档案数据的集中存储、高效管理和广泛共享利用；有利于对档案信息共享权限的集中控制和安全管理；有利于网络系统的维护、扩展和升级，通过客户端的即插即用可提高网络维护的便捷性和可靠性；有利于节约档案网络系统建设和维护的成本；有利于云计算技术在档案网络系统中的应用。此外，由于瘦客户端一般不配置软驱、光驱、硬盘等部件，从而杜绝病毒产生的来源，不易损坏，能显著提高系统的稳定性。

CPU的技术指标主要由主频、总线速度、工作电压等决定，它也决定了计算机系统的技术效能和档次。一般来说，主频和总线速度越高，计算机系统运行的速度越快；工作电压越低，计算机电池续航时间提升，运行温度降低，也使CPU工作状态更稳定。当前各种移动终端的发展和普及就是得益于CPU技术的迅猛发展。

四、网络设备

网络设备是指用于网络连接、信号传输和转换等的各类传输介质、集线器、交换机、路由器、光电转换等设备。为了正确配置网络设备，首先需要确定档案信息网络连接的范围。该范围需要根据档案工作的内容、档案数据共享范围和密集程度来确定，一般分为内网、专网、外网和物理隔离网四个区域。内网是档案馆的内部局域网，一般部署在一幢建筑物内部或相邻近的大楼之间，覆盖大楼的不同楼层和房间。专网，即档案工作专用网，一般部署在档案形成单位与档案室、档案馆之间，或档案馆与档案馆之间。外网，即与互联网相连接的提供对外服务的网络，主要是方便档案利用者查询公开上网的档案信息。物理隔离网，是由一台或多台与任何其他网络在设备和网络线路上完全隔离的终端机或服务器系统，用以存放和管理保密档案。网络体系的结构主要有三种，不同结构有不同的特点和适用范围，也有不同的网络连接设备。

（一）总线结构

它是通过一根电缆，将各节点的计算机系统连接起来的。该结构连接简单，易于安装，传输速率较高，便于维护。缺点是任何节点的故障，都会影响整个网络的运行。这种结构适用于10~20个工作站的小型档案馆。

（二）星型结构

该结构将网络中的所有节点都连接到一个集线器上，由该集线器向目标节点发送数据。因此，该结构不会因一台工作站发生故障而影响整个网络。缺点是一旦集线器发生故障将影响整个网络。这种结构适用于网络节点位置分散的大型档案馆。

（三）环形结构

该结构连接各节点的电缆组成一个封闭的环形，结构简单，相对容易控制，但由于在环中传输的信息必须经过每一个节点，任何节点的故障，都会使这个网络受阻，因此在档案馆网络建设中很少使用。

目前，档案馆局域网中使用最多的还是以太网，其拓扑结构是总线型或星型，传输介质可以是同轴电缆或双绞线，具有建设投资小、网络性能好、安装简单、网络互操作性强、数据传输速度快等优点，其缺点是当网络信息流量较大时性能会下降。因此，以太网被广泛应用于中小型档案馆。网络连接设备分为内网连接和外网连接两类。内网即局域网，其连接设备包括网卡、集线器、中继器、交换机等。外网即互联网以及与互联网相连的广域网、城域网等，外网间连接设备包括网桥、路由器、网关等。网络设备还有用于保护档案数据、信息系统和网络平台安全的硬件设施及其他配套设备，如用于终端机和服务器等数字设备的断电保护，使数字设备在断电之后仍能正常运行，提升系统运行的稳定性、可靠性。

第二节　数字化设备

一、纸质档案的数字化设备

纸质档案是指以纸张为载体的档案，占了我国馆藏档案的绝大多数，因此对其进行数字化加工是档案数字化的主要任务。由于传统照片、底片记录的照片档案数字化与纸质档案数字化相类似，因此我们所介绍的数字化设备也包括照片底片档案的数字化设备。

（一）扫描仪

扫描仪是利用光电技术和数字处理技术，以扫描方式将图形或图像信息转换为数字信号的设备。扫描仪是目前纸质档案数字化的主要设备。正确选择扫描仪对于提高纸质档案数字化的效率和质量十分重要。

扫描加工是馆藏中纸质、照片、缩微品等档案转变为数字化信息的主要方法，数字扫描仪是进行数字化处理的主要工具。在选择和使用扫描仪时，需要了解扫描仪的工作原理、分类方法、技术指标等，以实现对扫描设备的正确选择和科学使用。

扫描仪基本工作原理。扫描仪通过对原稿进行光学扫描，将光学图像传送到光电转换器中变为模拟电信号，又将模拟电信号变换成为数字电信号，并通过计算机接口传送至计算机中。扫描仪的工作方式主要有反射式和透射式两种。

大多数平板扫描仪采用反射式扫描原理。在扫描仪内部，有一个步进电动机驱动的可移动拖架，拖架上有光源、反射镜片、透镜和CCD光电耦合元件等。扫描时，原稿固定不动，拖架移动，其上的光源随拖架移动，光线照射到正面向下的原稿上，其过程类似复印机。图片反射回来的光线通过反射镜片反射到透镜上，经过透镜的聚焦，投影到CCD光电耦合元件上，经过光电转换形成电信号，然后进行译码，将数字信号输出。

采用透射式扫描原理的扫描仪一般有两类，一类是专用胶片扫描仪，另一类是混合式扫描仪。专用胶片扫描仪的结构紧凑，反射镜片、透镜、CCD和光源安装在固定架上，不能移动，可移动的是胶片原稿。扫描时，固定在移动架上的胶片原稿由步进电动机带动，进行缓慢移动，光源发出的光线透过胶片照射到反射镜片上，经过反射、聚焦，由CCD元件转换成电信号，最后经译码传送到主机中。混合式扫描仪是在普通平板扫描仪上增加一个带有独立光源和相应机构的配件，该扫描仪就具备了透射式扫描的特点，可扫描胶片的芯片和负片。在扫描时，胶片原稿固定不动，移动拖架在步进电动机的带动下移动，顶部的独立光源也同步地随之移动，该光源的光线穿透胶片照射到移动拖架上的反射镜片、透镜和CCD元件上，变成电信号，最后经过译码，把数字化图像送到主机中。

扫描仪的种类：由于广泛的社会需求，近年来，数字化扫描技术迅速发展，扫描仪的种类越来越多，用途越来越专业。目前，按扫描速度可以将扫描仪分为高速、低速两种，按工作原理可以将扫描仪分为手持式、平板式、胶片专用、滚筒式和CIS扫描仪等多种类型。

高速扫描仪：扫描分辨率在50～600dpi以内。在200dpi以下，黑白或灰度扫描，每分钟可扫描90多幅影像；彩色扫描，每分钟可扫描60多幅影像。扫描幅面从小卡片至A3纸张都适用，既可单面扫描，也可双面同时扫描。它的优点是扫描速度快，图像处理功能强。缺点是扫描时容易卡纸，损坏档案，对字迹质量较差的档案不易扫清楚，扫描后的图像处理工作量比较大。适用于纸张质量状况较好，统一A3、A4幅面的文书档案或尺寸较小的票据、单证等，也可扫描纸张较大的A4报表。

宽幅扫描仪：这是一种大型的扫描仪，最大进纸宽度可达到54英寸，最大扫描宽度达到51英寸，扫描厚度达15毫米。这种扫描仪分辨率在50～800dpi以内，有黑白、灰度、彩色等扫描模式。自带扫描和图像处理系统，具有全面支持色彩管理、快速预览、处理大型文件、改进批量扫描等功能，能有效提升扫描的效率和品质。它的优点是能扫描零号及零号以下的工程图纸，大幅的地图、字画，超长、超厚的文书档案等。缺点是扫描速度比较慢，价格比较昂贵。

零边距扫描仪：扫描分辨率在100~1200dpi以内，有彩色、灰度、黑白三种扫描模式，可自动适应A3、A4纸张大小，可自动进行页面校正。这种扫描仪外形类似平板扫描仪，不同的是有一侧无边框，由此适用于扫描原件不能拆除装订的图书、资料和珍贵的档案。缺点是扫描速度较慢，价格高于平板式扫描仪。

底片扫描仪：照片底片，又称负片或透明胶片，主要用来扫描幻灯片、摄影负片、CT片及专业胶片，高精度、层次感强，附带的软件较专业。底片扫描仪是直接对底片进行数字化处理进行模数转换及处理，并将处理结果输送至计算机进行存储。目前，市场上的底片扫描仪分专业级和普通级两种。专业级底扫一般体积较小，只能扫描底片，它采用透射光源，分辨率极高。普通级底扫是在普通扫描仪上加透扫适配器，采用的是反射光源，分辨率也是主流扫描仪的指标，实质上是"带底片扫描功能的平板扫描仪"，价格与普通扫描仪相当。

手持式扫描仪：价格便宜，使用方便，光学分辨率一般在100~600dpi以内，大多是黑白的。

平板式扫描仪：平板式主要扫描反射稿，扫描分辨率在100~2400dpi以内，色彩位数从24位到48位，扫描幅面一般为A4或A3纸张。它的优点是扫描图像清晰，色彩逼真，不易损坏纸张。缺点是扫描速度比较慢，图像处理功能比较弱，适用于纸张状况较差，如纸张过薄、过厚、过软或破碎的档案。

滚筒式扫描仪：以点光源一个一个像素地进行采样，采用RGB分色技术，优点当然明显，真正的专业级，价格也很昂贵。

CIS扫描仪：它是"接触式图像传感器"，不须光学成像系统，结构简单、成本低廉、轻巧实用，但是对扫描稿厚度和平整度要求严格。

扫描仪的主要性能指标。扫描分辨率、扫描精度、色彩位数、灰度级、扫描幅面、扫描速度、兼容性、接口性等都是选择和使用扫描仪时应重点考虑的技术指标，了解扫描仪的性能指标有利于正确选购适用的扫描仪设备。

扫描分辨率：主要是指扫描仪的光学分辨率，是决定扫描清晰度的主要参数指标，dpi的数值越大，扫描的清晰度就越高，决定了扫描仪记录图像的细致度。描述分辨率的单位一般为dpi，代表垂直及水平方向每英寸显示的点的数量。分辨率越高，图像越清晰，同时数字化图像所占有的容量也越大。光学分辨率是扫描仪的光学系统可以采集的实际信息量，即扫描仪感光元件的分辨率；最大分辨率是通过处理软件或算法可以捕获的信息量。

购买扫描仪时应当首先考虑光学分辨率指标，因为它不仅决定了扫描仪对原始图像的最大感知能力，还决定了扫描仪的价格档次。扫描的分辨率越高，扫描图像的品质越高，但这是有限度的。当分辨率大于某一特定值时，只会使图像文件增大而不易处理,并不能显著改善图像质量。所以,分辨率选择应根据用途、原件字体大小来决定。一般需兼顾显示、打印或识别的要求,适当考虑存储空间效率,过高的分辨率不仅无法显现效果,反而会放大原件的干扰信息,而且对存储空间造成浪费。

扫描速度:扫描速度是指扫描仪从预览开始到图像扫描完成的过程中光头移动的速度。在保证扫描精度的前提下,扫描速度越高越好。扫描速度主要与扫描分辨率、扫描颜色模式和扫描幅面有关,扫描分辨率越低、幅面越小、单色,扫描速度越快。扫描速度有多种表示方法,因为扫描速度与分辨率、内存容量、存取速度以及显示时间、图像大小都有关系,通常用指定的分辨率和图像尺寸下的扫描时间来表示。档案数字化工作量大,高速扫描有利于提高工作效率,缩短档案数字化的时间,但是必须在保证图像质量、不损害档案原件的前提下正确选择高速扫描仪。

色彩分辨率:色彩位数用以表明扫描仪在识别色彩方面的能力和能够描述的颜色范围,它决定了颜色还原的真实程度,色彩位数越大,扫描的效果越好、越逼真,扫描过程中的失真就越少。色彩分辨率是表示扫描仪分辨彩色或灰度细腻程度的指标。理论上,色彩位数越多,颜色越逼真。灰度级是扫描仪从纯黑到纯白之间平滑过渡的能力,灰度级位数越大,相对来说扫描结果的层次就越丰富、效果越好。

扫描幅面:扫描幅面表示扫描图稿的最大尺寸,平板扫描仪、零边距扫描仪、高速扫描仪一般可选择A4或A3幅面,宽幅扫描仪可以扫A0以下幅面的图纸。

接口方式:扫描仪与计算机之间的接口方式主要有SCSI、EPP、USB和IEEE1394四种类型,其中以SCSI、USB较常用。SCSI接口的最大优势是它工作时占用CPU的空间很少。扫描仪软件接口标准已经得到广泛的使用,适应32位、64位的软件和驱动程序也正在开发中。

EPP即打印机端口,其特点是使用方便,对计算机要求低,但扫描质量较差。USB接口速度较快,安装方便,可以带电拔插。随着USB应用的日益广泛,USB接口的扫描仪已成为主流。SCSI扫描仪安装时需要在计算机中安装一块接口卡,安装较复杂,价格较高,但速度快,扫描稳定,扫描时占用系统资源少。其实,无论EPP USB或SCSI接口,都不是决定扫描仪扫描速度的主要因素,扫描速度与扫描仪本身性能息息相关,因而使用任何一种接口方式,扫描速度上并无太大差别,但从接口上看,最适宜档案馆使用的是USB接口。当然,如果配置SCSI接口卡,则扫描仪性能更佳。

SCSI接口的扫描仪需要一块SCSI卡将扫描仪与计算机相连接,早期的扫描仪大多是SCSI接口。优点是传输速度较快,扫描质量高;缺点是需要开机箱安装一块SCSI卡，要占用一个ISA或PCI槽以及相应的中断，有可能和其他配件发生冲突。EPP接口是采用计算机连接打印机的接口，同SCSI的扫描仪相比速度较慢，扫描质量稍差，但安装方便，兼容性好，大多采用EPP接口的扫描仪后部都有两个接口，一个接计算机，另一个接其他的并口设备。

USB接口是采用串口方式进行连接，当前已经成为连接标准，优点是速度快，可带电插拔，即插即用，有的扫描仪可直接由USB口取电，无须另加电源。

IEEE1394接口是苹果公司开发的串行标准，中文译名为火线接口。同USB一样，IEEE1394也支持外设热插拔，可为外设提供电源，省去了外设自带的电源能连接多个不同设备，支持同步数据传输。作为高性能的快速通信接口，它尤其受到专业扫描仪厂商的青睐。不过，对IEEE1394规范，苹果公司采用收费授权的方式，也就是使用IEEE1394规范的产品都必须向其支付一笔使用费。IEEE1394接口虽然是具有里程碑意义的变革，但是由于其较昂贵的价格还很难在家庭用户中普及。所以，采用IEEE1394接口的扫描仪的价格比使用USB接口扫描仪高许多。

扫描仪最新发展：高质量的镜头和CCD是扫描仪发展的主要突破点，"镜头技术"是指现代专业扫描仪中光学镜头的相关技术，内容包括可变焦距镜头技术和多镜头技术。扫描仪采用多个自动变焦镜头或镜片进行组合，由更为精密的电机伺服系统驱动，目的是实现更好的均匀度和锐度，使扫描原稿的边缘聚焦准确，并使扫描质量得到进一步提高。

随着扫描仪使用的广泛普及，人们对扫描仪的精度、准确度、灵敏度、速度等都提出了较高的要求，扫描仪的生产厂家也在RGB同步扫描技术、高速图像处理技术、色彩增强技术、智能去网技术、光学分辨率倍增技术等方面不断研究和进步。同时，为了更好地满足用户的特殊使用要求，生产厂家将各种技术、图像处理系统与扫描仪的使用相结合，开发出以人为本的功能更强、性能更好、使用更方便的零边距、无边距、无盲区、无变形、自动翻页等扫描仪。如全息无损、自动定位高速采集、超大幅面、智能化图文优化、图像文件批处理等都是一些新型产品具有的特点，大大提高了扫描加工的效率，降低了扫描加工人员的劳动强度。

（二）模数转换技术

声像档案的数字化过程与纸质档案完全不同，这是因为传统的声像都采用模拟的磁带、录音带、录像带来保存，必须通过模拟到数字转换才能实现数字化。

模数转换是将模拟输入信号转换成二进制数字信息的一种技术，主要包括采样、保持、量化和编程四个过程，实现这些过程的技术很多，并采用这些技术研制出各种转换设备和系统，在开展声像档案数字化过程中必须了解和熟练掌握这些设备的功能、性能和操作规程。模拟声像档案数字化的核心过程就是要完成声像档案的数据采集与数字化转存,实现声像档案从模拟数据向数字信息的转化。这个过程主要依靠模拟声像资料播放机数模转换线、视频采集卡、影像工作站等设备搭建的声像数模转换系统完成。声像数据的数字化转换过程是实时的,即一个小时的模拟声像资料转化为数字格式同样需要一个小时。

(三) OCR 文字识别技术

档案内容数字化工作包括数字化预加工和深加工两步。预加工是通过扫描处理将纸质档案、照片档案、缩微胶片等转变为电子图像文件,不能将纸质档案上的文字信息进行完全处理;深加工则是需要获取档案内容中的文字信息,以提供档案的全文检索服务。

光学字符识别 OCR 就是用于从数字化档案的图像文件中以获取档案标引信息和全文信息的一种技术。档案数字化加工的主要步骤包括图文输入、预处理、单字识别及后处理。

图文输入。它是指实现档案原件的数字化,通过扫描设备或数码拍照等方式形成档案的数字化图像文件。

预处理。它是在对数字化档案的图像文件进行文字识别之前做的一些准备工作,主要包括版面分析、图像净化、二值化处理、文字切分等。这一阶段的工作非常重要,其处理效果将直接影响到识别的准确率。

单字识别。它是文字识别的核心技术,主要包括文字特征抽取和分类判别算法。人之所以能够通过大脑简单地认识文字,是由于在人的大脑中已经保存了文字的基本特征,如文字的结构、笔画等。要想让计算机识别文字,首先也要存储类似的基本信息。那么,存储什么形式的信息以及如何提取这些信息,则是一件比较复杂的事情,而且需要达到很高的识别率。通常采用的方法是根据文字的笔画、特征点、投影信息、点的区域分布等进行分析,常用的分析方法是结构分析方法和统计分析方法。

后处理。它是指对识别出的文字进行匹配,即将单字识别的结果进行分词,与词库中的词进行比较,以提高系统的识别率,减少误识率。对于文字的识别,从文字类型上划分,通常分为印刷体文字的识别和手写体文字的识别;从识别的方式划分,通常分为在线识别和脱机识别。由于印刷体和手写体的文字特征差异较大,所以其处理方法是不相同的。

(四) 数码翻拍仪

随着数码影像技术的飞速发展,一种新型的数字化设备——数码翻拍仪正在悄然流行。数码翻拍仪,又称数码拍摄仪、数码缩微仪等,是一种将数码相机安置在可垂直调节高低的支架上,用以拍摄文件材料或其他实物的数字化设备。目前,市场上数码翻拍仪按照翻拍性能、翻拍对象、尺寸等分为多种。

数码翻拍仪与扫描仪相比所具有的优越性。数字化速度快,平板式扫描仪每扫描一页文件都有扫描灯管的往复移动和翻盖的过程,扫描速度较慢,若采用200dpi来扫描A4幅面真彩图像,每分钟扫描加工数量一般为1~2页,而高速扫描仪对档案的纸张质量要求较高,容易损坏档案,因此使用有一定的局限性。用数码翻拍仪拍摄文档没有机械运动的过程,只是曝光一下,速度不到1秒,扫描加工数量一般可以做到每分钟8~20页。

对档案材料损害小,平板式扫描仪扫描装订的档案时,难以做到平整扫描,扫描的图像通常会倾斜或扭曲,导致后期处理工作量增加;高速扫描仪不拆档案根本无法加工。数码拍摄可以省略档案拆装过程。应用数码翻拍仪提供的低畸变镜头和图像变形处理软件,可以解决拍摄档案倾斜线条变形等问题,这不但大大提高了数字化处理的效率,而且避免档案在拆装过程中造成的损失。

加工对象直观。用扫描仪扫描文档,若要在扫描前浏览扫描图像的效果,一般需要选择扫描仪预览功能,这样就降低了扫描加工的速度。而数码翻拍仪的全部操作过程直观可见,即真正做到"所见即所得"。

加工对象不限于纸张,扫描仪一般只能扫描纸张材料,数码翻拍仪除了扫描纸张材料以外,还能翻拍特种载体的档案,如奖旗、奖牌,甚至奖杯等立体的物体。

便于调节扫描幅面,一般扫描仪只能扫A4幅面的纸质材料,扫大幅面图纸的扫描仪价格十分昂贵,利用率又不高,不适宜于一般机构配置。数码翻拍仪只要调节数码相机与底板的距离,就能灵活地选择拍摄不同幅面的纸质档案,这对于扫描尺寸频繁更换的档案特别具有优势。

数码翻拍仪与传统翻拍仪相比所具有的优越性。传统的翻拍仪采用传统相机进行档案拍摄和缩微,与之相比,数码翻拍仪具有以下显著优势:使用成本低。传统的翻拍仪拍摄需要胶片,拍摄后需要冲洗显影,阅览需要购置专门的缩微阅读仪,使用成本和人力成本都比较高。数码翻拍仪的翻拍与普通数码相机一样,使用不需要耗材,拍摄图像有问题时,可立即重拍。拍摄形成的照片,任何计算机系统都可以阅读。

图像处理便捷。传统的翻拍仪形成的缩微片图像很难进行处置。数码翻拍仪形成的影像电子文件可以被灵活加工处理,如纠偏、去污点、去黑边框等;应用翻拍仪自带的OCR软件进行字符识别,将扫描形成的图像文件识别成可编辑的word、pdf等格式文件,进行二次编辑与加工;应用图像处理软件,将扫描中出现的线条扭曲、图像变形等问题进行纠正,有些数码翻拍仪还自带防畸变镜头,自动纠正大幅面图纸拍摄中四周弯曲的线条。

便于计算机技术应用。传统翻拍的缩微胶片不便于查找、传递、编辑、整理，这些缺点都是数码翻拍技术的优势所在。数码翻拍仪形成的电子文件，具有采集高效、处理灵活、传播迅速、检索快捷、多媒体集成、生动直观等缩微技术难以比拟的优势。

充分整合了数码相机技术。传统的翻拍仪一般只翻拍成黑白胶片，数码翻拍仪不仅能翻拍成黑白图像，还能翻拍成彩色图像。数码翻拍仪借助高分辨数码影像技术，拍摄图像清晰逼真、色彩丰富；支持色差、亮度、对比度、饱和度、伽马值等后期图像增强功能；能通过USB接口直接连接电脑，将拍摄的档案文件直接在电脑中显示或通过邮件发送出去，实现档案的无障碍传播；USB能直接给翻拍仪供电，不需要另插电源；将所有拍摄操作按钮都整合在底板上，操作十分简便；突破传统使用扫描枪扫描条形码识别的方式，用户只需鼠标轻点，即可完成条码识别，不但提高了工作效率，也省下购买扫描枪的费用；可拍摄录像，将动态的图像，如手工翻阅档案的过程记录下来，用作视频编辑的素材。

灵活使用各种数码拍摄设备。有些数码翻拍仪的活动支架可以固定数码相机、手机等各种拍摄设备，用户可以借助拍摄设备翻拍档案材料。

数码翻拍仪的应用范围。数码翻拍仪是传统的复印、扫描、投影、拍照、录影等技术的融合，由此兼有这些技术的优点，它无论是对传统的翻拍缩微还是扫描技术来说都是一场变革，受到社会各领域的普遍关注和应用。目前，该技术已经广泛用于政务领域红头文件、往来信函等文件翻拍；银行传票、合同、抵押担保、会计凭证和信用卡等文件翻拍；证券期货行业股东账户开户、买卖合同、股东身份等文件翻拍；保险行业合同、发票、身份证等文件翻拍；工商税务行业税务年检等业务文件翻拍；学校学生学籍、成绩单等档案翻拍；国土行业房地契、图纸、合同等档案翻拍；司法行业往来信函、红头文件、法律文件、卷宗等档案翻拍；医疗行业病历、处方等档案翻拍；公安部门案件档案翻拍等。

数码翻拍仪在纸质档案数字化中的应用前景。尽管数码翻拍仪已经在各政府机关、企事业单位得到广泛的应用，然而在档案信息化中使用较少。其原因之一是档案界人士对这种设备的发展现状和趋势不够了解，以为它就是传统的缩微翻拍仪。由上述分析可知，它特别适用于以下情况：一是中小型企事业单位办公室或业务部门对尺寸频繁变化的文件材料进行数字化。二是各级各类档案馆或机关档案室对纸质材料老化，不便于拆卷的档案进行数字化。三是建筑设计、制造业等企业未购置大型扫描仪，又需要对大幅面图纸档案进行数字化。四是对奖旗、奖牌等实物档案进行数字化。五是对尚无条件对纸质档案数字化，但在利用时临时需要对查阅的档案进行数字化，以便通过网络提供远程查档服务。鉴于数码翻拍仪具有使用成本低、拍摄精度高、速度快、操作简便，又便于做OCR字符识别和其他图像处理等特点，相信会吸引越来越多的档案用户。随着数码翻拍仪应用范围的扩大，数码翻拍仪的功能和性能将会不断改进和完善。因此，它有可能在不远的将来，部分取代扫描仪，成为纸质档案数字化的得力工具。

（五）缩微胶片扫描仪

已经对纸质档案进行了缩微复制，可以采用专用设备——缩微胶片扫描仪，对缩微胶片上的影像进行数字化转换处理。缩微影像转换技术的应用，包括对缩微胶片进行扫描，把缩微模拟影像转换成数字影像，进行存储、还原和检索输出等。

缩微胶片扫描的优缺点。与纸质档案扫描相比，缩微胶片扫描的主要优点是：扫描速度快，节约时间和成本；没有尺寸和形状的限制，可以同时对各种幅面的纸质档案进行扫描；缩微胶片可以继续留存，作为数字档案备份的一种形式；可以进行批处理，操作简便易行；便于对图像做调节亮度、对比度、拉直和裁剪等优化处理；易于对输出的图像信息进行检索、阅读、打印和传递。缩微胶片扫描的主要缺点是：所得的图像已经是第二或第三次转化，失真明显，图像虽然可以强化，但有时效果不明显；一些胶片的状况较差，出现了划痕、装订线阴影等，影响扫描影像质量；扫描仪的分辨率不足以捕捉原件所有有价值的信息。

缩微胶片扫描设备的选择。缩微胶片扫描仪相对于纸质档案扫描仪，扫描效率要高得多。目前，缩微影像转换成数字影像的技术日趋成熟。选购缩微胶片数字扫描系统，既要考虑产品的技术领先，又要考虑适用以及性价比。选购时应考虑胶片类型，如缩微平片、封套片、开窗卡片、16毫米胶卷、35毫米胶卷等；放大倍率的范围；扫描速度，即每单位分辨率，如4.5秒/400dpi；光学分辨率和输出分辨率，如300～800dpi等。

二、录音档案的数字化设备

现存的模拟录音档案一般已有30年以上的历史，其内容十分珍贵。然而随着时间的流逝，使用次数的增加，加上不适宜的环境条件影响，其声音很容易衰减或消失，甚至由于没有了播放设备，无法还原。利用多媒体数字技术，把模拟录音带转录成数字音频档案，有利于录音档案的及时抢救、长期保存编研制作和共享利用。随着数码音像技术的普及，模拟录音档案的数字化也被提到重要议事日程上来。录音档案数字化比较容易实现，主要硬件有放音设备、存储设备和计算机等，录音档案数字化软件较多，可根据个人习惯和熟悉程度加以选择。

（一）录音档案数字化的硬件

传统放音设备。根据拟数字化录音档案的规格、型号配置相应的放音设备，如开盘式放音机、钢丝带放音机、盒带录音机、电唱机等。放音设备必须能将声音源以电平信号的方式，通过音频输出插孔输出，若原设备不具有音频输出插孔，应进行改装。

模数转换设备。模数转换设备是录音档案数字化的核心部件，品质好的模数转换设备有低失真、低时延、高信噪比的特点。模数转换设备主要是声卡。声卡是多媒体技术中最基本的组成部分，是实现模拟信号和数字信号相互转化的一种硬件，其基本功能是将来自磁带、光盘、话筒等的原始声音信号加以转换。它的工作原理是将获取的模拟信号通过模数转换器，将声波振幅信号采样转换成一串数字信号，存储到计算机中。重放时，这些数字信号被输送到数模转换器，以同样的采样速度还原为模拟信号。声卡的技术指标主要有：一是采样频率，采样频率越高，声音越保真。目前，声卡的采样频率一般应达到44.1kHz或48kHz。二是样本大小，当前声卡以16位为主。8位声卡对语音的处理也能满足需要，但播放音乐效果不是很好；16位声卡可以达到CD音响水平。

内部声音混合调节器。内部声音混合调节器的主要功能是把不同输入源中输入的声音信号进行混合和音量调节，通常要求该混合器是可编程或可控制的。监听拾音设备，如监听音箱、监听耳机、话筒等。

（二）录音档案数字化的软件

数字化转换软件主要为音频制作软件。此外，Gold Wave也是一种功能强大、占用空间少、免费共享的绿色软件，并且可以在互联网上免费下载。刻录软件也较多。

三、录像档案的数字化设备

录像档案数字化的整个设备系统由四个部分组成：提供模拟视频信号输出的放像设备，如与录像带相配套的录像机、放像机等；对模拟视频信号进行采集、量化、编码的视频采集设备，通常由视频采集卡来完成；对数字视频进行编辑的编辑系统；数字录像档案的存储设备或存储系统。

（一）录像档案数字化的硬件

放像设备。放像设备要按照录像档案载体的不同而作出不同的选择。受到数字设备的冲击，许多传统的放像设备已经退出市场。曾经流行的模拟录像带及其播放设备按照制式来分主要有VHS、Beta和8毫米等类型。VHS是家用视频系统的缩写，这种录像机采用带宽为1/2英寸的磁带，习惯称"大1/2录像机"。

目前，档案馆保存的模拟录像带中绝大部分是 VHS 带。Beta 录像机采用不同于 VHS 的技术，图像质量优于 VHS 录像机，所用磁带的宽度也是 1/2 英寸，但磁带盒比 VHS 小，故又称"小 1/2 录像机"。8 毫米录像机综合了 VHS 和 Beta 录像机的优点，体积小，图像质量高，所用磁带宽度仅为 8 毫米。模拟录像机不仅有制式的不同，而且按照其信号记录方式及保真度的不同而分不同技术质量等级。不同制式、不同等级、不同品牌的录放设备及其不同性能的录像带，相互之间并不兼容，因此必须针对录像带的类型选择相应的放像设备。根据录像带规格、型号选用设备，如 WHS 放像机、3/4 放像机等。普通模拟录像机可输出清晰度在 200 多水平线的模拟录像，高清晰度模拟录像机可输出清晰度在 400 水平线的模拟录像；数码摄像机可输出清晰度在 500 水平线的数字录像。档案部门保存的录像带形式各异，主要有小 1/2 带、大 1/2 带、3/4 带等。与这些录像带匹配的可运行的放像机越来越少，档案部门应当尽快将这些珍贵的录像带做数字化处理。否则，将来这些古董放像机一旦淘汰灭绝，带中的影像就很难再现了。

视频采集设备。视频采集设备由高配置的多媒体计算机的内置或外置的视频采集压缩卡组成。录像档案数字化的一个重要工作是音像采集。所谓音像采集是指通过硬件设备把原录像带保存的模拟信号转换成数字信号采录至计算机中，以数字图像格式保存的过程。图像采集的过程是保证数字图像质量的关键环节，因此正确选择采集所使用的硬件设备即采集卡至关重要。目前，市面上的采集卡种类较多，档次功能高低不一，按照其用途从高到低可分为广播级、专业级、民用级视频采集卡，档次不同采集图像的质量不同。档案部门应采用专业级以上的视频采集卡。由于视频的数据量非常之大，因此对计算机的速度要求很高。在未压缩的情况下，采集一分钟的视频数据可能超过几百兆，如果 CPU 和硬盘跟不上要求，将无法进行采集或者采集效果较差，如画面失真、停顿、掉帧等。

（二）录像档案数字化的软件

录像档案的采集、转换和编辑除了视频卡外，还需要借助视频采集软件和视频编辑系统来实现。通过视频采集软件，在实现录像档案的数字化采集之前，可以设定所需生成的视频文件格式，设置视频文件的各项参数，如调节录像信息的亮度、视频取样标准，以确保采集信号的质量。

采集软件。视频卡配套提供的视频采集软件功能相对简单，通常无法对视频信息进行复杂的编辑和转换。因此，对采集后的视频信息，在必要的情况下，可以使用专门的视频编辑软件甚至功能强大的非线性视频编辑系统进行编辑处理。视频编辑与文本编辑类似，是将采集好的视频素材进行二次加工，如插入、剪切、复制、粘贴、拼接视频片段等，还包括字母、图形乃至不同视频、音频的叠加、合成等。通过上述处理，在不破坏真实性的前提下，可以使录像档案更加清晰、美观和生动，并对视频内容进行适当的引导、指示和标注。

编辑软件。视频编辑软件是对视频进行录制、切割、合并、重组、批量处理、格式转换等制作的软件。当前，针对各种需要产生的视频格式繁多，而流媒体格式因其在网络浏览和传输支持上的优势，越来越得到广泛的青睐。现今信息产业界已开发出许多功能强大、界面友好的视频处理软件。

第三节 数据存储设备与数据备份

一、数据存储系统

档案信息化数据存储是指数据以某种格式记录在计算机内部或外部存储介质上，其存储系统分别使用不同的存储介质和存储技术。

数据存储介质。从古至今，介质存储一直是保存档案的主流方式，不同介质承载的档案本质属性并无差别，都是人类认识世界和改造世界的历史记录，是社会的重要信息资源。人类曾以石器、竹器、纸张、磁带、缩微胶片等作为载体记录档案的内容，而在网络信息时代，档案的形成在很大程度上依赖于计算机及其应用系统环境，档案信息以数字形式展现给人类。为了保存这些数字形式的文件和档案，人类发明了软盘、磁盘、光盘等存储数字信息的新型载体，使用这些载体，人们能够方便地存储、迁移、展示和传播档案信息，开展深入的编研开发工作，为社会提供档案利用的多样化服务。与传统档案载体相比较，数字形式的档案载体为公众提供了灵活、方便利用档案的机会，而对于习惯了保管传统载体档案的档案工作者来说，面临的新挑战是如何将这些新型载体档案进行永久保存和广泛利用。

关于数字资源永久保存问题的研究，国内外已经有很多单位付出了努力，有的致力于提高数字信息载体的寿命，有的则在扩大载体的存储容量、降低存储成本上下功夫。然而，正是由于数字信息载体的更新换代太快、太频繁，尽管一代代产品的兼容性越来越好，但由于档案这一固定内容的"原始性不能被修改"的属性决定了档案具有快速发展和频繁更新的特殊性，肩负保管社会历史记录重任的档案工作者，不仅要考虑档案信息利用的深度和广度，还需要重视档案的完整保存和真实有效。

因此，很多专家提出了21世纪"双套制"工作策略并被很多单位所采纳，即将有保存价值的电子文件归档时，同时做一套纸质备份或制作缩微胶片，延长档案的保存寿命，将存储在数字信息载体上的档案主要用于提供利用服务和载体备份。

"双套制"是过渡时期档案管理的一种可操作解决方案,在一定程度上减轻了档案工作者保存档案的压力,但增加了管理过程的成本。在实际工作过程中,很多单位采用纸质、缩微数字信息载体各制作一套备份,这样制作成本、管理成本呈现持续上升的趋势。但是随着档案信息量的增大,这种方式很难持续较长的时间。另外,并不是所有的数字档案都能够制作纸质或缩微的备份,只能以数字载体形式进行存储,这就需要加强管理,制定长期保存数字档案数据的管理规范和规章制度。在选择较长寿命存储载体的前提下,定期进行检查,根据需要做数据迁移,并在数据迁移的过程中确保档案的真实、完整和有效。

目前,数据存储介质主要有磁存储介质、光存储介质和电存储介质三种。

(一) 磁存储介质

磁存储技术是将声音、图像和数据等变成数字电信号,通过磁化磁介质来保存信息。磁存储介质主要有硬磁盘、磁带、磁盘阵列、磁带库等。

1. 硬磁盘

它是由若干盘片重叠在一起放入密封盒内组成,盘片的结构类似软盘,盘片一般用合金或玻璃材料制作,磁性层则一般使用 $\gamma\text{-Fe}_2\text{O}_3$ 磁粉、金属膜等制成。硬盘的存储量大,数据传输速度快;硬盘盘片与驱动器装在密封容器内,不易受周围环境影响,工作稳定性好、可靠性高,由此常作为网络数据传输的在线存储介质。硬盘按尺寸分,有5.25英寸、3.5英寸、2.5英寸、1.8英寸等。5.25英寸硬盘早期用于台式机,已被淘汰。3.5英寸台式机硬盘正广泛用于各式电脑;2.5英寸硬盘广泛用于笔记本电脑及移动硬盘;1.8英寸微型硬盘广泛用于超薄型笔记本电脑、移动硬盘及苹果机播放器。按转速分,有5400转/秒、7200转/秒、10000转/秒和15000转/秒。按存储方式分,有固态硬盘、机械硬盘、混合硬盘。相对于机械硬盘,目前的固态硬盘有存取速度快、耗电量小、稳定性好等优点,也有存储量小、价格昂贵等缺点。混合硬盘起到扬长避短的作用,值得档案工作者关注。

2. 磁带

一般由聚酯薄膜带基和附着在带基上的磁性涂层,经过磁性定向、烘干、压光和切割等步骤制成。磁带存储容量大,数字磁带的最大容量已经达到TB级,在数据备份和档案文件存储等方面一直占据着重要的地位;成本适宜,操作方便,只要通过一定的驱动器便能顺利地读取。但是,磁带是串行记录方式,存取速度较慢;工作方式为接触式,易使磁带、磁头磨损。鉴于磁带的这些特点,它适合用在按顺序存取数据、存储量大而读写次数少的电子档案备份系统中,可作为硬磁盘数据长期备份的存储介质。

3.磁盘阵列

它是应用磁盘数据跨盘处理技术，通过组合多个硬盘，把多个读写请求分散到多个硬盘中来突破单个磁盘的极限，并使其协同工作。在使用过程中如同仅使用一个硬盘，却获取了比单个存储设备更快的速度、更好的稳定性、更大的存储能力、更高的容错能力。它可以按照用户对于存储容量的需求进行阵列配置，从而达到海量存储的要求。磁盘阵列系统存储容量大、安全性高。数据存储在由多个磁盘组成的磁盘组上，通过数据的冗余存储，可在一个或多个磁盘损坏、失效时，防止数据丢失；磁盘阵列通过并发读写，能够提高数据的存取速度，把多个硬盘驱动器连接在一起协同工作，大大提高了数据的读写功能。

4.磁带库

它是一种机柜式的、将多台磁带机整合到一个封闭系统中的数据备份设备，是离线存储系统中的关键设备之一。它主要由磁带驱动器、机械臂和磁带构成，可实现磁带自动卸载和加载，在存储管理软件的控制下具有智能备份与恢复、监控统计等功能，能够满足高速度、高效率高存储容量的要求，并具有强大的系统扩展能力。磁带库具有自动备份和恢复功能，可实现数据的连续备份，也可在驱动管理软件控制下实现智能恢复、实时监控和统计；存储量大，存储容量达到PB级，备份能力也很强大，是集中式数据备份的主要设备。

（二）光存储介质

从磁存储到光存储是信息记录的飞跃，光存储是利用光学原理读或写的。光存储技术是采用激光照射介质，激光与介质相互作用，导致介质的性质发生变化而将信息存储下来的。读出信息是利用定向光束在存储介质表面进行扫描，通过检测所经过点的激光反射量，读出所保存信息的一种技术。光存储介质有光盘、光带、光卡、光盘塔、光盘库等，其中以光盘应用最为广泛。光盘是继磁性介质之后产生的又一种新型的数字信息记录介质。它具有存储密度高、信息容量大、稳定性好、可移动成本低等特性，也是电子档案的重要存储介质。光盘通常分为CD、DVD、蓝光光盘等几种。

1.CD

CD光盘采用红外激光器读取数据，存储容量较大，存储成本相对较低；在日常使用中易发生磨损，造成数据被错误读取和解析；在受力不均匀时易发生变形，造成数据无法读取。CD采用单层储存形式，容量一般为700M。由于光盘技术的迅速发展，目前该类光盘已经趋于淘汰。

2.DVD

DVD与CD的外观极为相似，直径都是120mm，一般单层容量约为5G。DVD

分为预录制和可录制光盘两种。预录制光盘的数据只能由厂商用专用设备录制。可录制光盘又分为一次写入型和可擦写型两种。一次写入型光盘可用光盘刻录仪一次性刻录数据，但不能擦除。档案部门可利用这种光盘的特点，保存档案信息，防止归档电子文件被改写和篡改。可擦写型光盘录入的数据可擦除和重写，可反复使用。

3.蓝光光盘（BD）

目前主流的单层BD容量为25G，可收录长达4小时的高清视频；双层BD容量为50G；多层BD容量为100G以上。随着蓝光刻录机和盘片价格越来越低，BD很有可能是继CD、DVD之后的档案数据又一主要存储介质。

光盘共享技术的发展为大容量存储数字信息提供了可能，光盘塔和光盘库也成为存储电子档案的主要设备。

（三）电存储介质

电存储介质是继磁存储和光存储之后的利用半导体技术做成的一种新型存储介质，它通过电子电路以二进制方式实现信息的储存。电存储介质主要有闪存盘和数据存储卡。

二、数据存储技术

数据存储技术随着科技的发展也在不断地发展和变化。目前，数据存储技术主要有直接存储、网络存储两种。

（一）直接存储技术

直接存储技术是目前存储数据的主要技术方法。直接存储技术是利用计算机等存储设备，将档案信息保存在性能稳定的载体上。存储载体主要包括只读光盘、一次写光盘、磁带、硬磁盘、可擦写光盘、光盘塔和磁带库等。其特点是：投资低、读取速度慢；资料可供同时读取的人数少；检索光盘时，内部机械手臂容易出故障，光盘容易磨损划伤等。

（二）网络存储技术

在数字化高速发展的背景下，网络已经渗透到社会各个领域的日常运营管理中。具有海量存储性能的网络存储产品及其组织与管理数字信息的软件系统的问世，为数字档案的存储提供了可能。各级机构建立的互联网、专网和内网则为档案的网络化收集、整理、归档、存储、传播利用提供了基础平台，这就需要借助于网络在线存储技术以获得更可靠的存储，提供更快速的访问。

存储设备与主机的连接方式：主机与网络存储系统之间的连接方式有多种，主要有在线存储、近线存储和离线存储。磁盘阵列与服务器之间的直接连接就是采用在线存储方式，存取速度快，成本高，适合高速数据存取的应用场合；光盘库与主机之间采用近线存储方式，存取速度中等，成本合理，适合于对在线访问速度要求不高的档案馆、图书馆等；磁带库、脱机存储设备是采用离线存储方式，平均存取速度较低，成本也较低，适合大规模后备备份或者用以保密数据的保管和访问等。

存储设备与网络连接的接口标准：存储设备与网络的连接标准也有多种方式，主要有SCSI连接、光纤连接等。SCSI连接和光纤连接是档案馆中通常使用的连接方式。

网络存储解决方案：网络存储领域最典型的代表有直接附加存储（DAS）、网络附加存储（NAS）、存储区域网（SAN）以及内容寻址存储（CAS）。事实上，DAS、NAS、SAN和CAS是集数据存储硬件设备和数据管理软件系统于一体的存储解决方案。区别于介质存储的脱机方式，网络存储的主要作用是提供数字信息的在线访问，而数据管理则是解决网络上数据的组织、存取与访问方式，目的是管理数据并提供访问机制。通常采用关系型数据库管理系统，文件数据管理系统和内容存储管理系统等。

直接附加存储（DAS）技术：直接附加存储通过电缆直接与服务器相连接，存储设备作为服务器的附加硬件，不带操作系统，直接接收所连服务器的I/O请求，完全依托服务器，通过服务器上的网卡向用户提供数据。它是典型的分散式存储模式。

DAS是一种传统存储方式，是在本地将存储设备（磁盘、磁带、磁盘阵列、带库等）通过SCSI接口的电缆一对一地直接连接到服务器或者客户端的扩展接口上。它自己没有独立的操作系统，而是依赖于其宿主设备——服务器或客户端的操作系统来完成对数据的存储与管理。服务器和存储设备之间的连接通道是独立的、专用的。存储设备只能由与其直接相连的服务器通过一个智能的控制器来访问。该方法主要是为了克服主机上驱动器槽的缺陷而发展的。当服务器需要更多的存储量，只要增加连接一个存储器就行了。该方法同时还允许一台服务器成为另外一台的镜像。这个功能是通过将服务器直接连到另一台服务器的界面上来实现的。

DAS的优点是数据存储速度快，所有数据能够时刻在线，为用户提供快速的访问响应。不足之处在于大量占用服务器资源，当用户数增加或者服务器上的应用程序运行繁忙时，服务器就成了数据存储与访问的瓶颈，当网络上存储设备和服务器被添加进来，DAS环境将导致服务器和存储孤岛数量的剧增，产生巨大的管理负担，并致使资源利用率低下。由于受到服务器扩展能力的限制，不可能进行无限度的扩容，容量会受到一定的限制，因此它比较适合于数字化信息量较小的档案馆使用。

网络附加存储（NAS）技术：网络附加存储是一种连接在网络上的存储设备。通常使用RJ45口，通过以太网向用户提供服务。采用集中式数据存储模式，将存储设备与服务器彻底分离。NAS是一种基于文件级别的存储结构，存储设备直接连接到局域网上，具备文档存储功能的装置，系统通常使用NFS（网络文件系统）或者CIFS（通用互联文件系统），这两者都是基于IP的应用。它将存储设备从服务器上脱离出来，完全独立于网络中的主服务器，而连接到现有的网络上，通过网络共享方式给各客户机提供网络数据资源服务，客户机完全可以不经过服务器而直接访问存储设备上的数据。NAS服务器一般由存储硬件、操作系统以及其上的文件系统等几部分组成。

第四节　信息系统建设

一、档案管理信息系统的研制

（一）档案管理信息系统的基本概念

档案管理信息系统是指各机关、团体、企事业单位和各级各类档案馆用于对档案信息和档案实体进行辅助管理的各种类型的计算机应用软件系统。

档案管理信息系统建设是按照档案事业发展的规划、标准和档案工作的实际需求，应用计算机基础设施，开发和使用档案管理应用软件系统的过程。

档案管理软件的开发和使用，要符合"规范、先进、实用"的质量要求，既要满足当前工作的需要，又要兼顾将来技术发展的趋势。

档案管理信息系统的应用价值来自应用系统的各项功能。其功能是指计算机应用软件系统辅助档案工作的某种能力，实质上是档案工作职能在计算机平台上的延伸。由于档案工作职能包括对档案的宏观管理和微观管理两方面内容，因此，档案管理信息系统也相应分为两大类，一类是档案宏观管理信息系统，用于辅助档案工作者对整个档案工作的管理，又称档案行政管理系统，包括统筹规划，组织协调，统一制度，监督、指导和检查等档案工作的组织建设和事业管理。这类系统的建设主体主要是各级档案行政管理部门。另一类是档案微观管理信息系统，又称为档案管理业务系统，用于辅助具体的档案管理业务工作，包括档案的收集、整理、鉴定、保管、统计和利用等。这类系统的建设主体主要是各级各类档案馆（室）。鉴于机关档案室兼有上述两项职能，档案室信息系统应当兼有档案行政工作和档案管理业务功能。

然而，实际上多数档案部门并没有建立相互独立的档案行政工作和档案管理业务信息系统，而是在档案管理业务系统中嵌入一部分档案宏观管理功能。

（二）档案管理信息系统的开发

档案管理信息系统的开发是在档案信息化规划和规范的指导下，按照特定的档案管理需求，应用先进、实用的计算机软硬件和网络技术，研制档案信息管理应用系统的过程，其主要任务是研制档案管理应用软件。

功能设置是实现档案管理系统价值的关键。档案管理应用软件种类很多，如电子文件归档管理系统、数字档案室系统、数字档案馆系统等。依据档案工作的基本职能，任何档案管理应用软件都应具备以下基本功能。这些功能既包括档案实体管理，又包括档案信息管理；既包括管理档案目录信息，又包括管理档案全文（内容）信息，并基本上覆盖档案目录信息各项管理业务。

《档案管理软件功能要求暂行规定》规定：档案管理软件应具备数据管理、整理编目、检索查询、安全保密、系统维护等基本功能，并能辅助实体管理及根据用户特殊需求增扩其他相应功能。

（三）档案管理信息系统开发的方法

档案管理信息系统的开发需要应用软件工程的原理和方法。软件工程是指导计算机软件开发和维护的工程学科，是采用工程的概念、原理、技术和方法来开发与维护软件的方法。该方法将任何软件产品从形成概念开始，经过开发、使用和不断增补修订，直到最后被淘汰的整个过程看作一个生命周期。该生命周期可以划分为若干相互区别又相互联系的四个阶段，即系统分析、系统设计、系统实现和系统运行维护。每个阶段都有相互对立、具体的任务，都要形成规范的文档，每阶段工作都要以上个阶段工作的成果作为依据，又为下阶段的工作创造条件。每阶段工作结束都要从技术和管理两方面进行严格的审查，若发现前阶段有错，则需要返回前面的阶段进行整改，由此形成软件开发的规范化、高效化工作流程。以下主要介绍软件应用软件工程原理开发档案管理软件的方法。

1. 系统分析

该阶段任务是确定系统的总目标，即解决系统应当"做什么"的问题。系统分析是系统开发的起点，决定系统设计的方向，此项工作由项目开发小组中的系统分析员实施。系统分析员是系统开发的高级人才，应当擅长档案管理业务和计算机技术，具有将两者有机结合、宏观策划、微观布局的能力。系统分析的主要任务是：

（1）开展调研

由项目发起者或建设方开展初步的内部需求调研和外部市场调研，内部调研的对象主要是有关档案工作的领导、业务骨干和用户，调研他们对档案工作和档案信息的需求。外部调研主要了解信息技术发展的现状和趋势及档案信息化的经验和规律。通过调研，提出系统设计的目标、任务、规模、实施路线，并分析项目风险、预测实施效果、安排工作进度、提出费用估算（包括财力、人力、设备等），最后形成《开题报告》或《计划任务书》，报决策者审批。

（2）组织开发小组

依据项目目标组织研制小组，确定该小组的负责人和成员，其成员一般应当包括专职档案专业人员、计算机专业人员、档案用户代表等。如果该项目采用外包设计的话，开发小组中还应当包括外包服务商有关领导和技术人员。

（3）可行性研究

①可行性研究的组织

需由有关领导、专家、业务骨干参加，对系统进行分析、评估、论证、成本效益分析。

②研究内容

一是必要性分析，确定系统开发是否必要，是否紧迫。分析系统应用的宏观效益、微观效益；社会效益、经济效益；直接效益、间接效益；短期效益、长期效益。二是可行性分析，包括经济可行性，即系统开发的资金投入、产出比；技术可行性，分析可利用的技术条件，包括硬件、软件、本单位、社会上可利用技术资源等；管理可行性，包括管理环境、管理标准化、规范化程度、已有档案数据资源等；操作可行性，分析操作中可能遇到的问题，是否具有解决能力。

③编制《可行性报告》

内容包括系统目标、可行性分析、工作进程、可利用资源、所需费用、结论意见等。

（4）开展用户需求分析

系统分析后编制《用户需求说明书》，作为系统分析的结果和系统设计、验收的依据。《用户需求说明书》要从以下方面准确、具体地阐明用户对系统的需求：一是信息需求。系统需要处理的档案数据的门类、实体（如目录、表格、台账等）。二是功能需求。系统需要做哪些处理，如归档、编目、保管、统计、查询等。三是性能需求。系统需要达到哪些安全、保密、速度、效率、便捷、规范等性能要求。四是环境需求。系统实施需要哪些实施条件，如法规、制度、方法、技术、人才、资金等。五是近期和远期需求。区分需求的轻重缓急，提出分步实施的方案。

2.系统设计

该阶段任务是对《用户需求说明书》中的各项内容提出具体设计方案，即解决系统应当"如何做"的问题。系统设计分概要设计和详细设计,其任务由系统分析员牵头的设计团队来承担。

(1) 概要设计

①采用结构化设计方法

将整个系统按照层次和功能的逻辑关系,自上而下逐步细化为功能单一、相对独立的计算机程序模块,以便于系统的编程、调用、调试、扩充、测试和维护。

②绘制功能模块图

绘制功能模块的层次结构,并以文字具体描述各模块的功能。功能模块图是描述软件功能层次结构的工具,用方框和连线表示软件功能模块之间的层次或网状关系,以及模块之间的调用关系。

(2) 详细设计

详细设计是对概要设计的进一步细化,包括数据库结构设计、计算机输入输出设计、用户界面设计、用户代码设计、用户权限设计以及业务流程设计等。最后以模块为单位,编制《系统详细设计规格说明书》,详细说明各子系统和模块的输入设计、输出设计、界面设计数据库设计、代码设计、程序设计语言等。为了说明这些细节,应采用数据流程图的描述方法。用户操作界面友好是系统性能的重要指标,要求做到操作方法简便,操作提示准确,用户一看就懂、一学就会。

3. 系统实现

该阶段任务是将设计结果转换成具体的系统。主要指软件的编制和测试,硬件设备的购置与安装、软件的实现、人员配备和培训等。

(1) 编写程序

为了设计应用系统,首先要购置或配置计算机软硬件及网络系统,安装数据库系统和软件编制工具,然后用工具软件写出正确的程序模块,即应用软件,这步工作也称为编码。程序模块设计要做到结构良好、清晰易读、容易维护。

编程工作一般由计算机专业人员来完成。编程要尽量选用第四、第五代语言和自动化程序设计工具,以降低程序开发成本,提高程序质量,缩短开发周期。

(2) 软件测试

程序设计后须进行必要的测试。测试是为了发现程序中的错误并进行改正,以保证程序的正确性和可靠性。测试分为:①模块测试,即逐个模块地测试,改正程序的局部错误;②联合测试,即按功能结构设计的要求,测试功能调试模块之间的接口;③验收测试,即按《系统详细设计规格说明书》进行整体联合测试,对系统进行正确性、可靠性、稳定性、响应时间、输入输出界面等综合测试,测试后形成《测试报告》。

(3) 鉴定验收

①鉴定验收的内容

主要从系统运行的结果来考察系统是否达到预期的设计目标。具体要对以下内容作出评价：一是是否全面达到预定的系统目标；二是是否符合系统的各种效益指标；三是系统开发文档材料是否完整齐全；四是系统存在哪些问题，需要采取什么改进或补救措施。

②鉴定验收的条件

鉴定验收前系统需试运行半年以上，然后请系统的用户对系统的功能、性能、稳定性和实用性作出评价，并写出《用户使用报告》。

③技术测试

一是组织技术测试小组。鉴定前的测试不同于以往测试的是，需由上级档案行政管理部门委托或组织技术测试小组。

二是编写测试大纲。测试组根据系统设计目标和有关介绍，编写测试大纲。测试内容包括软硬件环境、存储数据量、功能的完整适用性、查询响应时间、输出速度等技术指标、系统设计的技术特点和水平等。

三是进行现场测试。在真实的应用环境下，运用真实的数据，对系统进行测试，测试结果应记入测试大纲。

四是审查软件开发文档。开发文档包括开题报告（或计划任务书）、可行性研究报告、用户需求说明书、功能模块结构图、详细设计规格说明书、研制报告、技术报告、测试报告、用户使用报告、使用说明书等。

五是撰写《测试报告》。测试专家根据测试大纲反映的测试结果，撰写《测试报告》，作为专家鉴定的依据。

④组织鉴定会议

成立鉴定委员会，鉴定委员会主要由用户代表、计算机专家、档案管理专家以及测试小组组长等共同组成。鉴定会议议程主要有：一是与会各方作《系统研制报告》《系统技术报告》《用户使用报告》《测试报告》；二是进行现场操作演示，并接受鉴定委员会提问和质询；三是鉴定委员会讨论，拟写《鉴定意见》，并向全体与会者宣读并通过《鉴定意见》。

4.系统运行、维护与评价

（1）系统运行

档案管理信息系统建设要改变重系统开发，轻系统运行和维护工作的片面认识。因为系统运行是实现档案信息化实用价值的关键环节，是测试系统质量的实战环境，是培养用户档案信息意识和实际操作技能的最佳平台。

新系统的运行取代原有的手工管理或旧的应用系统，会给操作流程和操作人员工作职责带来新的变化，也会遇到许多新的问题。为此，操作人员需要通过精心组织实施，化解问题，确保系统正常运行。

（2）系统维护

系统维护是对运行中的系统进行不断地修正和改进，以适合用户实际需要的工作。系统维护包括：①改正性维护，即为改正程序设计中的错误而进行的维护。②适应性维护，即为适应程序运行环境的变化而进行的维护。③扩展性维护，即为满足用户在使用中提出的意见和更高的要求而对系统进行的改进或功能、性能上的扩展。

维护是一个时间较长的阶段，且可能反复多次。维护工作流程是：用户或设计人员提出维护要求维护人员进行维护分析，制订维护计划领导或有关主管部门审查维护计划（大的维护可能还要请专家论证）一>维护人员实施维护检查验收维护项目等。

（3）系统评价

系统评价是为了了解系统当前的功能、性能的适用性、可靠性，为系统验收和下一步改进提供依据。评价的指标主要包括：

第一，从档案工作角度评价管理指标，即系统对档案工作业务需求的满足程度，对档案工作现在和将来的影响程度，如在提高工作效率、业务能力、服务质量、科学化和规范化管理水平等方面取得的效果。

第二，从计算机系统角度评价经济性和技术性。经济性即投入、产出分析，包括取得的经济效益、社会效益、直接效益、间接效益等；技术性即操作界面、响应速度、系统的可靠性、处理的灵活性等方面的技术性能。

二、档案网站建设

档案网站是档案部门在互联的公共信息网络上建立的站点，它以网页方式提供相关信息和相关服务，构成公共信息网络的一个节点。档案网站建设是档案部门信息化建设的一项基础性工作和档案信息服务的重要手段。

（一）档案网站的类型

随着信息技术和利用需求的发展，档案网站的功能和类型不断丰富，目前已建成的档案网站根据其所建环境、服务对象、建设主体和技术手段的不同而分为不同类型。这里仅介绍根据不同主体建设的网站类型，主要有：档案局（馆）网站、专业部门档案馆网站、企事业单位档案网站、档案刊物网站、档案教育与咨询网站、个人档案网站等，其中前两种是主流档案网站。

1.档案局（馆）网站

档案局（馆）网站包括国家档案局网站和地方档案局（馆）网站。国家档案局网站既是国家档案局的官方站点,也是全国档案信息网站的门户网站。国家档案局网站上提供了全国各省、自治区、直辖市档案局(馆)网站的链接,起到了引领网站的作用。地方档案局(馆)网站是发展最快、数量最多的一类网站,这些网站依托地方档案馆的馆藏资源提供在线档案信息服务,同时在网络上实现档案行政管理和行政服务功能。因此,地方档案局(馆)网站兼具档案局政务窗口、网上档案馆和地方档案网站门户三重作用。

2.专门档案馆网站

专门档案馆网站是基于国家专门档案馆馆藏而建立的网上专业档案利用、服务站点。如外交部档案馆网站、上海市城市建设档案馆网站、辽宁省地质资料档案馆网站、贵州省测绘资料档案馆网站等。

3.企事业单位档案网站

企事业单位档案网站是企事业单位依托本单位档案馆(室)资源而建立的提供档案宣传、查询和利用的站点,如上海大学档案馆网站、北京师范大学档案馆网站等。

4.档案刊物网站

档案刊物网站是档案杂志社或档案出版机构在网上建立的具有网络出版、网上发行功能的档案站点,是为档案学者和档案从业人员提供学术探讨、业务交流和专业资源共享的园地。档案刊物网站有"档案知网"(《档案学通讯》杂志社主办,现已停办)、"档案界"(《档案管理》杂志社主办)、中国档案资讯网(《中国档案报》社主办)。这些刊物网站起步晚,数量少,但形式活泼,发展较快,访问量较大,在档案学术界影响较大。此外,大多数省级档案刊物在本省的档案局(馆)网站上开辟了专门的版块或栏目。

5.档案教育与咨询网站

档案教育、咨询网站是档案教育机构、档案学会、档案研究机构或档案行政管理部门建立的,以档案教育、培训、咨询和档案业务交流、研讨为目的的档案站点。如"档案教育网"网站(中国档案学会主办)、"档案在线"网站(《中国档案信息主流网站发展状况及其用户需求的调查与分析》课题组主办)、上海大学图书情报档案系网站等。

6.个人档案网站

个人档案网站是由档案专家、学者、档案从业人员或在校学生创建的,以探讨学术思想、交流工作经验、传递专业信息、分享专业体验为目的的各种形式的档案站点(包括博客)。

（二）档案网站的作用

1. 档案宣传的新途径

档案网站为档案部门宣传档案工作提供了新的方式和新的窗口。互联网是继三大媒体（报纸、广播、电视）之后飞速发展起来的第四媒体，能够克服传统的档案宣传形式的诸多局限，成为档案部门加强和深化宣传工作的新窗口、新阵地。

利用网站宣传档案工作主要的优点有：生动活泼，图文声影并茂，容易被广大利用者所接受；传递迅速，宣传面较广，不受时间及空间的限制；针对性比较强，档案网站的来访及利用者的素质一般都比较高，能够通过自助方式找到所需信息资源，取得较好的宣传效果；兼容并蓄，能与报刊、广播、电视等多种宣传途径互联互补；档案宣传与档案利用结合得比较紧密，宣传的同时也可提供档案信息资源利用，使受知者更乐于接受，这是网站宣传的独特魅力。

2. 档案信息服务的新手段

档案网站为档案馆提供了改善服务的新手段、新渠道。档案馆可以充分利用网络分布广泛性、开放性、动态性和非线性等特点，在网上公布馆藏指南和检索目录，定期或不定期进行特色档案信息发布等，通过网站为社会各界开辟一个档案信息服务的新通道。

为提高档案信息资源的利用效率，充分发挥档案信息资源的作用，除正常接待查档外，许多档案馆开展了函电代查、代抄、代复制、档案咨询等多种形式的服务活动。互联网的发展又为档案馆提供了新的服务手段。电子邮件是互联网提供的一种快速、高效、方便、价廉的信息传递方式，通过电子邮件，不仅可以传递文字信息，还可以传递声音、图像、影像等多媒体信息。档案馆通过电子邮件这种形式可以突破函电代查、代抄、代复制的局限，为利用者提供更加及时、准确、全面的信息服务。一般档案馆都在主页上公布一个可供联系的电子邮件地址，这样远在外地、海外的利用者可以将其查档要求通过电子邮件告知档案馆，档案馆再根据其要求查阅后，将查档结果以电子邮件的形式传送给用户。

（三）档案网站的具体功能

不同类型的档案网站由于所依托的档案资源、运行的网络环境和服务的对象不同，功能并不相同。

1. 档案检索

这是档案网站最基本的功能。其检索内容包括政府现行文件、主动公开信息、历史档案以及其他文献资料，检索层次可以是目录信息、全文信息或编研成果，检索途径有题名、档号、关键词、分类号等，检索方式有简单检索、高级检索等。网上档案信息检索还可采取动态检索链接机制，提供"站内检索""站外检索"或

"复合式检索",实现跨库检索。对于内网网站,采用身份识别、权限控制、内容分级管理等机制;对于面向社会公众的外网网站,目前仅限于开放档案的目录查询和部分开放档案的全文查阅。

2.档案管理

档案馆(室)将其档案管理业务的某些环节或内容延伸至档案网站,以适应管理环境的网络化,提高档案管理效率。基于外网的档案网站,除提供上述的检索业务外,一般兼有档案发布、档案征集、在线移交、档案展览、业务咨询、借阅服务等功能。而基于档案馆(室)内部局域网的档案网站,通常是整个档案馆(室)业务管理系统的统一平台,网站上集成了档案管理业务的各个方面。

3.档案行政

同样,档案行政管理部门将其行政管理职能拓展至档案网站。档案局(馆)网站主页一般设有"政务公开""政策法规""业务指导""在线审批""行政投诉"等栏目,具有政策解读、规范性文件发布、网上办公等政务功能。

4.档案宣传

档案机构可利用网站这一信息平台,通过设置"馆(室)概况""馆(室)藏介绍""服务指南""工作动态""行业要闻"等栏目,全方位、多角度地宣传、介绍档案机构、档案工作和档案职业,帮助公众了解已有的档案馆(室)藏和档案信息服务,使档案网站成为网络环境中档案机构形象和档案职业形象的缩影,提升档案机构的社会影响力,增强社会大众的档案意识。

5.交流互动

档案网站可通过设立"建言献策""用户园地(BBS)""统计调查"等专题栏目,开辟用户博客、微博空间,提供电子邮箱、微信公众号及其二维码,开通网上实时咨询,开通手机APP程序模块等功能,收集档案用户的反馈意见,征询社会各界对档案工作的建议,答复各类用户的咨询、疑问,在档案机构与社会公众之间架起双向沟通的桥梁,使档案网站成为档案用户、档案管理者、档案形成者、档案专家多方交流、协助互动的信息平台。

6.文化展示

档案网站可设立"珍藏集萃""特藏展室""专题展览""在线参观""名人档案"等栏目,利用信息网络极强的辐射力展示具有重要历史意义和美学欣赏价值的珍贵档案藏品。通过网上展览,展示人类社会发展的文明财富,弘扬民族文化,传承历史记忆,提升档案网站文化品位,体现档案机构的文化内涵及其对保护人类文明的重要意义。

7.专业教育

档案网站通过设立"教学园地""网上课堂""知识天地"等栏目,利用组合教育资源的优势和分散式教学模式的便利，及时发布专业教育信息，上传课程教育资源，面向档案从业者和社会公众开设档案专业培训和档案文化讲座。中国档案学会还专门建立了"文件与档案工作者继续教育园地——档案教育网"网站。

第三章　智慧档案信息资源建设

第一节　档案信息的数字化

一、档案信息的数字化概念与原则

档案信息数字化是指利用数据库技术、数据压缩技术、高速扫描技术等技术手段，将纸质文件、声像文件等传统介质的文件和已归档保存的电子档案，系统组织成具有有序结构的档案数字信息库。

为了确保档案信息数字化工作的质量，档案信息数字化工作必须遵循一定的原则，这具体体现在以下几个方面。

（一）规范性原则

所有档案信息必须按照规定的技术要求、文本格式和工作标准进行数字化，并尽可能采取通用标准。

（二）安全性原则

在档案信息数字化过程中，要确保档案原件的安全、确保数字化档案信息的内容与档案原件相吻合、确保档案信息内容不泄密。

（三）效益性原则

档案信息的数字化工作面广量大，耗时耗财，必须十分讲究数字化工作的效益。应在充分调研的基础上选择最优的档案信息数字化方案，这包括从海量的档案信息资源中选择适当的数字化对象，选择最优的数字化工作流程、最合理的技术手段和最适宜的数字化加工设施等。

档案信息数字化的内容和形式现阶段，在我国各级档案机构的馆藏档案中，除极少部分是在其形成过程和前期运动阶段中就采用了数字化记录形式以外,绝大部分档案是纸质档案。针对这一现状,现阶段和今后一段时间内,我国档案信息数字化的中心任务就是对纸质档案信息进行数字化转换。这既是进一步改变其馆藏档案结构的需要,更是利用网络技术和虚拟技术实现档案信息资源共享和档案信息化建设的关键环节。

一般来说,档案信息数字化的内容有两个不同层次:一是档案目录信息的数字化。其目标是建立档案目录数据库。做好这项工作的关键是严格规范档案信息的著录标引,并科学选定档案目录数据库结构;二是档案全文信息的数字化。档案全文信息数字化可以采用扫描录入方式将档案全文按原貌逐页存储为图像文件并为其编制目录索引,或是经OCR(光学字符技术)识别后采用文本格式存储档案内容,辅之以全文检索数据库两种不同方式。在档案信息数字化过程中,可以根据档案信息的自身特点将这两种方式结合起来使用。

档案馆保存的档案为数众多,不同档案信息的价值不同、开放利用时限不同、保密程度不同,档案馆必须决定哪些档案信息资源可以数字化、哪些档案信息资源目前不需要数字化或暂缓数字化,以及哪些档案信息资源应优先数字化。再次,合作问题。对档案信息进行数字化处理是各级档案机构都面临的现实问题,各档案机构相互之间应就数字化对象的选择达成共识,再分工与合作的基础上构建我国档案信息资源的开发和利用。

二、数字化成果的存储格式选择

对于各类档案数字化后形成的数字化成果,需要正确选择其存储格式,这关系到数字化成果的质量、管理成本、查询利用效率。由于数字化技术的迅速发展,现有格式不断升级,新的格式不断出现,数字化成果的存储格式也不会一成不变。

一般在选择长期保存的格式时应综合考虑以下因素:一是兼容性强,可以在不同的计算机平台上显示和运行。二是保真度高,能在不同的技术环境下保持纸质档案的原始质量和版面。三是压缩比高,高效的数据无损压缩,可保证档案数字化成果存储占据容量小,便于高效率地移植、传播和显示。四是字体独立,可自带文字、字形、格式、颜色以及独立于设备和分辨率的图形图像,可在各种环境下被准确还原。五是可自带元数据,准确记录档案数字化成果的形成、变化过程,以证明档案文件的真实、完整和有效。六是支持多媒体信息,不仅可以包含文字、图形和图像等静态页面信息,还可以包含音频、视频和超文本等动态信息。

三、档案数字化成果的格式转换

在档案数字化成果的管理中,为了维护数字化成果的长期有效性,经常需要将非通用格式转换成相对通用的推荐格式，或为了满足不同播放器播放、不同软件编辑的需要，进行档案文件的格式转换。目前，许多软件都可以对打开的文件用另存为的方法实现格式转换。但是这种方法只能对文件逐件转换，效率低，且转换的格式种类比较有限。如何对档案数字化成果进行批量、高效率的格式转换，这是多媒体电子文件管理、编辑中经常需要做的"功课"。

用户只要在界面左侧选择需要转换的文件格式，屏幕立即会弹出选择文件的界面，然后用户可批量选择需要转换的档案文件，该软件即可根据预先设置的各种参数，自动批量进行转换，效率颇高，使用也十分简便。

第二节　电子文档归档与电子档案移交

一、电子文件归档的含义和特点

电子文件归档是将应归档的电子文件经过整理，确定其档案属性后，从计算机存储器或其网络存储器上拷贝、刻录到可脱机保存的存储载体上向档案部门移交，或通过网络将电子文件转移存储到由档案部门控制的计算机系统中，以便长期保存的工作过程。归档是文件生命周期上的一个重要环节，是文件和档案的分界线，标志着电子文件管理责任由文件形成部门向档案部门的正式转移。电子文件归档是我国归档制度中的一个重要方面，它除了要遵守传统文件归档的要求外，还要考虑到电子文件的特点。

（一）归档时间前置

纸质文件一般在文件处理完毕之后的第二年完成归档。电子文件因其信息和载体的可分离性，随时面临着被篡改、破坏的风险，因此在归档过程中必须贯彻前端控制和全程管理的原则。电子文件处理完成后就要及时归档。在设计电子文件管理系统时，就要考虑到归档要素和电子文件的真实性、完整性、有效性和安全性保障措施。

（二）归档形式多元互补

电子文件的归档形式分为在线归档和离线归档。电子文件的归档按照鉴定标识进行，各单位可以通过计算机网络进行在线归档，也可以将电子文件存储在脱机载体上进行离线归档。网络条件不符合国家和本地区有关保密法律法规规定的单位，其涉密电子文件不能在线归档，只能离线归档。

（三）归档范围扩大

电子文件的特殊性决定了电子文件归档的范围有所扩大。纸质文件的内容、结构、背景信息是固化在纸张上的，而电子文件的三要素有可能是分离的，要保证电子文件的真实性和完整性，必须及时获取电子文件的结构和背景信息，因此电子文件的背景和结构信息必须被纳入归档范围，形成电子文件的支持和辅助性文件，计算机、操作系统和应用软件的说明性文件也必须列入归档范围之中。此外，归档电子文件不仅局限于文字类文件，还应当包括图像、声音、视频及超媒体文件。

（四）归档实体移交与权责移交的分离

在线归档的出现使电子文件实体移交与权责移交出现了分离。传统文件管理中，文件的管理权是随着文件的归档由文书部门转移到档案部门现代档案信息化管理与建设研究的，是实体保管者与信息管理者的统一。而电子文件的实体与其信息的管理权责却是可以分离的。电子文件的在线归档，使档案部门并不一定不拥有电子文件实体，但仍可以实现对电子文件的掌控，从侧面反映了电子环境中档案管理的工作重点由实体管理向信息管理的转移。

（五）电子文件归档份数较多

离线归档的电子文件，至少一式三套：一套封存保管（一般称为A套）；一套提供利用（一般称为B套）；必要时，复制第三套，异地保存（一般称为C套）。

电子文件在长期保存过程中可能会受到不可抗因素的影响导致信息变异或失真，出现读取错误，而多套同时出错的概率较低，所以多套保存可以大大提高电子文件的安全性和可靠性。

二、电子文件归档的范围

《电子文件归档与管理规范》规定：电子文件的归档范围参照国家关于纸质材料归档的有关规定执行，并应包括相应的背景信息和元数据。具体来说，电子文件的归档范围主要有以下几点：

第一，在本机构行使职能活动、业务管理及行政管理活动过程中形成的，有纸质文件对应的电子文件，参照国家有关归档范围和保管期限规定归档。对于需要保存草稿及过程稿的电子文件，需要按照版本管理的要求添加版本号，并和正本一并归档。

第二，在行使和拓展本机关职能活动过程中，利用信息系统产生的无纸化新型电子文件，如网站、电子邮件、微博、微信等电子文件，也要列入归档范围。

第三，各种数据文件，如数据库、图形库和方法库等。由于数据库是动态的，对于这种数据文件应定期拷贝，作为一个数据集归档。

第四，为保证电子文件的长期可读性，其支持软件包括操作系统、应用软件及相关代码库、参数设置等也需要归档。

第五，有助于确保电子文件真实、完整、有效、安全的有关元数据、说明性材料也要归档。

第六，对于必须实行"双套制"保存的电子档案，应归档相同内容的纸质文件，并在有关目录中建立电子文件和纸质文件之间的关联关系。

三、电子文件归档的方式

（一）按照归档电子文件的实际存储位置分类

1. 物理归档

物理归档是指把电子文件集中下载到可脱机保存的载体上，向档案部门移交的过程。物理归档类似于纸质文件的实体归档，这种方式将电子文件的保管权直接交给档案部门统一存储保管，该保管系统由档案部门统一维护，因此安全性比较高。

2. 逻辑归档

逻辑归档是指在计算机网络上进行，不改变原存储方式和位置而实现将电子文件的管理权限向档案部门移交的过程。这种方法将电子文件仍然存储在形成文件的业务系统中，但是归档文件的著录信息、存储地址及元数据应自动保存到档案部门的数据库中，以便档案部门对其进行控制。逻辑归档虽然不妨碍电子文件的共享利用，但是分散存储会给电子文件带来一定的安全风险，需要档案部门加强安全检查和督促。

（二）按照归档电子文件的移交方式分类

1. 在线归档

在线归档是指通过计算机网络，将电子文件及元数据向档案部门移交的过程。在线归档必须在网络联通的条件下进行，网络的带宽、速度会影响在线归档的进行。一般来说，文本类电子文件的在线归档没有问题，但是多媒体电子文件的在线归档就要考虑网络带宽是否能承受多媒体文件的容量，或采取避开网络使用高峰时间进行在线归档，否则会严重影响网络信息共享利用。

2. 离线归档

离线归档是指将电子文件及其元数据存储到可脱机存储的载体上，向档案部门移交的过程。当电子文件的形成系统没有在线归档功能时，或当电子文件形成与归档管理机构没有电子文件和档案管理系统时，可采取离线归档方式。如工程建设的施工单位、建设单位与档案部门在没有在线归档的条件时，可在工程项目结束后将电子文件拷贝到光盘或硬盘上向档案部门归档移交。

四、电子文件归档的要求

电子文件的归档应以国家和本地区有关规定和标准为依据，做到真实、完整和有效，实现档案的价值，便于社会各方利用。除此之外，还应针对电子文件的特性，满足以下要求：

（一）归档范围和保管期限要求

电子文件应准确划分归档范围和保管期限，具有保存价值的照片、音视频文件和公务电子邮件等电子文件也应当列入归档范围；电子文件的正本、定稿、签发稿、处理单等重要电子文件的修改稿和留痕信息也应当完整归档。

（二）双套制归档要求

具有永久保存价值或者其他重要价值的电子文件，应当转换为纸质文件或缩微品同时归档。定期保存的电子文件，由电子文件的形成单位根据实际需要决定是否采用异质双套归档。法律法规中规定不适用电子签名的电子文件，归档时应附加有法律效力的纸质签署文件。

（三）载体要求

把带有归档标识的电子文件集中起来，制成归档数据集，存储至耐久的载体上。电子文件归档推荐使用的载体，按优先顺序依次为只读光盘、一次写光盘、磁带、可擦写光盘、硬磁盘等。

（四）归档载体标签要求

存储电子文件的载体或装具上应贴有标签，标签上应注明载体序号、宗号、类别号、密级、保管期限、存入日期等，归档后电子文件的载体应设置成禁止写入操作的状态。用作电子文件归档或电子档案保存的光盘不能贴标签，该标签必须用特制的光盘标签打印机打印在特制的光盘空白背面上。因为对于高速旋转的光盘来说，贴上标签会造成光盘高速旋转时重力不均和抖动，损坏光盘或光盘驱动器。没有光盘标签打印机的，可用光盘标签专用笔在光盘标签面上手工书写编号。

（五）真实性要求

电子文件形成部门需对归档电子文件内容的可靠性、稿本的准确性以及双套文件的一致性加以确认。

（六）完整性要求

确保归档电子文件和相关文件及元数据齐全，且关联有效。为了保障电子文件的真实、完整、有效,可以将电子文件的办文单打印成纸质文件与电子文件一并归档。

将相应的电子文件机读目录、相关软件、其他说明等一同归档,并附《归档电子文件登记表》。《归档电子文件登记表》可以制成电子表格,由系统根据归档电子文件的机读目录或著录、标引信息自动填写。归档时应将电子文件及其机读目录、登记表同时移交给档案部门,归档电子文件登记表如果是数字形式的,还应附有纸质打印件。

归档完毕后,电子文件形成部门应将存有归档前电子文件的载体保存至少一年。

五、电子文件的组盘

常用的电子文件存储载体是磁盘、磁带、光盘。其中光盘具有存储容量大、运行速度快、存储稳定性较好、只读光盘能防删改等优点。因此,光盘是目前存储电子文件的较佳载体。为了方便管理和查找利用,对于脱机保存的电子文件需要按一定的规则组合到同一张光盘中,简称"组盘"。由于DVD光盘容量大且技术和标准日趋成熟,因此电子文件的脱机保存应当采用只读的DVD光盘,即DVD-R。

虽然组盘和传统的纸质文件组卷在概念和方法上有很大的区别,但是也应当从保持文件的自然联系和方便管理利用出发,遵循一些基本规则。①将同一保管期限的文件进行组合,以便于按不同期限定期拷贝光盘,以延长电子文件的保管寿命;②将同一密级的文件组合,以便于保密和安全管理;③将同一部门的文件组合,以便于查找、利用和复制;④将同一档案类别、同一工程项目、同一设备项目的文件尽量存储在同一光盘上,以方便利用;⑤按规范著录规则建立盘内文件目录,并将电子文件与相关条目建立链接关系,以便查找目录时立即能调阅相应的电子文件;⑥如果盘内有非通用格式的电子文件,应当将相应的运行软件一并存入该盘内,以便电子文件的打开和阅读。

六、电子文件的规范命名

电子文件制作完毕后需要对保存的稿本命名,以便今后查询利用。电子文件名通常由"主名"加"扩展名"所组成。其中扩展名代表了电子文件的类型,通常由计算机自动产生。

(一)规范命名的要求

第一,唯一。如果有两个或者多个电子文件重名,在数据库调用该文件时就会发生混乱。因此，在同一文件夹中的电子文件不允许重名。如果重名，则后存盘的电子文件会将前存盘的电子文件覆盖。

第二，直观。直观的命名能够简要地概括文件的内容，是查找文件的重要线索，也便于利用，电子文件命名应当实行"实名制"，即将文件的重要著录项直接注入主名中。

第三，简洁。命名要简洁明了，不宜过长，过长难以辨认，且计算机软件会自动拒绝。另外，命名中不能夹带某些特殊符号，如半角的"\、/、<、>、?"等。

第四，参照。采用"双套制"归档模式的，电子文件命名要便于与同样内容的纸质文件建立相互参照关系。

（二）规范命名的方法

根据以上原则，介绍几种常用的命名方法。

第一，归档前可用"文号+稿本号+文件标题+扩展名"命名，各要素之间用符号（如"-"）进行分割。这种命名还可以加上"形成者""形成时间"等文件要素，其最大优点是直观，能通过命名知道文件的大概内容，便于通过Windows资源管理器、Excel等流行的工具直接检索。目前，计算机允许电子文件的命名长度达247个汉字，足以支持该命名方式。该方法适用于在办公自动化管理中形成的电子文件，可由业务部门的文件管理人员在文件形成后按规范直接命名。

第二，归档后采用"全宗号+档案门类代码+年度+保管期限代码+机构（问题）代码+件号+子件号+扩展名"命名。如"X043-WS.2015-Y-BGS-0026.001.jpg"。该方法的优点是：由于档号唯一，因此能避免重名；由于档号中一般有分类号，因此便于识别内容；由于采用纸质档案的档号，因此便于与纸质档案相互参照。这种方法一般适用于"双套制"归档的电子文件、纸质档案扫描件或需要长期保存的电子档案。

第三，采用"随机号+扩展名"命名，随机号一般是计算机自动生成的32位代码。该随机号唯一的优点是不会重名，缺点是很不直观，也无法与纸质档案参照，必须完全依靠目录数据库才能对电子文件进行管理和查询。使用本方法一般要安装专用的电子文件归档和电子档案管理系统。因此，使用本命名方法有一定的风险，如当支持其运行的应用软件发生故障或瘫痪时，文件就无法查询利用。

有些单位在电子文件归档时将第三种方法命名的电子文件转换为第一或第二种命名方式，或者组合运用前两种命名方式，其转换一般需借助计算机系统自动完成。

此外，对于基建或设备类电子文件也可以采用"项目编号+子件号+扩展名""项目编号+阶段号+子件号+扩展名"或"图号+子件号+扩展名"等方法命名。这些方法也都符合上述电子文件命名的四项基本要求。

七、电子档案的移交

归档后，电子文件按有关规定移交至档案室等档案保管部门，作为电子档案进行集中保管，这是归档的最后实施环节。

（一）移交时间

电子文件的在线归档和离线归档，一般是在年度或文件所针对的任务完成后，或一个阶段之后的一段时间内进行归档移交，具体可视情况而言。如管理性文件可按照内容特点确定一个归档期限；技术文件、科研项目文件等则可在项目完成后归档移交。因涉及电子文件的技术环境条件、存储载体质量、寿命等问题，一般以不超过3个月为宜。

（二）移交的基本要求

第一，元数据应当与电子档案一起移交，一般采用基于XML的封装方式组织归档数据结构。

第二，电子档案的移交格式按照国家有关规定执行。

第三，电子档案有相应纸质、缩微制品等载体的，应当在元数据中著录相关信息。

第四，采用技术手段加密的电子档案应当解密后移交，压缩的电子档案应当解压缩后移交。特殊格式的电子档案应当与其读取平台一起移交。

（三）移交检验

在接收电子档案之前，应对电子档案及其技术环境进行检验，合格率达到100%时方可进行交接。

检验项目主要有以下内容：①载体有无划痕，是否清洁；②有无病毒；③核实电子档案的真实性、完整性、有效性及审核手续；④核实登记表、软件、证明材料等是否齐全；⑤对特殊格式的电子档案，应核实其相关的软件、版本、操作手册等是否可用和完整；⑥检验结果分别由移交单位、接收单位填入《电子档案移交、接收检验登记表》的相应栏目。

档案保管部门应按照要求及检验项目对电子档案逐一验收。对检验不合格的，应退回形成部门重新制作整理后再次移交。

（四）移交方式

电子档案的移交可采用离线或在线方式进行。

离线移交归档电子文件应当满足下列基本要求：移交单位一般采用光盘移交

电子档案，光盘应符合移交要求；移交单位应当按照有关要求进行光盘数据刻录及检测；存储电子档案的载体和载体盒上应当分别标注反映其内容的标签；移交载体内电子档案的存储结构应符合《电子文件归档与管理规范》等国家和本地区的有关规定。

在线移交电子档案的单位应当通过与保密级别和管理要求相匹配的网络系统传输符合要求的电子档案及其元数据。

（五）移交手续

档案保管部门验收合格，完成《归档电子档案移交、接收检验登记表》的填写、签署环节。登记表一式两份，一份交电子档案形成机构，一份由档案保管部门保存。在已联网的情况下，电子档案的移交和接收工作可在网络上进行，但仍需履行相应的手续。

第三节　档案数据库的建设

一、档案数据库建设的意义

（一）是档案信息化水平的重要标志

我国档案信息化自20世纪80年代起步以来，积极致力于档案目录数据库建设，建立了档案目录中心，显著提高了档案管理的效率和质量，方便了档案的查找利用和资源共享，成为档案信息化建设最早、最直接获得的成果，也不断增强了档案工作者对档案信息化的认识和信心。实践证明，档案数据库建设的规模和质量不但是档案信息化的核心任务，而且是衡量档案信息化水平的重要标志。

（二）是档案信息资源建设的基础

归档文件材料属于一次档案文献，它虽然具有原始性，但是无序的、分散的、非结构化的档案信息，难以形成资源优势，不便于集中管理和广泛共享。档案目录数据库建设的实质是通过对档案内容和形式特征的分析、选择及记录，采用数据库管理技术，将档案著录信息输入计算机系统，形成二次档案文献，即结构化的档案信息。此举可有效提高档案信息的丰裕度、凝聚度、集成度、融合度、共享度、适用度和价值密度，降低其失真、失全、失效和失密的风险，从而形成档案资源体系，提升档案信息化的综合实力。没有高质量的数据库，好的软硬件系统只能是"空壳"。

（三）是开发利用档案信息资源的前提

档案信息化的主要目的是将对档案的实体管理转变为对档案信息的管理，也即对档案内容的管理，这是信息技术的优势所在，也是传统管理最大的难点。建设档案数据库，有利于加快推进档案信息资源的整合和共享，使档案信息真正成为优质资源和共享资源；有利于信息技术和大数据技术应用，促进档案信息的资源体系、服务体系和安全体系建设；有利于最大限度地发挥档案价值，从而为档案信息资源的开发利用创造有利的条件。没有档案数据库，档案信息化就是空中楼阁，流于形式。

二、档案目录数据库建设

档案目录数据库中的记录又称为"档案机读目录"或"档案电子目录"，是存储在计算机内，使用某种数据库管理系统组织管理档案目录的数据集合。

（一）档案目录数据库的结构设计

根据著录对象的层次不同，档案目录数据库分为案卷级目录数据库和文件级目录数据库两类。为实现计算机检索，必须将反映档案内容特征和形式特征的案卷级著录信息和文件级著录信息输入计算机数据库，由计算机系统通过专门的数据库管理系统和档案管理软件对其进行采集、加工、整理和检索。

数据库管理系统是存储、管理档案目录信息的最佳工具，它按照一定的数据模型，将相互联系的结构化信息以特定的方式组织存储起来，构成数据集合。

（二）档案文件的著录标引和著录信息录入

档案文件的著录标引和著录信息录入，是档案目录数据库建立的重要工作和档案信息化的关键环节，意义十分重大，需要给予高度重视。从形式上看，"著录"和"录入"是两项工作，而在档案信息系统的操作中往往是结合起来、交叉进行的，即一边著录标引，一边录入数据。为了提高档案著录、数据录入的速度和质量，需从以下几个方面采取对策。

1.提高认识，增强操作人员的责任心

档案著录和数据录入工作的重要意义在于：①大规模、高质量的档案目录数据是实现档案信息化价值的前提。信息行业有一句行话："三分靠硬件，七分靠软件，十二分靠数据。"没有实力强大的数据库，再先进的档案信息系统也只能是空中楼阁，形同虚设。②数据质量问题会给档案信息系统埋下隐患。信息行业还有一句行话："计算机系统输入的是垃圾，输出的也必然是垃圾，绝不会成为宝贝。"一旦输入了数据垃圾，计算机软硬件技术难以自动消除它。档案数据库质量控制有"技防"和"人防"两种，其中人防，即提高人的责任心和操作技能永远是第一位的。因此，要从培养操作人员的素质抓起，落实工作职责和考核办法，实现对档案文件的著录标引和著录信息录入工作的精细化管理。

2. 严格按照国家规范设计数据库结构

档案信息化建设单位应当严格按照《档案著录规则》《档案分类标引规则》《档案主题标引规则》《中国档案分类法》和《中国档案主题词表》等国家相关标准规范的规定，结合实际，制定本行业、本专业、本单位的标准和规范，为档案数据库建设提供标准支持。要维护标准和规范的权威性，在档案信息系统开发，特别是数据库结构设计时应严格执行相关标准和规范，防止数据库设计的盲目性和随意性，确保档案数据的一致性、准确性和规范性。

3. 采取有效的技术手段提高数据录入的速度和质量

档案文件的著录标引和录入工作十分枯燥，不但效率低，而且容易引起操作疲劳而出错。为此，应当在加强"人防"的同时，尽量采用"技防"。事实上，计算机技术的发展已经为提高数据录入的速度和质量做了充分的准备。

（1）在数据库建设中控制数据结构定义

为了提高系统的适用性和可扩展性，很多档案信息系统都为用户提供了灵活的数据库自定义功能，然而这项功能如不加以控制就会造成"乱定义"，即定义的随意性。因此，在设计档案信息系统自定义功能时，应当将数据库的表字段设计分为"必选项"和"可选项"。必选项严格按照《档案著录规则》设置，不允许自定义，可选项可在规范引导下进行自定义。

（2）利用计算机智能，自动录入数据

在录入档案数据时，某些档案著录项可以通过计算机自动处理后录入数据，如自动生成档号、序号、部门号、库位号；根据文件级著录的文件页数、文件日期，自动生成案卷级文件页数、起止日期；根据文件的归档类目号，自动生成分类号；根据文件标题或文件内容，自动标引主题词等。自动录入的数据能够避免人为录入差错，大量节约人力，并显著提高录入的速度。

（3）使用代码录入

代码是确保著录信息和档案特征一致的有效手段。如组织机构名称，有全称或简称，简称往往又很不规范，这会造成检索时的混乱，而应用代码，可以做到代码和组织机构的严格对应，检索时就不会出现漏检或误检。

因此，档案信息系统应设计简便的代码管理功能，包括代码的维护、录入提示等，确保规范使用代码，又快又好地录入档案著录信息。

三、档案全文数据库建设

档案全文数据库，是存储、组织管理数字化档案信息的数据库系统，既包括档号、题名、责任者、正文、形成时间、密级、保管期限、载体、数量、单位、编号等著录信息，也包括档案的内容信息。档案全文数据库所管理的对象，不仅包括经数字化处理的传统馆（室）藏档案，而且包括以数字化形式直接生成的电子文件（档案），如各类文本、表格、图形、图像、音频、视频、数据库、网页、程序等。

应用环境不同、系统软件不一，生成的文件格式也会不同。因此，必须确定电子文件的元数据标准和存储格式，以规范档案全文数据的组织与管理。

（一）档案全文数据库构建的过程

1.数据的采集

即对加载到全文数据库中的数据进行录入、采集、整理等处理。全文数据的获取方式有三种：一是图像扫描（或数码拍摄）录入。该方法形成的图像信息能保持文件的原貌，但占用存储空间大，不能直接进行全文检索和编辑。二是键盘录入。该方法形成的是文本信息，占用存储空间小、存取速度快、支持全文检索，但是输入工作量大，文本的格式和签署信息容易丢失。三是图像识别录入，即对扫描形成的图像进行OCR识别，形成文本信息。该方法虽然具有上述两种方法的优点，但是OCR识别带有一定的差错率，特别当档案原件字迹材料不佳、中英文混排或带有插图、表格时，差错率较大，而人工纠错成本较高。因此，数据采集要权衡利弊，有选择地使用。

2.数据预处理

将采集后形成的档案数字化成果转换成规范的格式，进行规范化命名，再进行统一标准的著录与标引。采用自动标引技术的系统，还可以从文本文件中直接提取关键词或主题词，辅助计算机检索。

3.数据检索

档案全文数据库建成后，可采用全文检索系统提供的功能对数据库进行检索。

4.数据维护

全文数据库建成后，须经常对数据库的内容进行索引、更新、追加和清理，以保证数据库的实用性和时效性。

（二）档案全文数据库的功能

第一，能够获取、存储和使用不同类型、不同格式的档案信息。

第二，能够按照确定的数据结构有效组织大量分布式的不同类型、不同格式的电子文件或扫描件，并为之建立有效的检索系统。

第三，能够快速、正确地实现跨库访问和检索。

第四，能够对全文信息的访问和使用进行许可、控制和监督等授权管理。

第五,能够在网上发布全文数据库数据。

第六,能够集成支持全文数据库管理的各种技术,如超大规模数据库技术、网络技术、多媒体信息处理技术、分布式处理技术、安全保密技术、可靠性技术、数据仓库与联机分析处理技术、基于内容的分类检索技术、信息抽取技术、自然语言理解技术等。

四、档案多媒体数据库建设

档案多媒体数据库是对文本、图像、图形、声音、视频（及其组合）等媒体数据进行统一管理的数据库系统,它具有良好的交互性,输出的多媒体文件形象直观,图文并茂,能真实生动地还原历史记录。因此,档案多媒体数据库属于特色数据库和优质档案信息资源,应当列为档案数据库建设的重要内容。

(一) 建立档案多媒体数据库的步骤

建立档案多媒体数据库有三个步骤:一是收集和采集来自各种档案信息源的多媒体信息。如果来源是数字化多媒体信息,即多媒体电子文件,则归档处理后直接进入档案多媒体管理系统的存储设备中;如果来源是模拟多媒体信息,如模拟录音、录像,则采用音频或影像采集设备,将其转换成数字化的多媒体档案后输入到档案多媒体数据库。二是按照多媒体档案的整理规则,对多媒体电子文件进行整理,形成档案多媒体目录数据库。三是将整理后的多媒体档案挂接到档案多媒体目录数据库中。

(二) 多媒体档案与档案多媒体目录数据库的挂接方法

鉴于多媒体档案占据容量大,对档案数据库运行效率影响也大,因此需要慎重选择多媒体档案与档案目录数据库的挂接方法。挂接的方法一般有基于文件方法和二进制域方法两种。

1. 基于文件方法（又称"链接法"）

这种方法是将独立存储于计算机载体中的多媒体档案的名字与位置（即路径）存入（即"链接"于）档案多媒体目录数据库相应的记录中,而不是真正将档案存储在目录数据库中。当数据库管理系统访问多媒体档案时,根据目录数据库中记录的多媒体档案名称和路径,访问多媒体档案。这种方法的优点是,尽管多媒体档案容量大,但是不会给目录数据库增加负担而影响目录数据库的运行效率；缺点是多媒体档案与目录数据库的关系不够紧密,容易因系统或数据的迁移而断链,造成通过目录找不到对应多媒体档案的故障。

2. 二进制域方法（又称"嵌入法"）

这种方法是把多媒体档案实实在在地存放于（即"嵌入"到）目录数据库中

的 BLOB 字段（即"二进制域"）中，该字段能存储大文件，因此又称"大字段"。该字段有两种：一种是 Memo（备注）字段，它可以存储大文本文件，容量相对较小；另一种是 OLE（对象嵌入）字段，可以存储大二进制文件，如多媒体档案等。

　　Oracle 数据库的一个 BLOB 字段可存储不大于 4G 的多媒体文件。这种方法的优点是多媒体文件与目录数据库的关系相当紧密，不会断链；缺点是大容量的多媒体文件会增加目录数据库的负担，影响其运行效率。因此，在使用二进制域方法时，需要采用一些技术手段来弥补其缺陷。

第四章 智慧档案数字化建设

第一节 档案数字化建设基础知识

一、档案数字化建设目的

档案数字化建设是指利用计算机技术、扫描技术、图形图像处理技术、数据库技术等把各种载体的馆藏档案转化为数字化档案信息,以数字化的形式存储,以网络化的形式互联,采用计算机系统进行管理,借助数字化技术平台实现快速检索与利用,从而实现档案信息资源共享。

数字化建设的目的是使档案馆(室)现有的档案文件资料全部实现数字化处理,建立健全档案目录数据库、现行文件全文数据库和多媒体数据库(照片、音频、视频等),通过数据接口和政务办公系统连通,用先进的数字化档案管理系统提供安全、高效的管理和利用,实现真正的资源共享。

(一)提高档案信息的利用价值和档案资源共享

传统档案管理"重藏轻用",手工查询档案信息效率极其低下,档案的利用价值不大。随着档案管理信息化时代的到来,档案管理人员能够轻而易举地在信息库中查询到需要的档案信息,不再受"孤本"的限制,一份文件可以同时提供给所有需要它的人共享。

数字影像文件可以通过计算机局域网或者广域网进行异地传输,使异地调阅利用成为可能,扩大了档案的利用空间。

数字化信息以电磁信号为存储媒介,具有跨区域的超速查询,实现网络资源的共享,利用者可以随时使用自己需要的已开放的档案信息资源,大大提高了档案信息的利用价值。

（二）提高工作效率，降低档案利用成本

通过档案数字化建设，档案信息的查询利用工作实现了智能一体化，简化了传统档案查询的烦琐流程。利用者通过数字化档案管理系统随时查询利用所需要的电子文档数据信息，避免了传统档案利用方法对档案资料实体的多次辗转所造成的大量时间浪费和重复劳动现象，从而提高工作效率，降低档案信息利用的成本。

（三）提高保管和保护库存档案实体安全性

档案数字化管理可以通过使用权限控制直接在网上查阅打印，减少了对库存档案的调阅次数和复印次数，降低了库存档案的老化速度，解决了档案反复借阅利用和档案保管的矛盾，从而可以最大限度地对库存档案进行有效的保管和保护，确保档案实体安全。

通过异地异质备份多套档案数字化副本，确保档案信息的安全，规避各种自然灾害等人为损坏对档案信息可能带来的灾难性后果。

恢复档案材料模糊褪变的字迹及对污损残缺照片档案的修复。

二、档案数字化要求

（一）规范性要求

规范性是开展档案信息数字化最基本的要求，也是确保数字档案信息可用性的基本条件。所有数字化的档案信息必须按照规定的技术模式、文件格式和工作标准进行数字化，并尽可能采取通用标准。档案数字化的目的是利用网络这种新的信息传递方式来提供档案服务，因此，数字档案信息的存储与传递必须制定并采取各方认可的规范与标准，以避免因存储格式和软件平台的不同而不断转换，造成资源浪费和时间延误，降低信息存储与传输的效率。目前，我国档案界已制定了许多数字化规范，对档案信息的数字化起到了很好的规范作用。

（二）安全性要求

1.确保档案原件的安全

数字化需要对档案原件进行扫描、录音或摄录，因而有可能对原件进行拆卷、加工或其他必要的处理。由于数字化档案大多数是要继续保存的，在数字化处理过程中必须最大限度地保护档案原件，尽量避免造成档案原件内部特征和外部特征的不可逆变化。否则，一旦发现处理质量不尽如人意或者处理好的数字化档案信息被破坏和丢失，便没有挽回的余地。对于具有文物或史料价值的档案，遵守

这一点尤为重要。为将数字化工作对档案原件的安全威胁降至最低，必须仔细设计档案数字化的工作流程，制定严格的操作规程，确保数字化工作安全有序地开展。

2.维护档案信息的保密性

我国档案行业标准《纸质档案数字化技术规范》要求，"纸质档案的数字化，必须符合国家档案开放规定以及有关规定"，"对所要进行数字化的对象要按照一定的原则和方法进行确认。虽然数字化的档案大多数是开放文件，不具有保密性，但为了保护档案原件或为备份拟移交文件而进行的数字化，则可能涉及保密档案"。档案数字化工程常常有外来人员参与或交由专门的数字化公司承担，为此对参与数字化工作的公司和人员应进行严格的安全保密教育，签订安全保密协议，限定其操作权限和保密责任。对于内容十分敏感或者有非常严格的使用范围的档案文件，应考虑由专门人员采用专门的设施进行数字化。数字化后应将过程中存在操作终端或服务器中的相关文件彻底删除。

（三）效率性要求

档案数字化工作面广量大、耗时耗材，必须提高工作的效率与效益。

1.要采取最优化的技术方案

应在充分研究的基础上选择最优化的档案数字化方案，包括最优化的工作流程、最合理的文件格式、最有效的信息存储模式和高效经济的数字化加工系统。技术方案决定着整个数字化工程的成败和效率。数字化加工系统的效率与设备投入的多少并不成正比，高效的数字化加工系统是硬件设备、软件系统和工作流程的合理配置，一味追求高配置的硬件设备，讲究扫描仪的扫描速度而忽视软件处理效率和加工力量的配备，会因设备利用率低下而造成浪费。多数情况下，配置两台中速扫描仪要比配置一台高速扫描仪的性价比更高。

2.要实现档案数字化工程的专业化和社会化

对传统档案的数字化是档案工作从纸质时代向数字时代转型的过渡性工作。在过渡阶段，由于传统档案存量较多，需要集中处理，数字化任务比较繁重。但存量得到解决后，随着无纸化办公的进一步发展，档案数字化任务也就基本完成。因此，对大部分档案馆来说，数字化只是阶段性工作，至少经过一个阶段后工作量会锐减。每个档案馆都配置庞大的数字化加工系统是没有必要的，可以通过相互合作或通过外部的数字化公司来集中解决过渡时期的档案数字化任务，由此以较低的成本获得专业化服务，避免大量高配置设备的低利用率，从而提高整个社会的档案数字化劳动效率。

三、档案数字化存储格式选择

档案扫描之后图像文件存储格式，随技术发展和运用在不断地相应调整。许多格式都可以用来存储图像。目前，国际通用标准格式为JPEG或TIFF。《纸质档案数字化技术规范》规定：采用黑白二值模式扫描的图像文件，一般采用TIFF（G4）格式存储；采用灰度模式和彩色模式扫描的文件，一般采用JPEG格式存储，提供网络查询的扫描图像，也可存储为CEB、PDF或其他格式。

（一）扫描图片文件格式要求

第一，扫描文件存储格式为TIFF和JPEG。

第二，扫描文件色彩模式：字迹清楚、无插图的档案，采用黑白二值扫描；字迹不清楚或有插图的档案，采用灰度扫描；页面中有印章、红头或彩色插图，出现两种或两种以上色彩的档案，采用彩色模式扫描。

第三，扫描文件分辨率：黑白二值、灰度扫描的分辨率为200dpi，彩色模式扫描分辨率为300dpi，色彩数位不低于24位。

第四，扫描文件压缩比，彩色扫描文件采用JPEG格式，8级压缩比。

（二）数字化成果备份存储格式的选择

备份用途的数字化成果一般要求品质较高，但是，品质越高存储容量也越大，存储成本和维护费用也相应增加。作为备份用途，一般应采用灰度模式或彩色模式进行档案数字化加工，以便更真实地显示档案的原貌。备份用途的数字化成果，可以采用的文件存储格式主要有TIFF、JPEG等。

TIFF是一种非失真的压缩格式，它广泛地应用于对图像质量要求较高的图像存储与转换，有多种压缩方案可供选择。LZW压缩的TIFF格式存储彩色模式扫描的数字化成果，这种格式存储的文件图像质量好，而且即使经过多次编辑和重新保存TIFF文件，图像数据也不会受到任何损失，对一些珍贵档案的数字化用这种格式进行存储是绝佳的选择。

JPEG是一种有损压缩格式，允许选择不同的压缩比率对文件进行压缩，优点是文件存储空间小，缺点是采用JPEG压缩会使原始图片质量下降，而且压缩比越大，图像质量就下降得越低，但是采取低压缩率（高质量）的JPEG文件也可以保证优异的图像质量。

（三）利用用途的数字化成果存储格式的选择

利用用途的数字化成果，对图像品质要求不高，图像分辨率适合屏幕即可，需采用多页存储格式，存储容量宜小，否则影响网络利用效果，可以采用的文件存储格式主要有PDF、CEB和DjVu等。目前用得最多的是PDF格式，PDF文件格式是Adobe公司开发的电子文件格式,它可以将文字、字形、格式、颜色及独立于设备和分辨率的图形图像等封装在一个文件中,可以逼真地展现图像原貌,给使用者提供个性化的阅读方式。利用这种特性,我们可以将多个TIFF或JPEG文件合并转换成一个PDF文件,在网上提供PDF文件供利用者查阅。

总之,档案数字化成果存储格式的选择是一个受制于多种因素的综合性决定,不同数字化背景下作出的选择可能不同,每个部门都应根据实际情况以及可操作性,灵活地加以选择。

第二节 纸质档案数字化

一、档案数字化原则

随着计算机、多媒体、互联网络等技术的飞速发展,档案工作的内部技术环境和外部服务环境也发生了巨大变化。档案数字化建设是一个庞大而复杂的系统工程,而要保证其健康有序地发展,就必须坚持标准规范性原则、数字化前分析原则、数字化过程中控制原则、数字化成果服务原则。

(一)标准规范性原则

标准规范性是开展档案信息数字化最基本的要求,也是确保数字档案信息可用性的基本条件。规范性要求的内容是:所有数字化的档案信息必须按照规定的技术模式、文件格式和工作标准进行数字化,并尽可能采取通用标准。档案数字化的目的是利用网络这种新的信息传递方式来提供档案服务,因此,数字档案信息的存储与传递必须制定并采取各方认可的规范与标准,以避免因存储格式和软件平台的不同而不断转换,造成资源浪费和时间延误,降低信息存储与传输的效率。

目前,我国档案界已制定了许多数字化规范,对档案信息的数字化起到了很好的规范作用。例如,国家档案局就纸质档案的数字化发布了档案行业标准——《纸质档案数字化技术规范》,有关照片、录音、录像和缩微影像档案的数字化规范也在研究和待定之中。规范化还有助于选择最佳的档案数字化技术方案。

(二)数字化前分析原则

馆藏档案的数字化是档案信息化建设的基础工作,而档案数字化不能盲目进行、急于求成,要根据馆藏实际,判定轻重缓急,统筹人财物多种资源,集中技术力量,制定可行方案,有组织、有步骤地分批实施。

1.数字化对象分析

对将要进行数字化处理的馆藏档案进行全面分析。在数字化之前，全面掌握馆藏档案的全宗、数量、类别、载体等情况以及档案的内容，不同时期档案的数量和比例。对不同形式的档案材料应该理论与技术相结合，制定出标准、规范的数字化方案。此外，还应根据不同类别档案的不同利用需求和利用率高低，采取"优化鉴选"的方式对数字化对象进行加工处理，逐步建立具有本馆特色的专题数据库。只有在对数字化目标作出全面、详细分析的基础上，才能保证数字化档案的质量。

2.组织制度分析

档案数字化是一项漫长而复杂的工程，因此，必须在充分调研的基础上，分析应采取什么样的组织制度予以保障，一般来讲，应成立档案数字化工作领导机构与技术小组，建立科学的管理体制，制定有关的规章制度、整体规划、岗位职责、奖惩办法、考核评价标准等，做到分工明确、各负其责。

3.技术力量分析

档案数字化是一项技术性很强的工作，它涉及计算机技术、网络应用技术、信息传输技术、数据库管理技术、光学字符识别技术和影音采集存储技术等信息处理技术，技术力量匮乏将影响数字化建设的进程。因此，档案机构在开展档案数字化工作之前，要客观分析判断现有的技术水平，充分做好学习提高的准备。

4.硬件设施及资金保障分析

硬件设施及资金保障是进行档案数字化建设的物质保证，硬件设施具备与否是开展此项工作的前提条件。硬件设施主要有现代化的档案库房、电子档案存储装具、各门类档案专用的高速扫描仪、视频影音采集设备、网络服务器以及计算机、打印机等附属设备。档案数字化建设的资金保障分为启动资金和维护资金两个方面。相对于纸质档案的保管而言，档案数字化处理的成本要高很多，不仅设备的投入、人员的培训需要大量资金，而且还有材料的消耗、设备的保养、系统的升级等运转资金。因此，资金是保障数字化建设可持续发展的重要条件。

（三）数字化过程中控制原则

由于数字化加工处理后的档案信息具有可变性、系统依赖性、信息共享的便利性、安全维护的复杂性等特点，因此在档案数字化建设过程中必须坚持全程控制管理。

1.保障信息内容的安全性与真实性

数字化过程中，档案信息内容的安全性和真实性要靠严格的管理监控措施、先进的技术设备来维护。在数据的采集、转换、存储和利用过程中，数字化的质量取决于先进技术与设备的采用。例如，一些档案受时间和环境影响，纸质变黄、变脆，或因水浸、污染变得字迹模糊不清等，必须进行数字化处理来确保档案信息的安全；还有一些设计图纸等，对其进行数字化处理时，需使用专业的工程扫描仪，若使用普通扫描仪扫描，再用图像处理软件处理，得到的数据很可能会失真，而且工作效率极低。可见，采用先进的技术设备是数字化过程中维护档案信息内容安全性与真实性的重要保障。

2.数字化加工过程中的安全控制

（1）场地可信

一般情况下，由于数字化加工均在用户现场进行，并且还要安装视频监控，对加工场地来说，只要管理到位，一般都不会出现太大问题。

（2）设备可信

采用加工设备进场前由当地保密部门进行检查、在加工过程中设备不允许离场、加工完毕设备离场时再进行检查的方式来保证加工设备不出问题。如果在数字化加工过程中设备需维修则离场时需要摘除硬盘，硬盘损坏的则直接更换新硬盘，损坏的硬盘应交由用户方管理。还可以要求加工设备进场时空机器进场，由用户提供硬盘，加工完毕后用户收回等方式。

（3）人员可信

如采用外包方式进行数字化加工，可与外包公司签署保密协议，外包公司应与本单位员工签署保密协议并进行保密培训，加工人员进场时还应提验身份证。当然，有些条件允许的单位也可以返聘本单位人员，自行进行数字化加工，但同样面临人员是否可信的问题。因此，人员管理必须与技术手段配合才能有效控制。

（4）管理可信

需要有健全、细致的管理制度。例如加工人员的纪律管理，U盘、手机的管理等。在管理可信方面，还需要用户方深度介入，做好监控。另外在管理上还可以创新思路，例如：数字化加工前先由本单位工作人员对档案进行鉴定，将涉密件和非涉密件分开。非涉密件采用正常的流水作业，涉密件由专人、专用设备进行加工，加工后的成果数据也要存放到涉密机上。这种方式可以最大限度减少泄密风险。千万不要认为管理是外包公司的事情，因为一旦出问题，虽然外包公司要承担绝大部分责任，但作为泄密单位，仍然要承担连带责任。

（5）技术可信

即采用技术手段对加工过程中产生的数据进行加密，在数据正式移交用户之前应该一直是加密状态，数据的加密不能影响图像处理。另外，加密方式应该是局域网加密，加密管理主机不能在加工现场，应放到用户机要室单独管理。这样一旦出现未监控到的非法拷贝、窃取硬盘甚至窃取计算机等行为，至少数据内容是安全的，这也是唯一可以实现主动防范的方式。

3. 数字化加工过程中的质量控制

首先，优选档案数字化策略与原则、技术路线与支持、流程重组与再造、操作方法与步骤等数字化方案，数字化方案制定是否合理，将直接影响档案数字化的质量。其次，重视人员选拔和培训。档案数字化过程中，应关注人员的选拔和培训。在人员选拔上，一般要求从事这一工作的人应具备较强的责任心，工作细致负责。而在人员的培训上，要求学习各种相关标准规范和规章制度及学习并熟练掌握相关设备和软件的使用。再次，制定标准、确定参数。档案数字化质量控制过程中的关键环节是制定标准和确定参数。目前，国家已经制定出了档案数字化的国家标准，各行业、各部门可在此基础上，根据自身特点制定出适用的标准。最后，检查、监督、验收及评估。检查的对象包括设备、人员和工作流程三个方面。监督就是要不断发现问题并针对所发现的问题提出解决方案，若有解决不了的问题则上报上级主管部门。验收分为粗验和细验。粗验主要由自动验收软件完成。细验就是在自动验收软件验收的基础上，分别对每个画幅的完整性、清晰度、重页、拼页等进行检查。评估就是对整个数字化过程中，档案的扫描质量、档案信息的真实完整性、档案数字化成果的网络利用效果等进行综合测试和评价。

4. 数字化加工的工期控制原则

按照数字化加工页数和场地大小估算工期，用户方和外包公司双方一致认可后，按照此工期执行。项目实施单位应提交项目实施计划，此工作计划时间单位至少应该精确到周。

工期确定后，分解工期计算每天应完成的工作量，内包或外包单位应确保每天工作量能够按时完成。数字化加工外包应每周向用户发送项目周报，汇报项目实施进度。连续两次发现工作量不能达标，且偏离有增大趋势的，要及时与实施单位项目经理召开会议，要求项目实施单位拿出合理可行的措施，例如增加人员和设备将偏离的工作量补足。只有保证每天的工作量达标才能保证每周每月的工作量达标，也才能最终确保整个项目的工期不会被延误。

5. 数字化建设的效益最大化原则

档案数字化建设是一项系统工程，面广量大、耗时耗财。因此，在档案数字化建设中应坚持把提高效益放在重要的位置，力求以最小的投入获得最大的产出。首先，应在充分调查研究的基础上优选数字化方案，包括优化工作流程。其次，要从实际出发对馆藏档案有重点、有选择地进行筛选，确定数字化范围，根据轻重缓急，科学合理地分步实施。最后，网络信息技术的发展，使存储在网络上任一节点的数字化信息都可以方便地被用户共享利用，开展数字档案馆馆际协作，避免数字化资源浪费和档案信息重复加工，是提升效益的最直接方法。

（四）数字化成果服务原则

提供利用服务是档案管理的最终目标，档案信息只有在利用过程中才能体现出其价值，而档案数字化的结果是形成便于社会利用的档案信息资源。因此，在档案数字化建设过程中要坚持末端服务原则，以服务为导向、以利用为目标促进档案数字化工作开展。

1.要体现服务的特色

应把社会的利用需求作为档案数字化建设的根本动力，分析不同行业、不同类型的档案用户的信息利用需要，依据馆藏特点确定数据库主题和类型，建立富有特色的专题数据库，提供个性化的数字档案信息利用服务。因为特色档案信息资源和特色利用服务往往是赢得社会认同、充分实现档案信息价值的关键所在。

2.要注重查阅利用的便捷性

馆藏档案数字化以后，利用的途径从传统的复印、提供原件的方式转变成依靠计算机、网络进行查阅的利用方式。数字信息查阅的高速、快捷、简便等优势得以凸显，利用者可以打破时间、地域上的限制，不必亲临档案馆便可以利用进入网络的数字化档案。为保证数字化档案查阅利用的便捷性，档案馆应加强档案网站建设和网络系统的更新维护，确保信息传输、检索、查阅、下载方便快捷。

二、档案数字化组织管理

档案数字化是一项庞大的系统工程，数字化工作涉及需要数字化档案、人员、数字化设备与技术等，最终的产品是高质量的电子档案数据。档案数字化系统工程需要大量的人力、物力和财力的投入，同时需要对数字化的流程、质量实施有效的组织、监控和管理等工作。

（一）明确档案数字化内容及标准

确定数字化处理的档案范围、数量和数字化工作任务的时间周期。根据档案数字化相关规范要求及实际情况，制定出详细可行的纸质档案整理分类、分级、编号、编页、扫描与处理等工作规范。

（二）确定数字化实施技术途径及质量管控指标

纸质档案介质多种多样，有打印纸、硫酸纸、绘图纸等，记录方式有打印、书写等。要有效完成档案数字化工作，除了具备相关扫描设备和图像处理软件外，同时必须具体分析档案特性，确定切实可行的实施技术途径，根据工作标准和工作流程，确定好数字化加工过程中每个环节的质量管控指标。

（三）数字化加工环境搭建与工作计划

数字化加工场所组建局域网便于集中作业、相互协调配合，高效管理扫描、图像处理及文件收发等工作。进行数字化加工前需要制定一个合理的工作计划，管理者利用该计划结合项目管理类软件动态地管理数字化工作进程，并进行合理的调整，同时让参与数字化工作的人员了解自己的工作量和整个数字化工作进度，确保数字化工作进展顺利。

（四）工作人员管理

档案数字化加工工作人员必须通过严格的面试、考试合格后才能录用，同时提供个人简历及相关证件，双方签订保密协议。工作人员由档案数字化加工公司经验丰富的项目经理进行统一上岗培训，具备档案数字化加工的相关知识。档案数字化工作涉及环节多、工作量大，往往需要大量工作人员来协同完成，这种情况下尤其需要明确工作内容与职责，否则人多反而协调困难，差错多。

（五）现场设备管理

档案数字化加工过程中现场所使用的扫描仪设备、服务器、存储介质等，应当严格按照涉密设备进行管理和使用，不使用无保密保障的设备。

服务区域内网络与其他网络完全物理隔离。不得安装具有无线互联功能的硬件模块和无线鼠标、键盘等无线外围设备。任务完成后，应该继续按涉密设备使用、管理。

三、档案数字化的标准规范和质量要求

（一）档案数字化标准规范

档案数字化的目标是实现档案信息的资源共享，而各行各业档案信息载体、内容千差万别，格式、信息内涵繁杂多样，因此在档案信息数字化过程中各档案部门必须遵循国家档案管理和信息管理方面的标准规范。

国家为了统一标准，消除信息孤岛，实现资源共享，已经颁布并执行的有关电子文件管理和纸质档案数字化的标准如《档案著录规则》《归档文件整理规则》《纸质档案数字化技术规范》《档案工作基本术语》《中央档案馆电子版档案数据接收规范（试行）》等。档案信息数字化中各类标准是资源整合、有效共享的基础，是档案信息数字化中首先需要解决的问题。

（二）数据整理基本要求

1. 数据一致性要求

本着与实体档案一致的原则，数据结构以全宗为单位，推荐采用年度—组织

机构的分类方式。

2.数据完整性要求

数字化加工后生成的电子版档案数据应保证数据完整，不得有缺卷、缺页的情况。

（三）目录数据规范化要求

1.架构要求

目录数据按照《档案著录规则》的要求进行著录，要求建立含有案卷级和文件级两级目录的数据库。按照新规则整理的文书档案还应建立含有件盒级目录的数据库。

2.目录数据格式

目录数据格式应考虑数据迁移的通用性，目录数据为DBF文件格式和EXCEL文件格式各一份。两种文件格式的字段信息及排列顺序应保持统一。

3.目录数据对应关系

档案目录数据中案卷级目录和文件级目录应当有对应字段，一般以案卷级档号字段对应，文件级目录中应当含有能与图像数据对应的路径字段，即原文路径。保证案卷级目录和每卷的文件级目录相对应，并且每条文件级目录可以通过路径字段顺利挂接到与之相对应的图像数据文件。

4.案卷级目录

案卷级目录基本字段项包括案卷级档号、全宗号、目录号、案卷号、年度、件数、页数、保管期限、形成时间、题名等，这些为必填项，不得为空。其他字段项为选填项。各单位可根据自身实际需要增减选填字段项。

5.文件级目录

文件级目录基本字段项包括案卷级档号、文件级档号、全宗号、目录号、案卷号、件号、年度、页数、起页号、保管期限、形成时间、题名等，这些为必填项，不得为空。其他字段项为选填项。各单位可根据自身实际需要增减选填字段项。

6.件盒级目录

件盒级目录基本字段项包括件盒级档号、全宗号、目录号、盒号、件号、年度、页数、保管期限、形成时间、题名等，这些为必填项，不得为空。其他字段项为选填项。各单位可根据自身实际需要增减选填字段项。

7.备注项要求

如纸质档案中有领导批示、破损及考证时间等需要说明的问题，在相应案卷级目录数据和文件级目录数据备注项中注明。

（四）图像数据规范化要求

1.图像数据格式

图像数据移交格式要求为单页TIFF格式或者JPG格式。同一全宗内，选择其中一种格式，尽量不混用。

2.图像文件命名方式

（1）按卷整理的档案文件命名方式

文件名称=全宗号+案卷目录号+案卷号+页号+.扩展名。图像文件分三层文件夹存放：第一层文件夹以全宗号命名；第二层文件夹以目录号命名，文件夹内存放该目录的所有卷；第三层文件夹以案卷级档号命名，文件夹内存放图像文件，图像文件以页码命名。

（2）按归档文件整理的档案文件命名方式

文件名称=全宗号+保管期限+年度+机构（问题）+件号+.扩展名或者文件名称=全宗号+档案门类号.年度+保管期限+机构（问题）代码+件号+.扩展名。图像文件存储层结构以全宗号、保管期限、年度、机构（问题）、件号为名称或者全宗号、档案门类号.年度、保管期限、机构（问题）代码、件号为名称逐级建立文件夹，将图像文件保存在以件号为名的末级文件夹内。

3.图像扫描色彩模式及其他参数

图像扫描模式宜采用黑白或彩色，不建议使用灰度；不建议使用拍照方式进行数字化加工。为展现档案历史原貌，字迹清晰度差或带有插图的档案，以及页面为多色文字的档案，页面中有红头、印章或插有黑白照片、彩色照片、彩色插图的档案，建议全部采用彩色扫描模式。图像扫描分辨率不小于200dpi，在视觉上保持符合档案历史原貌的清晰度。图像参数的具体要求可参考《纸质档案数字化技术规范》。

（五）图像数据质量要求

图像数据中不能出现扫描格式错误、命名错误、歪斜、黑边、多扫、漏扫、扫描质量模糊等问题。

（六）数据验收基本要求

1.验收内容及方式

目录数据库与图像文件挂接错误；目录数据库、图像文件出现不完整、不清晰、有错误等质量问题，抽检标记为"不合格"。

合格率=抽检合格的文件数/抽检文件总数×100%。

对数据采取抽检的方式，每个全宗的数据，抽检的比率不低于5%。

2.验收流程及验收结果

数据验收流程分为数据自检、导入验收工具和数据检查验收三个步骤。一个全宗的档案，抽检部分数据全部合格方可通过验收。验收合格后，局验收小组签署验收意见及验收合格证书。如不合格，返还原单位进行修改，修改完毕后可再次申请提交验收，直至验收通过。

（七）数据备份载体

1. 数据备份载体要求

数据采用两种载体装载：移动硬盘和 DVD 光盘各一套，DVD 光盘要求为单片盒装。建议使用档案级光盘。

2. 移交数据清单

档案数字化加工制作单位应提交硬盘数据和光盘数据移交清单，说明每张硬盘和光盘是什么数据以及移交数据总量，包括全宗号、目录数、案卷数、件数、页数、数据容量和移交数据的其他说明。

3. 数据载体标识

每个硬盘或光盘都做标识，光盘盒正面及侧面标记盘号及内容，光盘盘片不可粘贴纸质标签，应采用标准涂层或记号笔书写，标识应反映出光盘内容。

第三节 其他载体档案数字化

一、照片档案数字化

照片档案主要包括照片、底片和文字说明三部分，这三部分缺一不可，否则说明该照片档案不完整。照片档案数字化工作就是将照片档案信息资源通过电子数字形式转化到数据库或光盘上。照片档案数字化既是现代信息社会对档案工作发展的客观要求，也是档案管理工作信息化的重要内容。它既充实了档案馆的数字库信息结构和内容，同时也提高了档案馆的档案信息、资源开发利用能力。

照片档案数字化有利于实现档案信息的利用，提高照片档案查找的准确性和速度，并最大限度地减少照片档案原件的直接利用，以确保档案原件的安全。但照片档案扫描后形成的电子文件也存在着可更改性，面临着真实性和电子文件存在的长久性问题。因此照片档案数字化的主要目的是便于查找和利用。

（一）照片档案数字化分析

照片档案数字化主要通过扫描仪扫描输入和数码相机进行翻拍录入两种方式。照片档案数字化设备通常使用的就是扫描仪，扫描仪适用于处理各类照片档案的数字化，其操作过程相对简单，具有较强的广泛性；数码相机翻拍录入的方法虽然快捷方便，但在拍摄过程中对于拍摄技术和数码相机的性能要求比较高，因此使用数码相机翻拍相对较少。

（二）照片档案数字化保存格式选择

数字化照片档案的存储格式一般包括BMP、JPEG、PIG、TIFF等，通常情况下选择JPEG格式或TIFF格式。近年来，JPEG技术发展较快，同时许多软硬件都支持JPEG文件，原件经过压缩可节省数据库空间，制作成本低，但是JPEG文件格式经过压缩后会损失部分图像信息，所以对有些比较重要的、要求高保真度的照片档案最好选择无损方式存储，如TIFF格式，这种格式易于转换成其他的格式。

（三）照片档案数字化基本流程

照片档案数字化基本流程包括前期准备、扫描参数确定、照片档案扫描加工、图像文件处理保存并刻录光盘备份、编写说明文件、质检、进库保存。

（四）照片档案数字化存在的问题

1.照片档案数字化还没有统一的照片档案数据格式

随着国家信息化建设进一步推进，全国各地数字化档案馆纷纷建成，发达地区很多数字档案馆通过计算机网络实现了跨地区、跨部门、跨时空的档案信息、资源共享。这些发达地区虽然制定了本地区的照片档案数据格式，但全国档案系统还没有一个统一的档案数据格式。因此，开展照片档案数字化工作存在的一个重要问题就是照片档案数据格式统一的问题。否则，虽然各地档案部门都开展了这方面的工作，形成了本馆的档案数据库，但由于数据格式不统一，就难以实现网上的档案资源共享。

2.照片档案数字化工作人才和资金问题。照片档案数字化工作需要投入大量的资金和高技术人才。人才和资金问题是各级档案部门面临的难题。很多档案部门为了加强高技术人才队伍建设，逐渐引进计算机和网络管理方面的人才，加大了计算机等现代化软硬件设备的投入，但中西部档案馆尤其是区县级档案部门仍然严重缺乏高技术人才。因此，在开展照片档案数字化加工时，有条件的单位可以独立开展，条件不具备的单位可以在确保档案信息安全的前提下，通过委托方式进行。

二、音频档案数字化

音频档案包括唱片、领导讲话、座谈、会议录音带等以声音为信息表达方式的档案材料。音频档案在长期保管和反复利用过程中不可避免地产生磁性衰减和信息失真现象，因此音频档案数字化工作非常重要，通过对音频档案的数字化可以加强对原始音频档案的保护；同时模拟录音档案对播放设备具有较强的依赖性，随着设备的淘汰和记录方式的变更，许多音频档案无法查找利用。

（一）音频档案数字化流程

模拟音频档案是将模拟信号记录在录音带、唱片等载体之上，通过录音带上磁性的强弱变化或唱片音轨刻痕的变动来记录声音的强弱高低。播放时再将记录着的模拟信号转变为电平信号，并根据电声规律还原成原来的声音。数字化音频档案的流程如下：

第一，将声音震动或已记录在录音带、唱片上的模拟信号转化为电平信号（通过相应的播放设备）。

第二，将模拟电平信号经过音频线输入计算机中，由计算机中的模数转换设备完成模拟电平信号向数字信号的转换，即用二进制数据来表达模拟电平信号。

第三，播放时，则将记录下来的二进制数据还原成为原来的模拟电平信号并输出。数字化后的音频档案能够顺利地还原成原先的声音信号，并且还原出来的音质接近于原声带，其保真度属于可接受的范围。

（二）音频档案数字化系统的软硬件设备

音频档案数字化系统必须实现以下功能：对各种传统录音档案的播放；模拟声音信号与数字音频文件之间的相互转换；对数字音频文件的编辑和格式转换；数字音频文件的光盘刻录和在线存储。

1. 传统放音设备

根据拟数字化录音档案的规格、型号配置相应的放音设备，如开盘式放音机、钢丝带放音机、盒带录音机、电唱机等。放音设备必须能将声音源以电平信号的方式输出，若原设备不具有音频输出插孔，应进行改装。

2. 模数转换设备

模数转换设备是音频档案数字化的核心部件。音频模数转换设备分为家用声卡和专业声卡两类。家用声卡模数转换器的品质较低，容易发生延迟、抖动，因此在将模拟信号转换成数字信号后，声音效果会减弱。家用声卡通常不适合长时间稳定工作，不符合专业录音领域的需要，但对于MP3级的音频已经足够，能够满足录音档案数字化所需的基本技术指标。专业声卡具备极高的性能指标（低失真、高信噪比等），采用超高品质的模数转换芯片。专业声卡支持专业音频软件中所必需的ASIO、GSIF、EWDM等驱动，能够进行大批量的音频数据运算，声音的延迟也远低于专业人士能够分辨出的最小单位。就音频档案数字化而言，专业声卡完全符合要求。选择声卡时，应依据实际情况，综合考虑采样频率、采样精度、声道数等技术指标以及驱动方式、接口类型、价格等因素。

3.多媒体计算机

音频档案数字化需配置高主频、大内存、大硬盘容量的高可靠性多媒体微机。同时配置至少一台对音频档案进行著录、标引，建立音频档案目录数据库的普通录入终端。

4.信息存储设备

数字化后音频信息的存储一般有在线、近线和离线三种方式，分别适用于网络共享、数据备份等不同情形。存储介质有磁盘、光盘、磁带等，存储设备有高速磁盘阵列、硬磁盘机、光盘库、光盘塔、光盘阵列、磁带机、磁带库等。

（三）音频档案数字化基本流程

1.音频档案前处理

音频档案数字化的前提是该音频档案能够正常播放，同时也是保证数字化音频质量的关键。旧音频档案普遍存在信号强度减弱、磁粉脱落、霉变、粘连等问题，因此正式数字化前首先要对破旧的录音磁带进行清洁、修复和必要的处理，以获得合乎要求的信号源。

2.音频线路连接

在关机状态下，使用音频连接线将放音机的音频输出口与计算机声卡的音频输入口相连，启动多媒体计算机，选择声音和音频设备属性中的音频选项，将录音控制设置为线路输入"开"、其他选项"关"。然后打开放音机和电脑音箱，调整计算机音箱音量到合适位置。

3.音频采集

打开音频制作软件，创建新的音频文件，选择采样频率和采样精度等参数，在按下放音机放音按钮的同时启动音频制作软件的录音按钮，通过控制和调整制作软件显示的电平波形来将录音音量控制在适宜的程度，以防止失真。

实际工作中，对于批量录音档案的数字化，通常设计专用的音频档案数字化系统，该系统将音频制作软件作为插件嵌入其中，整个音频数字化的各个环节及其过程控制集成在系统平台上完成，操作者加载好磁带后启动音频档案数字化系统，设定好相应的参数，由系统按照已调整好的参数自动完成采录过程。采录中操作者只需监测程序的运行情况，最终核对存盘即可。

4.音频编辑

采集得到的音频文件可以使用音频制作软件进行编辑处理，主要内容包括音量调节、音调调整和噪音处理。例如，如果采集得到的音频文件音量太小，可使用音频制作软件对波形振幅进行提升，将其调整到最佳状态，可利用图形均衡器对音频文件进行高低音均衡调节，使整个声音文件听起来更加逼真；可使用降噪功能去除音频文件中的各种杂音。

5.音频存储

编辑处理的数字音频信号选择合理的音频文件格式以适当的方式存储到计算机中。

三、视频档案数字化

（一）视频档案数字化的原理

传统录像带中所录制的视频信息为模拟信号，若要在数码设备上存储和播放，必须将模拟的视频信号通过模/数转换技术转变为计算机能够识别的二进制数字视频信号，这一过程就是视频档案的数字化。模拟像带和计算机视频文件的动态视频均由一系列单个的静止画面组成，这些静止的画面通常称为"帧"，它们连续播放便形成了视频。一般每秒钟播放24～30帧图像人的肉眼就感觉不到视频画面的跳动和闪烁。不同制式的模拟视频标准对每秒钟包含的帧数及每帧静止图像扫描显示的行数有不同规定。如NTSC制式规定每秒30帧，每帧扫描525线，分两次隔行显示。PAL、SECAM制式的上述数据为25帧，每帧扫描625线。动态视频的每帧图像又要通过亮度（Y）和色差（U、V），或者通过红、绿、蓝（R、G、B）三种颜色的组合来表示，也有通过色调（H）、饱和度（S）和强度（I）三维空间来表示的。视频档案的数字化过程要经过数字化采样、量化、压缩和编码等。采样时要同时采集视频图像信号和视频中的音频信号，其中视频图像信号的捕获以帧为单位，一帧图像可以简单看作是由M行N列的像素点阵构成，采集设备依次对各像素点进行采样、量化与编码。由于是彩色图像，在采集每帧图像的像素信息时需要分别从色彩空间的三个分量出发同时进行采样和量化，由此得到一幅完整的数字图像。

（二）视频档案数字化文件格式的选择

主流视频格式有：AVI格式可以将视频和音频交织在一起进行同步播放；MPEG格式；MOV/QT-QuickTime文件格式支持所有的主流个人计算机平台；QuickTime具有先进的音频和视频功能；RM可以使用RealPlayer或RealOne Player对符合RealMedia技术规范的网络音频视频资源进行实况转播。鉴于以上各种格式的兼容性和通用性，推荐使用MPEG格式，它不但能提供高压缩比，而且数据损失很小。

（三）视频档案数字化的基本步骤

1.原像带处理

从库房中取出拟数字化的录像带，检查磁带的完整性及信号的质量，并做相应的记录，必要时对原像带进行修复和倒带处理，以获得符合要求的信号源。

2.设备准备和连接

数字化前先要准备好相关的软硬件设备，具体配置根据拟数字化视频的实际情况而定。配置好设备后进行正确连接。一般情况下视频采集卡具有复合输入端、S-Video输入端和音频输入端。复合输入端为同轴接头，将所有的信息都编码成单一信号，而 S-Video 为较小的圆形 4 针脚，将亮度和色度信息放在电线的不同部分。使用 S-Video 连接损失的质量较少，因此要尽可能使用 S-Video 连接。

3.视频采集

线路正确连接、放像设备正常工作后，打开视频卡所带的采集软件，运行采集程序，并监控计算机上播放的视、音频质量。在视频采集之前，要做一系列的参数设置和调整工作。

参数设置后预览采集的信号，如果不理想则修改参数，优化采集环境，直到满意为止。此后便可正式进行视频信号的采集，采集过程中要对图像的播放质量严格监控。

4.视频编辑和格式转换

采集后的视频文件可以根据需要使用视频编辑软件或非线性编辑系统进行剪辑、编排和视频质量及效果调整，必要时进行格式转换。

5.光盘刻录

将数字化后的视频档案刻录到光盘中，刻录光盘前要先建立光盘内目录页面，以方便利用者浏览光盘时查找，然后把硬盘上的数字视频和光盘目录一同刻录到光盘上，检查光盘质量，打印光盘封面并将其粘贴到光盘的盘盒上，用记号水笔在光盘反面轻轻写上光盘的编号，光盘装盒后竖直排放在卷柜中。

6.后期工作

数字化后的视频档案同样需要采用数据库的方式对其进行管理和利用。由于视频档案数据庞大，一般将视频数据与其目录数据分别存储，视频数据以文件方式存储，目录数据以数据库形式存储，以此避免因数据库过于庞大而降低对其的检索和操作速度。每一相对独立的视频片段建立一条数据库记录，每条记录中不仅包括一般的档案著录项，还要加入视频对象的源盘名称、摄制日期、摄制地点、摄制人或单位、播放长度、源盘制式及技术参数、数字化采集人、存储路径（或光盘编号）、存储格式、存储参数、采录编辑系统或软件、内容提要等字段。每一条目录中记录着其对应视频片段的存储路径，通过存储路径建立起两者之间的关联。

四、缩微胶片数字化

缩微胶片数字化是指用缩微影像扫描器等设备将缩微胶片上的影像转换为存储在磁盘、磁带、光盘等载体上并能被计算机识别的数字图像或数字文本的处理过程。档案行业标准规定了缩微胶片数字化的主要技术要求，适用于对档案的缩微胶片进行数字化及数字化成果管理。

（一）档案的缩微胶片数字化的基本流程

档案的缩微胶片数字化的主要目的是使档案信息资源方便快捷地提供利用，以满足社会对档案利用的需求。只有对符合一定质量要求的缩微胶片进行数字化才可能得到合乎质量要求的数字化信息。第一代缩微胶片一般用于长期保存，第二代或第三代缩微胶片用于利用，一般而言，缩微胶片上的影像质量会随着缩微胶片代数的增加而有所降低，故《缩微胶片数字化技术规范》建议使用第二代或第三代缩微胶片进行数字化。对已被拍摄成缩微胶片的档案建议不宜再对纸质档案原件进行数字化，以免对纸质档案造成不必要的损毁。在扫描过程中，如果遇到直接影响图像质量的特殊缩微画幅，在做好记录的前提下，也可以对画幅所对应的纸质原件进行扫描，用清晰的图像替换原有图像。

《缩微胶片数字化技术规范》明确了档案的缩微胶片数字化基本流程，主要包括缩微胶片检查、缩微胶片档案整理、缩微胶片档案扫描、图像处理、图像存储、目录建库、数据挂接、数据验收、数据备份、成果管理等。为保证缩微胶片数字化工作的正常有序进行，保证缩微胶片数字化各工作环节的顺利衔接，保证每个工作环节有据可查，《缩微胶片数字化技术规范》明确了在各工作环节应对工作情况进行登记，填写一系列数字化加工流程、记录表单。如《缩微胶片交接件登记表》《缩微胶片数字化加工流程单》《缩微胶片档案内容检查表》《扫描情况登记表》《缩微胶片扫描图像质检单》《缩微胶片目录录入、校对统计表》《缩微胶片目录与图像检查对应表》《数据验收登记表》《数据备份登记表》等。缩微胶片数字化加工完成后，及时将记录表单整理、汇总、装订成册，并在此基础上详细编写档案的缩微胶片数字化加工说明，包括全宗号、目录号、年代、案卷总数、总画幅数、加工环境、电子数据容量、存储方式以及加工中存在的问题及解决方案等，形成一套完整、规范的资料保存起来。这些材料是缩微胶片数字化有章可循的依据，是发现问题、回查问题、解决问题的重要依据，更是留给后人的文字记录。档案的缩微胶片数字化工作由多个工作环节构成，对于每一个具体工作环节都应该采取相应的安全保密措施，以确保档案的安全与保密。

（二）技术参数设置

技术参数的设置，是缩微胶片数字化工作的重要环节，关系到缩微胶片数字化产品的质量，关系到缩微胶片数字化成果的应用与管理。一旦设置不当，会造成大量人力、物力、财力和时间的浪费，给国家和单位造成损失。《缩微胶片数字化技术规范》中关于各技术参数的确定，是通过实验确立的，是经过实践检验的。关于对比度和曝光量，当缩微胶片符合相关质量要求时，《缩微胶片数字化技术规范》中推荐的对比度为60~70，曝光亮度为50~60。对于特殊原件，应根据缩微胶片影像的密度、解像力进行调整和设定，以最大程度获取影像信息为宜。通过对扫描曝光量和对比度的适度调节，可以使反差很小的影像反差增大，便于阅读。对于有些档案原件字迹偏浅，制成缩微品后阅读起来有些困难的情况，扫描时可加大曝光和对比度的数值，以增加字迹与纸张的反差，使字迹显现出来。加大曝光量可使字迹颜色加深，增加对比度可降低纸张的灰度，使影像更加清晰。缩微胶片扫描的色彩和分辨率是缩微胶片扫描的两个基础技术指标，对于色彩模式的选择，字迹清晰的影像采用黑白二值模式进行扫描；字迹清晰度差或带有插图的影像，可采用灰度模式扫描。档案的缩微胶片扫描后的图像数据，除了用于网上浏览之外，还可能用于打印还原、编辑印刷出版、陈列、展览等需要。当然，分辨率越高图像质量自然就越好，但管理应用的成本也会成倍增加。《缩微胶片数字化技术规范》规定：分辨率的选择以扫描后的图像清晰、完整、不影响利用效果为准；扫描分辨率应不低于200dPi。特殊情况下，如果文字偏小、密集等，可适当提高扫描分辨率；需要进行OCR识别的图像，扫描分辨率应不低于300dpi。上述规定是综合考虑几个主要方面的利用需求，经过反复实验确定的。

（三）图像处理

缩微胶片扫描完成后，应对扫描图像进行检查、处理。

第一，扫描后对图像完整性、清晰度、失真度等进行检查，对漏扫的文件和不符合质量要求的对应进行补扫，并插入正确位置。

第二，对偏斜的图像应进行纠偏处理，以达到视觉上基本感觉不偏斜为准。对方向不正确的图像进行旋转处理，以符合阅读习惯。

第三，在去污处理过程中，应保持档案原貌，维护档案的真实性。对扫描中产生的影响图像质量的黑点、黑线、黑框、黑边等进行去污处理。

缩微胶片扫描完成后，对扫描图像进行检查、处理的目的一是为了获得真实、完整的数字信息，二是为了减少不必要的存储空间。现阶段有些用于扫描图像处理的应用软件，可以对去污做批量处理，从而大大节省时间、提高工效。然而，档案原件的情况复杂，很多文件页眉、页脚或左右边界处写有与文件内容有关的信息，若自动框定图像边界去污，可能会把有用的档案信息一起删掉，也可能达不到完全去污的目的。在这种情况下，最好人工对扫描图像进行逐幅处理，以达到既去污又保证档案原件信息完整的目的。

（四）图像存储格式

采用黑白二值模式扫描的图像文件，一般采用TIFF（G4）格式存储；采用灰度模式扫描的文件，一般采用JPEG格式存储。

提供网上检索利用的图像文件，也可存储为CEB、SEP、PDF格式或其他格式。

存储压缩率的选择应以图像清晰、可读、完整为前提。由于扫描图像在存储和网络应用中的环境条件不尽相同，为了最大限度地保持扫描图像的真实性和原始性，同时又不影响目前的网络应用，因此标准对扫描图像的存储格式给出了不同的模式。TIFF是一种比较灵活的图像格式，可以是不压缩的，也可以是压缩的，支持多种压缩方式，压缩后无损。选用TIFF格式具有使用面广、兼容性强，可塑性大，跨平台共享方便等优点。无损压缩模式在保证图片质量百分之百优质的前提下，可以最大限度地无损压缩图像，大大减小文件体积。JPEG压缩格式属于有损压缩格式，优点是可以把文件压缩到最小，用最小的空间得到较好的图像质量；但也存在一定的局限性，即一旦应用不当，会造成图像的压缩损害，程度严重时，甚至会直接影响扫描图像的永久利用。压缩格式具有不可逆性，即一旦压缩完成，想要再现压缩前的原貌是不可能的。对于网络上应用的扫描图像，由于受网络传输等各种条件的限制，应该尽量选择一些压缩率高的文件格式，以满足利用需求。《缩微胶片数字化技术规范》中列举了CEB、SEP、PDF3种常用格式，同时对其他更先进的压缩格式也不受限制。

（五）目录图像一一对应

档案的缩微胶片数字化形成的图像数据与目录数据，经过质检合格后，在计算机上通过编制程序或借助相关软件，实现目录数据与图像数据的挂接，使目录与影像匹配，从而形成数字影像索引。要做到数据挂接无误，首先应做到目录数据规范准确，在此基础上，合理命名数字图像，并使图像文件的名称与目录数据建立起一一对应的关联关系。采用人工校对或软件自动校对的方式，对目录数据的质量进行检查。检查著录项目是否完整、著录内容是否规范准确，对不符合要求的数据进行修改。

以档案目录数据库为依据，将每一份图像文件命名为档案目录数据库中该份文件档号。通过档号的一致性和唯一性，建立起一一对应的关联关系，可为实现档案目录数据库与图像文件的批量挂接提供条件。

第五章 大数据时代数字档案馆与智慧档案馆建设

第一节 数字档案馆建设

一、数字档案馆的概念

随着人类进入数字时代，信息存储载体日新月异，信息传播速度日益加快，信息阅读方式呈现出多样化的趋势。数字化、网络化、信息化、知识化成为数字时代的典型特征。不论是在国内还是国外，相关学者都对数字档案馆的概念进行了广泛、深入的探讨。在数字档案馆项目建设和学术研究中，电子档案馆、虚拟档案馆、无墙档案馆、网络档案馆、全球档案馆、超级档案馆等术语交叉混用。在国内，档案学理论研究中也存在将电子档案馆、虚拟档案馆、无墙档案馆、网络档案馆等概念混用的问题。然而关于数字档案馆的概念仍存在不同的观点，国内档案领域学者关于"数字档案馆"的概念主要有以下几类主流观点：

（一）信息中心论

数字档案馆是一个电子信息仓库，能够存储大量各种形式的信息。用户可以通过网络访问来获取信息，信息存储、访问不受地域限制。而数字档案馆能够把各种信息的数字化、存储管理、查询和发布功能集为一体，使这些信息得以在网络上传播，从而最大限度地利用这些信息。在深圳数字档案馆建设实践中，有关专家也对数字档案馆的概念做了相应的界定，认为数字档案馆是采用现代高新技术构建的数字档案信息系统，是一种档案信息组织模式。其代表的是一种信息环境和基础设施构建，是超大规模的、便于使用的、没有时空限制的知识信息中心。信息中心论主要强调的是数字档案馆的资源内容与存储特征，认为数字档案馆在本质上属于超大规模的信息中心。

（二）数字档案馆群体论

群体论比较重视实体档案馆，认为实体档案馆是数字档案馆的重要依托，数字档案馆是通过网络将多个实体档案馆组成群体，并实现群体之间的信息共享。数字档案馆不是单个档案馆，而是通过计算机网络连接在一起的档案馆群体；数字档案馆中的信息不仅仅是档案，还应包括未归档的各类电子文件和图书、资料，甚至包括采集于实物的信息，可以说是综合性的数字信息的完整集合；数字档案馆不是封闭的档案馆信息网络，而是包含在办公自动化系统、计算机辅助设计和管理系统、公共信息数据管理系统等更为广泛的大系统中的一部分。数字档案馆不仅仅为档案管理服务，而且面向全社会提供服务。

（三）信息系统论

信息系统论的学者将数字档案馆的属性界定为信息系统，从档案馆的技术层面出发界定数字档案馆，从信息系统的角度入手将数字档案馆看成一个大规模的、分布式的档案信息系统。信息系统论强调数字档案馆是一个有序、开放、互联、分散的信息系统，把数字档案馆的信息技术放在中心地位。深圳数字档案馆项目组对数字档案馆的理论研究及实践探索一直走在国内档案馆的前列。深圳数字档案馆一期工程完成之后，该项目组对数字档案馆的定义有了更明晰的界定，认为数字档案馆是建立在现代信息技术普遍应用的基础上，利用数字化手段，以综合档案信息资源为处理核心，对数字档案信息资源进行收集、管理，通过高速宽带通信网络设施相连接并提供利用，实现资源共享的超大规模、分布式数字信息系统。

综上所述，数字档案馆是馆藏档案实现数字化、管理工作实现信息化的档案馆群体，通过计算机互联网有序处理、集成管理在结构各异的多种信息平台上产生的多样的电子文件、档案以及其他信息，确保这些数字信息的真实性、完整性和持久有效性，实现资源共享的大规模、分布式、可扩展的数字信息系统。

二、数字档案馆的建设情况

作为一种新型的档案管理模式，数字档案馆的特征和功能可以归结为"三化"，即档案信息数字化、档案管理现代化和档案利用网络化。近年来，数字档案馆得到了快速的发展，已然成为各类数据信息存储的首选方式。但在取得一定成就的同时，数字档案馆建设中也存在一些亟须解决的问题，如缺乏标准化的管理体系、信息安全水平有待提高等。因此，进一步明确和掌握数字档案馆建设中存在的问题并制定有针对性的解决对策尤为重要。

（一）纠正对数字档案馆的错误认知

数字档案馆建设是一项复杂且长期的工作，无论是对集成性还是对专业性均有很高的要求；而且后续管理工作也比较复杂。因此，如何构建系统的数字档案馆建设体系尤为关键。鉴于我国当前的数字档案馆建设还处于初级发展阶段，因而需要给予其充分的重视，在明确建设过程中存在的问题的基础上采取相应的措施，提升数字档案馆建设的效率和质量。

（二）构建更加完备的数字档案馆标准体系

在数字档案馆标准体系建设过程中，需要重点做好以下几方面的工作：①构建高质量的档案信息数据库。根据当前数字档案馆建设情况，遵循"协同开发、统一标准、合作建库、特点突出、避免重复建设"的原则，同时做好数字档案馆各类信息的分类和综合利用工作，确保档案信息的独立性和综合性，为使用者提供最佳的使用体验。②创建功能更加完善、档案信息特征明显的特色网站。要实现数字档案馆的广泛应用，必须进一步完善数字档案馆系统和网站，一方面利用大数据挖掘技术进行档案信息的收集和分析，以构建档案信息数据库和专业特色数据库；另一方面立足于档案管理的未来发展趋势，借助标准化的管理组织和系统完善数字档案馆的服务职能，避免出现数据库结构不统一、数据不规范的情况。③增强数字档案馆的整体性和系统性。针对当前数字档案信息资源利用中的混乱现象，要进一步强化数字档案信息资源共享意识，对档案信息资源的来源进行统一控制，增强数据信息资源的整体性和系统性，以便更好地发挥数字档案馆的职能。除此之外，要为数字档案馆创设良好的硬件环境，规范文件格式，比如电子文件接收途径、技术规范、文档著录规则。

（三）健全数字档案信息检索系统

一方面，要就使用者对数字档案信息的检索需求做全面的调查分析，准确把控使用者需求，而后开展有针对性的信息检索系统建设；另一方面要秉承创新意识和创新精神，对使用者的需求进行预测，创新并开发检索系统的新功能，预先为使用者提供更加多元化的检索服务，增强针对性，提升检索的检全率和检准率。

（四）加强数字档案馆信息建设

要建立安全的数据管理系统，强化对数字档案管理系统的全过程和动态监管，配备自动预警系统和故障修复功能，确保系统运行的安全性和稳定性。另外，要加强对系统软件和硬件的建设工作，配备安全系数更高的密钥，以此确保数据信息运行和管理的可靠性、稳定性与安全性。

数字档案馆相比传统的档案馆优势更加显著，无论是管理形式还是功能发挥均有较大程度的进步，可以不受时间和空间的限制，为用户提供服务的方式更加多元化，服务更加优质和便利，实现了数字档案馆建设的预期目标。因此，必须立足于数字档案馆的建设目标，给予数字档案馆建设充分的重视，推动档案管理事业更好地发展。

三、数字档案馆的特征

数字档案馆是信息时代档案馆的发展方向，是信息化建设整体水平的体现。传统档案馆采用的管理方式是实体管理，信息时代产生的数字档案馆的管理方式是信息管理，而智慧档案馆是要实现知识管理。数字档案馆的总体特征是档案信息数字化、档案管理系统化、档案利用网络化，具体体现为以下几方面：

(一) 馆藏资源数字化

馆藏资源数字化是数字档案馆区别于传统档案馆的最突出特征，是数字档案馆的基本特征。数字档案馆馆藏资源数字化的方式有如下几种：

1.馆藏档案的数字化

传统载体档案在实际应用过程中存在着检索及查找速度慢的问题，取档、阅档、归档等都需要手工操作。为提高工作效率，就需要对已经存在的其他载体的档案进行数字化，如通过扫描仪、高清照相机等电子设备将纸质载体档案转换成数字化文件，将声像档案中的磁带、底片等通过专业的转换、提取工具转换为数字化文件，通过高清照相机、摄像机等电子设备对实物档案进行拍照、摄像记录，将记录的数字化文件进行存储、利用。对其他载体档案的数字化转化工作使馆藏资源的支撑载体发生革命性的变革，将各种档案信息转化为二进制数字并存储起来，采用数字方式进行处理并通过网络传输。

2.实现数字化归档

随着无纸化办公逐渐得到普及，传统的档案归档模式已经不能满足档案馆的发展需求，数字档案馆在将其他载体档案资源转换为数字化资源的同时，传统归档模式也进行了变革：要归档的文件实现了数字化归档，能够接收任何应用系统生成的数字档案信息，能够保存任何类型的数字档案信息并且提供对之进行管理的计划与服务，彻底改变了传统纸质档案的归档流程；并且数字档案的凭证作用、法律效力已经公布，已经以国家级的行政操作性文件确定数字档案的凭证作用。在一些信息化程度已经很高的地方，仍有不少企业对电子发票心存顾虑，在报销入账和归档保存时还要再打印纸质材料，背离了国家推行电子发票的初衷。之所以出现这种现象，主要是因为企业担心国家有关部门在审计、巡视、执法检查等工作中不认可电子发票的免证作用和法律效力，或者由于工作习惯不愿意查阅和使用电子发票。国家档案局与多部门紧密合作并积极开展电子发票档案管理试点工作，制定并完善相关规章制度和标准规范。经过近些年的探索与实践，电子发票"单套制"归档保存的政策条件已基本具备，在更大范围内推广应用已不存在实质障碍。

（二）信息揭示多维化

传统档案馆对信息的揭示是通过用户直接与档案实体接触来获取所需信息的方式实现的。数字档案馆揭示信息的方式实现了多维化：传统的纸质档案在数字化后既可以直接利用，原始档案本身也可以通过网络查阅纸质档案的数字版本；数字档案信息可以被提供给任何数字媒体用以展示，能在任何计算平台上运行，在跨平台间实现档案资源共享，并且可以为任何人或组织提供合法的权限，以发现和挖掘数字档案信息；传统声像档案在数字化后，既可以通过专门的播放器进行播放，也可以在网络终端被直接利用，实物档案也可以通过网络查阅其相关的照片、视频。数字档案馆使档案用户不需要与档案实体进行接触就能获取所需信息，在方便广大档案馆用户的同时，也对档案馆的馆藏档案保护起到了积极的作用。

（三）数据规模海量化

传统档案馆的馆藏形式以纸质、磁性介质、实物等为主，数字档案馆则将其他所有介质的档案进行数字化转换，转换后的数字化档案规模巨大。档案馆保存了大量原始信息记录，涵盖民生、党群、行政、教学、科研、财务、基建、设备、出版等各门类的综合和业务档案。纸质档案、声像档案等被数字化加工以后，数据存储容量都将达到TB级别，数据体量巨大，这些高速增长的数据信息成为海量的数字化档案资源。随着各行各业信息化的不断深入发展，各类非结构化的归档电子文件越来越多地被移交到档案馆，海量信息存储的需求在不断地增加，需要海量存储设备进行存储备份。

（四）信息资源共享化

信息资源共享是数字档案馆的优势所在，也是数字档案馆建设的根本目标，通过实现档案资源共享可提升档案馆的服务水平。①数字档案馆通过对网络技术、多媒体技术、搜索引擎技术等的综合运用建立相应的服务平台，主要有三种类型：一是基于局域网面向档案馆工作人员和来馆利用档案人员的馆内档案利用服务平台；二是利用当地政务网构建的面向本级党政机关各立档单位的电子文件归档和档案信息共享平台；三是利用公众网构建的面向广大社会公众和进行馆际交流的公共档案信息服务平台。②档案资源的数字化、网络传输的便捷性是实现档案信息资源共享的必备条件。数字档案馆提供的服务缩短了档案信息的传递时间及数字档案馆和用户之间的距离,使信息交流和反馈的速度大大加快。数字档案馆打破用户对档案信息利用的时间和空间限制,使不同的档案馆互联并形成统一的知识中心。

(五)增量档案电子化

增量档案是指在现代信息技术环境下和办公自动化环境下产生的电子文件及其归档保存的数字档案资源。增量指的是在原有纸质档案的基础上新增加的电子文件,电子文件是数字档案信息资源的重要组成部分。随着计算机技术和网络技术的发展,大量的电子文件产生,因此必须充分掌握电子文件的形成、存储、检索、传递等方面的管理理论和技术方法。增量档案是相对于存量档案而言的。存量档案因为在存储载体上以纸质为主,兼有磁性载体、胶片、实物等,所以要借助现代信息技术来完成数字化;增量档案则直接通过电子归档的方式实现电子化。

数字档案馆除了具备以上特征外,还具有信息资源存取自由化、档案信息组织标准化、档案信息服务社会化、服务现代化、服务个性化、服务范围扩大化、传输网络化、空间虚拟化、工作人员专家化、管理知识化等一系列显著特征。

第二节 智慧档案馆建设

一、智慧档案馆概述

(一)智慧档案馆概念的起源

在智慧城市建设如火如荼的背景下,档案学界的专家、学者们也开始了智慧档案馆研究。在谷歌学术等国外数据库中进行检索,没有检索到专门研究智慧档案馆的文献,因此可以说"智慧档案馆"这个专门的概念并没有在国外得到针对性的研究。但国外对数字档案馆已经进行了系统、全面的研究,并且都将档案信息资源共享、档案馆内部及跨部门、跨地区的立体互联以及如何融合新技术等问题纳入研究及建设范围内。这些虽然在研究的名称上没有以智慧档案馆命名,但是在研究内容及具体建设上的确属于我们现在所谓的智慧档案馆范畴。

从学术研究方面来看,已经公开发表的国内外学术论文中,目前尚没有一个对智慧档案馆的权威定义。有关智慧档案馆的研究多数聚焦在如何用现代化技术对现有档案进行管理,利用新技术中的物联网、云计算、大数据对现代档案馆的硬件环境进行智能楼宇建设和环境自动感应方面的建设,对档案管理系统进行系统集成,对档案信息进行整合、分析、共享等问题上。杨来青最早系统地提出智慧档案馆理念并进行深入论证,他对智慧档案馆的研究经历了一个深化、发展的过程。智慧档案馆建设就是以服务城市建设、服务社会、服务大众为方向，以深化应用、优化服务为核心，以资源整合、业务协同、信息共享为主线，以打造高效、智能、统一的管理服务平台和信息服务平台为重点，在前期数字档案馆建设和发展的基础上，以技术为依托全面提升信息化应用和服务水平。具体来说，智慧档案馆是档案馆、物联网、云计算、智能化设备、智能馆舍、信息资源和人力资源的一个集合体，它以更智能的方式达到档案馆智慧化服务和管理的目的。

如果一个档案馆既注重信息技术的应用，重视档案信息资源的智能管理，又关注用户的信息与互动服务，同时兼顾对历史公共文化进行传播的社会担当，并综合以上要素来共同推动档案馆的可持续发展，就可以称其为智慧档案馆。如果大谈特谈传统档案馆、数字档案馆、智慧档案馆的变革之路，那么将其定义为"档案馆模式"，由同位概念降为所属概念，显然是存在逻辑混淆问题的。而直接罗列出方向、核心、主线等限定词，只能算作对"智慧档案馆"的诠释而非定义。智慧档案馆研究说到底是档案学界的一种学术期待，一方面，欲使数据、信息和知识上升到智慧的高度，最大限度地实现档案馆的价值与基本职能；另一方面，欲通过技术的应用使这种价值与基本职能发挥得更加充分。

（二）智慧档案馆的基本特征

专家学者对智慧档案馆概念的分析，使我们对"智慧档案馆是什么"有了充分的了解。智慧档案馆具有区别于其他类型档案馆的明显特征，智慧城市的三个特征：全面感知、系统协同、智慧处理。智慧档案馆是在智慧城市理念基础上提出的，智慧档案馆建设是参照智慧城市总体建设的框架进行的。因此，智慧档案馆的基本特征，应与智慧城市的某些特征保持一致。

1. 全方位感知

智慧是生物所具有的基于神经器官的一种高级的综合能力，包含感知、记忆、理解等多种能力。在对智慧的定义中，感知能力排在第一位，是档案馆工作拟人化的首要特征。时间变化、冷暖交替等环境变化对我们人类来说已习以为常，因为人类拥有强大的感知器官，如眼睛、鼻子、耳朵、皮肤等能够感知到环境、时间、空间等多种复杂的变化。数字档案馆的核心技术是数据处理技术，智慧档案馆的核心技术是感知技术，感知是智慧管理的首要要求。各种感知技术支持下的能够连接到物联网的智能手机、平板电脑、射频识别装置、红外线感应器等智能终端和传感设备，是智慧档案馆物联网的神经末梢。智慧档案馆的感知和人类的感知类似，但是比人类的感知范围更广泛、更加理性、更加精确，可以感知不同的层面，并且可以用数据化的方式进行展现或传递。

（1）对档案馆硬件环境的感知

对档案馆环境状况的感知主要通过楼宇智能管理技术实现，以智能化监测、评价和处置档案管理状态。档案库房内的温湿度直接影响档案的自然寿命。档案库房有一个统一的温湿度标准：温度为14℃～24℃，45%～60%的相对湿度。这就需要智慧温湿度自动控制系统利用温度感应器感应馆内温度变化，将这一温度传达给智慧中枢系统，中枢系统通过与预先输入的温度指令对比，自觉判断是否应当进行降温或者升温。智慧防灾系统会在出现险情时，立刻通过分子感应器分析判断险情种类。如遇火灾则根据种类选择开启防火门、喷头降水降温等不同的初级控制措施，并在第一时间自动联系火警报警、向档案馆智慧中枢控制系统的专员报告，快速分析出最佳逃生路线，通过馆内语音系统和显示屏引导馆内所有人员逃生；如遇水暖管路破损漏水或馆舍遭雨水侵袭，则向档案馆智慧中枢控制系统的专员报告，由专员作出应急预案。通过对光线的感知适时调整档案馆的灯光亮度。

（2）对档案馆的全面感知

物联网是智慧档案馆的技术基础，利用物联网可实现内部及外部信息交换，构成一个基于物联网的通信智慧系统。另外，通过物联网可实现档案工作人员与档案、档案与用户、档案与馆舍、档案与设备、工作人员与用户、用户与用户之间无所不在、无时不在地沟通与感知。

通过物联网不仅要感知档案馆内的局部或部分信息，还要将感知全面覆盖，全面汲取档案馆内各个角落中的有用信息，对档案馆中存在的人与物有全面的、深度的感知，将档案馆建筑、档案实体、档案信息、档案人员、档案设备、档案用户等联系起来，将碎片信息感知集中于一体，进行信息交换和通信，实现对档案实体、档案信息内容以及档案管理信息的感知；并进行智慧化的整合和衔接，从而实现对信息的全面利用。智慧档案馆可以做到全方位感知，通过RFID技术（Radio Frequency Identification，即射频识别技术）感知读者和档案实体的位置，通过图像采集和轨迹追踪技术分析读者的行为，通过体感技术感知读者的精细行为乃至心理变化状态，进而精准地判断读者的需求，为档案馆读者提供精准服务。目前，已经有很多档案馆利用以RFID技术为代表的智能感知技术实现了对档案实体的盘点、查找、定位、顺架、分拣等一系列基础性工作。而精准服务更是只有在智能系统的帮助下才能实现。

通过采用管理策略和相应的技术手段，将档案内容、档案管理信息与互联网联系起来，进行信息交换和通信，实现对档案实体的感知、档案内容信息的感知、档案管理信息的感知，即感知档案、感知信息、感知管理。以智能化识别、定位、跟踪、监控和管理档案实体；对档案内容的感知主要通过智能化的数据挖掘技术来实现，以智能化识别、抽取、整合和应用档案信息。

此外，档案馆作为国家最为重要的、保存社会原始记录的重地，不仅承担着"维护历史的真实面貌"的职责，同时还需要"为现实的社会主义现代化建设和历史的长远需要服务"。这就要求档案馆开阔视野，摒弃"以我为大"的思维。除了对馆内展开全面深入的感知之外，档案馆还应对全社会的信息有所感知，并能满足全社会建设发展的需要，真正在馆内及全社会中实现档案工作者与档案、档案利用者与档案、档案与档案、档案与馆、馆与馆、馆与全社会等的全面深度感知。智慧技术和智慧管理已经成为新的发展趋势，档案馆应跟上技术发展的新趋势，研究智慧档案馆的发展理念、工作目标和实现路径，开展智慧档案馆建设，为档案馆事业的持续发展创造条件。

2. 立体互联

相比传统档案馆，智慧档案馆已经更多地融入了现代科技元素，比如温湿度自动控制系统、档案管理系统、电子监控系统和有线及无线网络系统等。智慧档案馆的硬件设施得到了很大的改善，并且设备、系统、资源和人员之间建立了充分的立体互联体系。互联是智慧档案馆的核心要素，智慧档案馆的互通互联包括三个层面。

（1）单个档案馆内部的互通互联

单个档案馆内部的互通互联属于初级层面的互通互联，指的是档案馆内各馆室之间的互联。它打破了馆内各部门之间现有的模块化管理模式，使档案馆工作人员在内部互联的基础上形成一个整体。单个档案馆内部的互通互联既有物理环境下的互通互联，也有通过互联网实现的互联，是物与人、物与物、人与人之间的互联。有了全方位感知的信息和模式，还应进一步网络化才能使之发挥更大的功效。这里的网络化涉及有线网络、移动互联网、物联网等，只有实现全方位的网络化才能实现全方位、立体的互联互通。物理环境下的互通互联是档案之间的互联、部门之间的互联、楼层之间的互联、计算机之间的互联、数据库之间的互联、各感知元件之间的互联等；虚拟环境下的互通互联是档案馆馆员与档案用户之间的互联、人机交互的互联互通等。在档案馆内的立体互联、协同共享，实现的是档案实体、档案信息、档案管理环境的一体化管理和交互式管理。

智慧档案馆的智慧性依赖于档案馆智慧中枢系统的支持，档案馆智慧中枢系统能够将馆内各类设备、档案、信息单元、馆员、用户等通过物联网联系起来。智慧中枢系统作为使档案馆具有智慧性的核心组件，通过预先设定好的计算机指令指挥馆内各系统工作，实质上是具有人工智能的CPU处理设备对来自所有设备、系统的实时数据进行集中处理并加以关联，从而实现档案馆对这些要素的智能感知。

（2）档案馆之间的互通互联

档案馆之间的互通互联是在单个档案馆内部互通互联的基础之上的更高层面的信息共享。馆际的立体互联、协同共享，实现的是档案馆在档案服务方面的升级与理念的转变，使档案利用者可以把单个档案馆作为"切入口"，进而进入互联的由所有档案馆形成的整体中去，获取所有互联体中的档案馆的共享信息。档案馆之间的互通互联打造的是泛在的承载网络，将各种采集信息和控制信息进行实时、准确地传递，实现人与档、人与人、档与档之间的互联互通；让用户可以不受时空限制，利用任何方式获取档案馆服务，使其真正成为用户身边的档案馆，最大限度地呈现信息和服务获取的便捷性。

（3）档案馆与其他部门的互通互联

档案馆与其他部门的互通互联是最高层级的互通互联，指档案馆在行业内部实现互通互联的基础上，在融合互联网和物联网等信息网络的基础上，与其他机构之间实现跨行业的互联，进而了解到整个社会的全貌，真正地实现信息共享的本质追求。从本质上看，档案、档案馆、档案工作者、档案利用者、社会其他部门作为互通互联的主体，几大主体之间的无障碍对接是利用互联网、物联网实现更大范围的信息资源深度共享，并实现用户最大范围的信息获取。

3. 无限泛在

建设智慧档案馆的目的是消除信息壁垒、信息孤岛，实现全面、立体的联通和协同共享，形成档案服务的无限泛在。将全方位感知到的信息以及立体互联所共享的信息，利用互联网、广播电视网或电信网等渠道提供给档案利用者，形成一个在任何时间、任何地点以及任何人都能获取档案信息的无限泛在模式，实现档案的利用功能在利用渠道和角度上的全方位覆盖。这里的泛在指的并不是实体档案馆和档案工作人员随处可见，而是档案服务可随处获取，是将档案利用工作的便捷性、随时性全交给利用者，满足利用者对档案的利用需求。档案的利用需求千差万别，档案利用者对档案的了解程度也参差不齐，其中一部分利用者可独立完成对档案的利用，另一部分人则需要依赖档案工作人员的协助。这就要求智慧档案馆实现无限泛在，不仅是将复杂的、多样的档案利用工作整合为几个简单、可行的方案，同时还要求具备和满足个性化的互动，切实帮助利用者去利用档案。无限泛在分为时间上、空间上、方式上的泛在。

（1）时间上的泛在

档案馆作为政府职能部门，作为高校、企业等单位的信息中心，需要承担为公众提供档案服务的重要职能。传统物理实体档案馆在固定的时间范围内向公众提供服务，一旦超过这个时间，公众对档案的利用需求就不能得到满足。但是，公众对档案的利用时间不是固定的，这就造成了档案馆难以满足人们随时利用档案的需求。档案馆数字化、网络化建设的全面开展为智慧档案馆建设打下了坚实的基础，智慧档案馆可以为广大利用者提供全天候的档案利用服务。档案利用者可以通过互联网在电脑、手机等设备上随时获取所需的档案信息。智慧档案馆在时间上的泛在利用功能，是档案馆服务和管理方面在时间上的泛在。

（2）空间上的泛在

档案馆在何地可以提供利用，是档案服务在空间上的限制。从传统意义上来说，用户利用档案指的就是前往具体的档案馆检索、查阅利用档案。传统的档案馆是一个空间上的具体存在，智慧档案馆的利用服务工作在空间上已经进行了无限扩展。因特网把地球上所有能够联网的档案馆融为一个整体，档案利用者借助因特网可以在任何一个地方通过网络登录档案馆网站查找所需信息，在任何地点都可以利用到所需的档案信息。智慧档案馆在空间上无限泛在的特征颠覆了陈旧、固化的空间观念。

（3）方式上的泛在

传统档案馆提供服务的模式是开展馆内打印、复印、借阅服务及开设档案展览等形式，但因受时间、空间、形式等因素的限制，其已经无法满足新时代用户对档案服务的需求。互联网技术，特别是移动互联网技术的发展及普及带来了档案馆服务时间、空间上的全覆盖，为使用者带来了方便快捷的服务，带来了使用者自主选择的自由。

档案馆自助服务是智慧档案馆服务方式泛在的一种体现。这种方式随着其他行业自助服务的不断普及出现在档案服务领域，是指用户通过企业或第三方建立的网络平台或终端，实现对相关产品的自定义处理。通过自助服务，用户能自行解决大部分简单的问题；用户可跟踪了解自己所申请事项的处理情况，同时可对每次请求作出满意度反馈。

智慧档案馆的发展正处于各种新媒介不断涌现的背景下。近年来不仅网站、出版等媒体数量激增，同时还出现了博客、微博、微信、手机客户端等各种媒介形式。全媒体时代出现了全程媒体、全息媒体、全员媒体、全效媒体，信息无处不在、无人不用。从"纸媒时代"到"微博、微信"再到"视频、H5、VR全景"……全媒体为智慧档案馆通过各种渠道开展档案利用服务提供了可能，体现了智慧档案馆在利用方式上的泛在性。全媒体指的是，"媒介信息传播采用文字、声音、影像、动画、网页等多种媒体表现手段（多媒体），利用广播、电视、音像、电影、出版、报纸、杂志、网站等不同媒介形态（业务融合），通过融合的广电网络、电信网络以及互联网络进行传播三网融合，最终实现用户以电视、电脑、手机等多种终端均可完成信息的融合接收（三屏合一），实现任何人、任何时间、任何地点、以任何终端获得任何想要的信息。"从定义中我们不难看出，全媒体并不意味着对传统媒介的排斥，反而是新、旧媒介的极大融合。智慧档案馆从全媒体的视角开展档案利用工作,同样也不是为了摒弃传统的档案利用模式,而是在融合传统模式的基础上扩展新的渠道,使得更多的人可以更方便、更快捷地利用档案,是对已有的档案利用服务的补充和完善。在对媒介的使用上,档案馆已经利用了很多媒介,智能手机通过移动互联网可以使用档案馆的几乎所有功能,如查阅、检索、网上借阅等一系列的功能。

4.可持续发展

可持续发展的定义为:既能满足当代人的需要,又不对后代人满足其需要的能力构成危害的发展,系统阐述了可持续发展的思想。智慧档案馆深度感知的特性,表明的是智慧档案馆能够感知档案信息、感知档案用户、感知档案馆的整体运转情况。智慧档案馆的深度感知有助于实现建筑内设备、资源利用的环保、绿色与安全,与档案馆自身之外的所有事物实现环境的可持续发展。各个档案馆之间的信息壁垒的打破、信息的广泛共享,使得拥有信息再生能力的智慧档案馆有了更广泛的档案信息来源,从而能持续地为人民和社会提供档案服务。

智慧档案馆是一个"开放"的有机体,收集档案的类别得到极大扩展,不断融入各种先进技术、管理模式,不断产生着新的信息。同时,对公民共享档案权限的开放及公民自主和互动式的服务和管理模式,为公民持续地参与到档案工作中提供了可能,体现了开放创新、大众创新、协同创新的特征,为档案馆的资源宝库提供了持续发展的机会。这无疑为我国档案工作的进一步发展提供了源源不断的动力,也是我国档案事业得以不断发展、进步、提升的源泉。

5.以人为本

以人为本是与以物为本相对应的发展观,是科学发展观的核心,体现了中国共产党全心全意为人民服务的根本宗旨。以人为本不仅主张人是发展的根本目的,回答了为什么发展、发展"为了谁"的问题,而且主张人是发展的根本动力,回答了怎样发展、发展"依靠谁"的问题。"为了谁"和"依靠谁"是分不开的。人是发展的根本目的,也是发展的根本动力,一切为了人,一切依靠人,二者的统一构成以人为本思想的完整内容。

智慧城市建设的突出特点就是强调以人为本,核心是运用科技手段服务于广大城市居民,让市民融入智慧城市建设之中,共同打造一个开放的创新空间。智慧城市建设的各项工作要立足于满足群众工作和生活的需要,让人民群众生活得更方便、更舒心、更幸福,这是智慧城市建设的基本出发点。无论运用怎样先进的科学技术,或是城市内各部门间如何协同合作,智慧城市建设的根本立足点是让人们生活得更便捷、更舒适。智慧城市建设的本质落脚点是人,体现了以人为本的精神。

智慧档案馆的概念来源于智慧城市的概念。智慧档案馆的建设,也是参照着智慧城市总体建设的框架摸索前行的。与智慧城市建设相同，智慧档案馆建设也注重从公众的角度出发，通过网络社交手段提高用户的参与度，汇集公众的集体智慧，实现以人为本的可持续发展。因此，智慧档案馆建设应与智慧城市建设一样要以人为本。智慧档案馆最重要的特征之一是全方位感知，感知的对象包括档案实体、档案内容、档案馆建筑、档案用户等，档案馆工作人员不用亲自查看感知的所有情况。从一定意义上来说，档案馆工作人员在一定程度上从具体的、重复的工作中解放出来，将工作重心放在更有价值的工作之中，提高了档案馆工作人员的效率，提高了档案馆用户的满意度。智慧档案馆的立体互联和无限泛在特征为档案利用者带来了巨大的便利。立体互联使馆际、档案馆与其他部门之间连为一个整体，档案利用者可以从某个点切入查找所有所需档案信息；档案服务在时间、空间、方式上的泛在，让档案利用者可以实现足不出户且全天候查找到所需要的档案信息。可持续发展特征，是站在更高、更远的全人类的视角，让档案馆变成一个绿色、环保、可持续发展的部门，体现的是更高层级的"以人为本"。

  智慧档案馆的这些特征之间，在一定程度上可以说是递进的关系。首先，全方位感知是基础，立体互联是全方位感知后的发展。二者同属于技术背景支撑，而感知又是互联的依托，它们可以使智慧档案馆更高效地运行。其次，无限泛在是落脚点，因为无论档案馆模式如何推陈出新，其根本宗旨仍是为了更便利地进行管理和服务。再者，智慧档案馆作为一个开放式的档案馆发展新模式，作为国家一个持久的、重要的职能部门，可持续发展档案工作、档案事业是其最终目标。最后，上述四个特征都紧紧围绕智慧档案馆的"以人为本"理念，并以此为核心出发点指导着智慧档案馆的理论建设和实践发展。小到馆内具体技术的选择、软件的编辑、管理系统的使用，大到档案馆总体规划及发展、建设方向，皆以不违反"以人为本"的落脚点为根本原则。从档案馆的层面来看，在智慧档案馆的体系中，档案馆可以分析用户查询利用档案的数据，分析用户的信息需求，从而为用户提供个性化的服务，引领档案馆管理服务的创新升级。从用户的层面来看，基于智慧档案馆的公共服务平台，用户利用智能终端设备经由互联网便捷地获取所需的档案信息资源、接受档案咨询服务，创新了档案馆管理与服务的新形态。

6.更深入的智能洞察

  智慧档案馆的智慧体现在检索的快速性、定位的准确性、知识咨询以及解答的及时性上，指在没有档案馆工作人员参与的情况下，档案馆自身能够保证馆内各项系统正常运行，实现自我管理，工作人员负责监督。智慧档案馆需要洞察用户的信息需求，即当用户进行检索时，能够通过智慧检索设备对用户的检索结果进行分析，将检索的最终结果以摘要或者综述的形式呈现给用户。可以根据用户的需求对检索结果进行相关度分析，并通过可视化分析将关系结构图展示给用户，提供信息的深度挖掘服务。档案馆重视用户体验，可以设置用户评价系统，方便用户对档案馆的服务进行打分评价，将用户反馈的建议纳入数据库中，计算机智慧中枢系统根据需求随时对用户反馈信息进行整理、分析，形成辅助决策报告书并呈现给档案馆工作人员及决策者，以使智慧档案馆的决策更具针对性、精准性。对这些相关信息的串联存储以及分析，可以大大提高决策效率，使智慧档案馆成为主动的"有感官的有机体"。

7.更高效地协同管理

随着智能技术的广泛应用，档案馆不仅可以实现本馆内部各要素之间的协同，还可以实现行业协同、地区协同、国家协同、全球协同等，使资源由分散趋向集约、由异构趋向统一，克服资源分布不均衡、管理分散和重复建设的弊端，提高档案馆的服务效率；并且协同所需花费的时间、精力、物力成本等都将大幅压缩，协同服务的质量大大提高。不过，这些协同都是建立在更好的感知、广泛的互通互联和更深入的智能洞察基础之上的。

二、智慧档案馆与数字档案馆的关系

档案在社会经济发展过程中发挥着十分重要的作用，因此档案的管理和发展也是非常关键的。随着科学技术的不断进步，信息技术逐渐应用到档案管理实践中，而智慧档案馆和数字档案馆都是信息技术快速发展形势下的主要形式，并且二者之间也存在着较为紧密的联系。

（一）数字档案馆与智慧档案馆的基本情况分析

1.数字档案馆

随着计算机和网络技术的普及应用，传统的工作方式在很大程度上得到了改进和提升。在档案管理工作过程中，传统的纸质媒介形式已经逐渐被计算机技术取代，数字化管理模式也逐渐在档案馆工作中得到普及，管理效率较之前实现了大幅度提升。数字化档案馆也正是在这样的背景下产生的。数字化技术可以将不同区域的档案材料进行统一集中管理，同时采用数字化的方式进行存储，这样用户在查阅档案信息的过程中能够更加便捷和高效。数字化档案管理技术得到了广大档案馆的欢迎，同时国家也在数字化档案馆建设方面给予了更多的扶持。随着数字化技术的不断成熟，档案馆的管理和工作效率也在不断提升，这对档案馆建设和发展来说是非常重要的。

2.智慧档案馆

信息技术的快速升级使当前的智能技术得到较为广泛的普及和应用，借助大数据和科学技术的优势，档案管理模式也发生了根本性的变化。在这样的形势下，智慧档案馆逐渐走进人们的视野。从当前的实际情况来看，越来越多的人开始对智慧档案馆产生兴趣，但是目前并没有研究成果能够对智慧档案馆作出一个清晰和明确的定位。通常人们认为，智慧档案馆是借助现代信息技术对馆内的档案资源进行规范化管理，与以往的管理模式相比，智慧档案馆的管理效率更高，符合当前社会发展的基本要求，能够在原有的基础上更好地发挥档案馆的服务功能。智慧档案馆的建设和发展以数字档案馆为基础条件，同时需要结合现代信息技术的优势，这也是智慧档案馆的主要特征。

（二）数字档案馆和智慧档案馆的不同之处

1.数字档案馆和智慧档案馆的定位不同

数字档案馆的主要发展目标，是利用先进的数字技术消除传统模式下档案管理工作的缺陷和弊端，提高档案管理工作水平，从而为群众提供更加优质的档案服务。同时，在数字化档案管理模式下，档案信息的安全性能够得到保证，这对促进档案管理工作发展具有非常积极的作用。因此，数字档案馆的发展定位为提升档案管理效率，保证档案信息的安全性。而智慧档案馆则不同，智慧档案馆是在智慧城市建设的背景下产生和发展起来的。而智慧城市的主要发展目标，是利用现代信息技术将城市中的公共基础设施连接起来，形成一个智慧网络系统，从而对传统的生活和工作方式进行创新。在这个系统之中，每个环节都需要达到一定的智慧水平，并且相互之间协调发展，最终构建起一个智慧平台。智慧档案馆正是整个智慧系统中的一个关键组成部分。所以说，智慧档案馆的主要目标是服务于智慧城市的发展，而不仅限于提高档案管理和服务水平。

2.数字档案馆和智慧档案馆的服务水平不同

与数字档案馆相比，智慧档案馆的技术水平更高。因此，在提供档案服务的过程中，智慧档案馆明显具有诸多方面的优势。同时，由于技术水平先进、更加趋向智能化，在档案馆的管理和发展过程中，智慧档案馆的服务范围会更加广泛。借助互联网技术，智慧档案馆可以实现无线档案和宽带档案，并且可以借助信息技术实现对档案信息的感知。同时，将档案管理与互联网技术进行有机融合，促进档案管理实现平台化发展。在利用档案信息的过程中，智慧档案馆也表现出更加突出的优势。除此之外，相对于数字档案馆来说，智慧档案馆更加关注人们对档案工作的实际需求，同时将需要进行整合，为人们提供更具针对性的个性化档案服务。并且这种个性化服务的覆盖面非常广泛，可以帮助档案馆将多种不同的服务整合起来，最终形成一个健全的档案管理和服务体系。从以往的发展经验来看，尽管数字档案馆表现出了多方面的技术优势，但是在智能化技术不断发展的时代，数字档案馆的服务范围依然没有智慧档案馆广泛，二者在管理和服务方面还存在着较大的差距。

（三）数字档案馆与智慧档案馆的关系

1. 数字档案馆与智慧档案馆相辅相成

从以上分析中可以看出，数字档案馆和智慧档案馆之间存在着诸多方面的不同之处。但是从一定角度来讲，数字档案馆和智慧档案馆在本质上还存在较多相似之处。因为不管是智慧档案馆还是数字档案馆，都是以现代科学技术为基础，通过网络技术和智能技术实现的管理模式；并且与传统的档案管理模式相比，二者都是档案馆的创新发展模式，在未来仍然具有较大的发展空间。同时，智慧档案馆和数字档案馆之间并不排斥，是一种并存的关系。也就是说，数字档案馆和智慧档案馆是相辅相成、相互合作的关系。

2. 数字档案馆是智慧档案馆发展的前提和基础

智慧档案馆的服务覆盖面更加广泛，但是这绝对不意味着智慧档案馆就完全优越于数字档案馆。相反，智慧档案馆要以数字档案馆为基础，数字档案馆也是智慧档案馆发展的前提条件；如果脱离数字档案馆，智慧档案馆的发展也会受到巨大的影响。因此可以说，数字档案馆是智慧档案馆的前提和重要保证，智慧档案馆是数字档案馆发展到一定阶段的产物。在发展过程中，智慧档案馆可以为数字档案馆提供更加先进的智能化技术支持，比如在数字感知、智慧化服务方面帮助数字档案馆提升管理和服务水平。而数字档案馆可以在档案信息方面给予智慧档案馆更多的帮助，为智慧档案馆提供真实、准确的档案信息，提高智慧档案馆的发展水平。

尽管智慧档案馆中包含着大数据和物联网等先进技术，但是这些都是以数字化档案技术为基础的，所以数字档案也是智慧档案馆最为基础和重要的部分。如果没有数字档案馆提供的准确档案信息做支撑，智慧档案馆的发展就无从谈起。因此从这个角度来看，数字档案馆和智慧档案馆是相辅相成的关系。所以在实际的建设和发展过程中，智慧档案馆和数字档案馆都是不可或缺的，应该将二者进行有效整合，促进档案管理水平不断提升。

3. 智慧档案馆是数字档案馆发展到一定阶段的产物

从技术和服务的角度来看，智慧档案馆是数字档案馆发展到一定阶段的必然产物，是数字档案馆的更高级形式。也就是说，智慧档案馆是在数字档案馆发展的基础上融入更加先进的智慧化技术，从而能够更加高效地提供档案服务。智慧档案馆符合时代发展的大趋势，能够更好地满足时代发展的基本要求，是数字档案馆的更高级形态。

综上所述，智慧档案馆和数字档案馆之间存在着十分紧密的联系，二者是相辅相成的。因此在发展过程中，应该充分重视二者之间的关系，共同发挥其在档案管理领域的作用，提高档案管理水平。

三、智慧档案馆运维管理风险

智慧档案馆是数字档案馆的更高发展阶段，是当前科技迅猛发展形势下出现的一种新的概念。随着我国智慧城市建设的逐步推进，智慧档案馆受到越来越多的关注，已经有一些地方对智慧档案馆建设进行了探索。智慧档案馆是一个完整的信息系统，结构体系庞大复杂，运维管理过程中面临各种各样的风险，同时智慧档案馆建设还没有一个规范化的管理模式。所以，科学地预测智慧档案馆运维管理过程中存在的风险，进而探讨行之有效的策略，对于智慧档案馆的稳定发展具有重要的意义。

（一）内部风险

内部风险即从智慧档案馆运维管理本身内在层面出发，科学、系统地预测出的风险。内部风险主要包括意识风险、管理规划风险、人员风险、业务管理与服务风险。

1.意识风险

由于智慧档案馆是近年来随着大数据时代下的智慧城市发展而产生的一个新概念，国内外对相关方面的研究较少，因而智慧档案馆的运维管理还没有足够的经验可以借鉴，也没有统一的标准和规范可以遵循。因此，档案相关部门和工作人员对其认识较少，甚至不了解何为智慧档案馆。

一方面，领导层面对智慧档案馆建设的意识淡薄，导致对智慧档案馆的工作缺乏重视和支持。这是导致智慧档案馆的机构设置、库房建设、人员配备及现代化建设所需的经费、技术、装备未能落到实处的主要原因。另一方面，在智慧档案馆的运维管理中，管理者和社会利用者对新兴的智慧档案馆认识不足。对管理者而言，缺少对新形势下智慧档案馆的了解导致其不能合理规划管理方式，同时也增加了智慧档案馆在运维管理过程中的困难，比如职责混淆、浪费信息资源、增加经费开支、服务水平较低等。对社会利用者而言，在大数据时代的背景下，科学技术和社会信息技术都迅猛发展，对档案信息资源的应用需求大幅度增加。但是其自身的素质水平并没有随之提高，对智慧档案馆的应用技术、应用要求、应用方法都知之甚少，导致智慧档案馆的信息资源浪费，也会严重影响智慧档案馆建设的进程。

2.管理规划风险

智慧档案馆的运维管理是一个系统工程，不可能在短期内实现其目标，运维管理与风险并存。在智慧档案馆运维管理初期，首先，相关工作人员对智慧档案馆自身的情况研究得不够彻底，因而不能作出合理、科学的组织规划，导致职责混淆不清、管理范围不明确；其次，智慧档案馆刚刚兴起，社会各界对其管理方面的研究较少，在运维管理过程中的各种风险并未完全暴露，因而不能进行全面、系统的研究；最后，对系统规划阶段的认识不足、安全框架整体考虑缺乏和组织管理上的疏漏，都会给智慧档案馆的运维管理留下极大的隐患。

3. 人员风险

智慧档案馆是适应现代科技发展的一种形式，在其运维管理过程中，最关键的因素是科技人才。人才是当今社会发展最重要的竞争资源，是最有价值的一种因素。在智慧档案馆的运维管理中，需要有一支配套的、相对稳定的研究开发队伍和系统维护队伍，以加强人力资源保障。目前，智慧档案馆的制度改革管理理念不完善，使档案部门不能形成促进本部门发展的管理理念、管理机制、工作流程和组织结构，极大地影响了激发技术工作人员干劲的体制的形成。因此，将智慧档案馆建设与档案部门的制度改革管理理念紧密结合，可创建有利于优秀人才脱颖而出的体制机制。智慧档案馆的建设发展需要以信息专业技术人员为支撑，而各级各类智慧档案馆中的工作人员大部分都是档案专业的技术人员。目前，兼具信息专业知识和档案专业知识的开发人员凤毛麟角，设计开发人员严重匮乏。这导致档案工作人员在履行运维管理职责时不具备与时代相符合的知识水平和实践能力。由于未能掌握全面的档案理论知识，不熟悉与档案工作相关的文化、理论与科学技术以及与档案记载内容有关的背景知识，不具备与时代发展相一致的思想观念，包括信息意识、服务意识、现代化意识等，最终导致档案工作人员不能由管理型向知识型、技术型转变。

4. 业务管理与服务风险

随着云计算、大数据、"互联网+"等技术的广泛应用以及档案信息的数字化，海量的数据信息出现了。与传统档案馆服务相比，智慧档案馆业务管理与服务面临的主要问题已不是档案信息资源的匮乏与用户日益增长的需求之间的矛盾，而是档案信息资源的泛滥、无序以及存取障碍与用户选择和获取之间的矛盾。这会在一定程度上给智慧档案馆的管理与服务带来一些新的挑战。

（二）外部风险

智慧档案馆运维管理的外部风险也是一个重要的方面，主要指智慧档案馆运维管理中存在的一些影响智慧档案馆发展的客观因素。根据这些因素的来源，我们将外部风险分为两类：一类是社会环境带来的风险，另一类是自然环境带来的风险。

1.社会环境带来的风险

智慧档案馆要在社会中运作,一定会受到社会环境方面因素的影响。冯惠玲从"风险因素的具体内容"角度分析电子文件风险产生的社会因素,结合智慧档案馆的相关因素,我们将社会环境方面的风险分为以下几方面:规范体系风险和同行风险。

(1)规范体系风险

当前档案部门建设智慧档案馆虽然具备一定的基础,但是没有统一的规范和建设的平台。因此,智慧档案馆建设可能面临一系列的风险,如智慧档案馆建设模式粗放、没有统一的标准和规定等。并且,虽然一些地方规章或规范性文件正在积极尝试,但目前行之有效的制度少之又少,在业务操作上缺乏科学规范的执行标准,且在档案资源开发中可能面临不可预知的法律风险,因此缺乏具有统一标准和政策法规指导的发展模式,缺乏对智慧档案馆的顶层设计。

(2)同行风险

对于智慧档案馆而言,同行就是指同类档案馆。一方面,智慧档案馆建设处于初级阶段,其相关制度和要求没有统一的标准,同类档案馆不免会做一些潜藏风险的示范,这就会产生比较恶劣的影响。另一方面,同类档案馆之间会因地区、经济发展状况等存在差异而有所差别,这就使智慧档案馆的建设、运行产生诸多需要考虑的因素,给智慧档案馆的运维管理带来一定的风险。

2.自然环境带来的风险

不管是传统的档案馆还是数字档案馆,以及数字档案馆高级发展阶段的智慧档案馆,自然环境都会对其产生影响,如一些由自然环境的变化引起的灾害,如地震、洪水等。

(三)风险控制

智慧档案馆作为一个完整的信息系统,其体系结构庞大复杂,在运行和管理中面临着来自内部和外部的多种安全风险。下面将针对内部风险和外部风险两方面分别研究对策,有效地控制智慧档案馆运行和维护过程中产生的风险。

1.内部风险控制

内部风险控制是智慧档案馆风险控制的核心内容,能否有效地控制内部风险是整个智慧档案馆正常运作的关键。

(1)建立基本规章制度

建立基本的档案安全规章制度,是加强档案安全管理的第一步,也是风险控制的基础。制度是否健全、是否科学合理、是否具有可操作性,关系到档案安全管理的成效。我们都知道,风险的程度需要通过安全风险评估来估测,因此,首先应建立健全信息安全风险评估制度，保证风险评估有据可依。其次，健全信息安全风险评估制度，明确评估者、建设者、使用者和管理者之间的关系及各自的职责。只有做到分工明确，才能使智慧档案馆的整个信息系统在规划、研发、建设、运行及维护的整个生命周期中运行流畅。所以风险控制的第一步是建立基本制度。

（2）加强人员风险控制意识

在影响档案安全的各种因素中，人是决定性因素，所以首要任务是加强对人的教育和管理。采用传统的安全管理方式容易造成很大的浪费，还难以提高风险管理水平。因此，必须站在构建更高层次的风险管理体系的角度，通过经常性地开展档案安全教育和培训，使全体档案工作者牢固树立"安全第一""安全问题人人有责"的思想，提高每个人的档案安全意识和技能。

（3）健全档案备份机制

在大数据时代背景下，备份工作成了风险控制的主要日常工作，也是一项实实在在地需要工作人员每天落实的工作。根据时代要求，这里提倡两种有效的备份方式——异地备份和异质备份。异地备份是指为应对文件、数据丢失或损坏等可能出现的意外情况，将电子计算机存储设备中的数据复制到磁带等大容量存储设备中；异质备份主要指电子文件的异质备份，就是逐步将电子文件转换成胶卷、纸质等备份载体保存，以确保档案中的信息真实、长久地流传下去，为人类发展和社会文明进步持续地提供借鉴。档案馆要对本级重要档案及电子文件实行异地备份和异质备份，确保电子文件的长期可读，确保档案信息资源的绝对安全。

2.外部风险控制

针对社会环境带来的风险，我们需要学习、借鉴先进经验，逐步完善相关的方针、政策。而面对自然环境带来的风险，则需要逐步地深入研究，达到防控的更高层次要求，尽可能减少自然环境因素带来的风险。总的来说，研究风险控制需要有一个开阔的眼界，时时刻刻关注国家、社会的动态。只有这样，我们才能知道下一步应该往哪个方向发展。

总之，在大数据时代及信息技术高速发展的形势下，智慧档案馆必将成为新的趋势。从传统档案馆到数字档案馆再到未来的智慧档案馆，这一变革是科技发展的必然结果。建设智慧档案馆是一个长期的过程，是一项十分复杂的工作，并且在建立及使用过程中存在诸多风险。因此，在探索过程中应密切关注各个环节可能出现的风险问题，进而促进智慧档案馆在未来的生活中能够为用户带来更新奇的体验。

四、智慧档案馆建设对策

智慧档案馆是档案信息化发展的必然产物,但我们也应该认识到,智慧档案馆建设并非一朝一夕便能完成的。这项长远的规划和长期的事业需要档案界人士共同、积极地探索和研究,通过分析智慧档案馆建设过程中的问题并解决问题,获得丰富的经验和理论支持。

(一)深入研究智慧城市背景下智慧档案馆建设理论与政策

虽然国内外已经有很多城市进行了智慧档案馆探索,但是现如今仍没有完善的有关智慧档案馆的标准、规范出现。诚然,在当今社会,信息技术、社会需求不断变化,智慧档案馆的模式不再那么一成不变,但智慧档案馆建设仍然需要一定的标准和规范的指导。通过确定一定的标准准确找到档案馆转型的切入点,通过云计算构建智慧档案馆的数据处理平台,通过大数据对数据进行挖掘、存储和分析,通过物联网感知馆内环境,通过移动互联网提供基于用户自身需要的服务,推动智慧城市的建设与发展。

(二)整体规划智慧档案馆建设

整体规划就是在一定区域内,根据确定的要求所做的总体安排和布局。智慧档案馆建设也要有整体的规划和安排,包括找准智慧档案馆的定位、明确档案馆功能、确定档案馆构架等。智慧档案馆整体规划的制定要从当地实际情况出发,针对本单位的馆藏档案信息、设备情况、人员配备、资金支持、技术状况,考虑构建智慧档案馆的方向以及可能面对的问题;同时适当学习其他地方档案馆建设的经验、方法,灵活应用,做好整体规划。

(三)积极构建合作机制与平台

目前,各地数字档案馆和数字图书馆等都有了一定的发展,为智慧档案馆的发展提供了很好的借鉴。数字图书馆及数字档案馆在海量信息收集、存储、数据挖掘、信息检索、查询方面为智慧档案馆打下了良好的基础,通过学习已有经验、补充存在的漏洞,可实现智慧档案馆的健康发展,也为以后的"图情档一体化"打下坚实的基础。

(四)积极促进人员观念的更新和转换

智慧档案馆建设需要引进大量的物联网、计算机技术人才,也需要对原有的档案工作者进行培训,实现观念的更新与转换。这不仅包括从纸质环境下的管理理念向电子环境下、智能管理环境下的管理理念的转变,也包括从孤立封闭的保守观念向合作开放的共享观念的转变。通过人员观念的转换,改变档案工作者的思维方式、工作方式，推动智慧档案馆的转型升级。同时，注重对群众档案意识的培养，通过进行及时的政策普及、服务升级与宣传，让群众了解智慧档案馆，并享受到智慧档案馆提供的服务，让智慧档案馆服务于民，提供智能化、个性化服务。

信息时代的来临使智慧地球、智慧城市的理念相继出现，进而推动着档案馆优化升级并向智慧档案馆转变。这是继传统档案馆向数字档案馆转变之后出现的又一新趋势。智慧档案馆是档案信息化发展的必然产物，是档案馆的高级形态。虽然如今对智慧档案馆的研究仍处于初级阶段，智慧档案馆建设也处于探索阶段，并不算很完善，但这不能成为我们停滞不前的借口。如今我们应该进一步去探讨智慧档案馆的概念、技术、体系构架等知识，形成完善、成熟的理论，用理论去指导实践，进而取得智慧档案馆建设新成就。

在今后很长一段时间里，智慧档案馆都应是我们关注的重点。因此，档案部门要进一步探讨智慧档案馆相关理论，积极引进人才、培训工作人员，强化建设智慧档案馆、提供智能服务的意识，通过统一部署形成区域内智慧档案馆集群。同时要以人为本，以用户的需求为首要遵循标准，积极对海量信息进行收集、整理、挖掘、管理，提供高质量服务、智能化服务，早日促成本地区智慧档案馆的建成。

第六章　大数据时代电子文件管理

第一节　电子文件的计算机管理

一、电子文件的定义与特点

（一）电子文件的定义

电子文件是指在数字设备及环境中生成，以数码形式存储于磁带、磁盘、光盘等载体，依赖计算机等设备阅读、处理并可以在通信网络上传递的文件。广义的"电子文件"泛指由任何机构、组织或个人形成的所有电子记录，与传统文件、档案概念相对应。按照现代文档一体化的理念，广义电子文件概念同时涵盖了归档前的电子文件和归档电子文件。而狭义的"电子文件"特指由政府部门、公共机构形成的电子化文件，它具有文件的各种属性，且一般是公务活动中形成的（但不限于公文，还包括各类业务文件材料和数据），具备一定规范化的形成、审核、流转等程序和管理要求，具有真实性、完整性和有效性。档案登记备份所指的电子文件是广义的电子文件。

电子文件与电子数据、电子文档、电子公文等存在一定的区别。

电子数据是指基于计算机应用、通信和现代管理技术等电子化技术手段形成的，包括文字、图形符号、数字、字母等的用户和计算机环境数据，它包括各类电子文件和电子文档。电子数据概念的外延比电子文件更广泛，形成环境更多样，既包括公务活动中形成的电子文件数据，也包括非公务活动中形成个人信息、系统环境信息等（如临时数据、系统环境、应用软件环境等）。

电子文档泛指计算机术语中的文档文件（一般指文字表格型的文档，如 word

文档、excel 文档，但也可用于图形、图像、音频、视频等媒体类型的文档），包括系统文档（如帮助手册、系统配置文档等）和用户文档，属于电子数据的其中一类，与电子文件概念有交叉但不相互包含。电子文档概念则在档案术语中较少使用。

电子公文是指符合公文特征的电子文件。一般指电子形式的各类红头文件，有特定的版式和形成、办理流程要求，需以签章等形式加以确认。电子公文属于电子文件的其中一种。

（二）电子文件的特点

1.信息的非人工识读性

电子文件是由电子计算机生成和处理，其信息以二进制数字代码记录和表示，因此亦可称为"数字文件"。这是电子文件与以往所有其他形式文件的基本区别，也是电子文件信息与其他数字信息的共同点。数字信息使用 0 和 1 两种数码的组合来记录信息，每一个 0 或 1 叫作 1 个比特，需要记录的信息用一串比特存储于计算机存储器（包括内存储器和各种外存储器）中，并可通过通信网络进行传输。

信息的非人工识读性表现在两个方面：一是电子文件使用了人们不可直接识读的记录符号——数字式代码，即将输入计算机的任何种类的信息都转换成二进制代码。对于这种经过复杂编码的二进制代码，人工无法直接破译它的含义，只有通过计算机特定的程序解码，使之还原为输入前的状态才能被人识读。所以，电子文件在给人类带来极大方便的同时，也使其内部实现机制变得越来越复杂。二是电子文件存储在载体上，人们无法直接通过载体阅读，必须通过计算机等设备显现，才能识读。

2.信息存储的高密度性

电子文件的信息存储密度大大高于以往各种人工可识读的信息介质。过去一个几十平方米库房中的档案信息量现在则可能十几张光盘就可以承载，这极大地节约了存储空间。随着技术的进步，电子文件介质的存储密度还将继续加大。然而，存储的集中也意味着风险的集中，载体一旦受到侵害，损失就可能很大。

一张 4.75 英寸 CD 光盘（650~750MB）可存储 3 亿个至 4 亿个汉字或 A4 幅面的文稿图像数千页，DVD 光盘单面单层容量可达 4.7GB，单面单层蓝光光盘的存储容量可达 25GB，而各种类型的存储卡则存储密度更高，计算机存储载体的海量化正呈加速度发展态势。

3.信息的系统依赖性

电子文件信息的系统依赖性有两层含义：其一，在一般意义上，电子文件的形成、处理以至归档后的全部管理活动都必须借助计算机系统才能实现；其二，电子文件信息在显示输出时依赖特定的计算机系统中的形成系统，与形成系统不兼容的计算机和应用软件则无法打开文件。

4.信息的可操作性

相比被固化在传统载体上的信息，电子文件中的数字信息则是灵活、可变的。人们可以利用各种技术工具和手段进行多种操作，如剪切、复制、粘贴、着色、压缩等，这为文件信息利用带来了极大的方便。经过相应的操作，人们可以使电子文件处于操作者希望的状态。该特点要求电子文件管理者更多地考虑用户的需求，为其提供便利，同时要注意保护归档电子文件不被人为有意改动。

电子文件中的信息可以随时根据人们的需要，便捷、灵活地加以编辑、复制、删除，或进行多媒体合成，或按照特定的需要排列组合，或进行压缩和解压，或进行格式和数据结构的转换，或通过各种传播媒体传递给远程用户，显著提升了人对信息资源的管控能力和利用能力。

5.载体的可转换性

载体的可转换性亦称"信息与特定载体之间的可分离性"。传统载体的文件信息一旦生成，即被固定在某一载体上，两者结合为"原件"。电子文件中则不存在实体意义上的原件，它可以根据需要在不同的载体上同时存在或相互转换，不同载体上的信息，包括字体、签名、印章在内，则可完全一致，载体的转换并不会影响电子文件信息的原始性。而且磁性载体和光学载体寿命短，对于电子文件而言，转换载体是必需的。没有一份电子文件拥有恒久不变的载体，电子文件不可能有固定不变的实体形态和物理位置。正因为如此，对于电子文件，人们往往用"真实性"而非"原始性"的概念来描述信息的原生特性。

6.信息的易变性

造成电子文件信息可变性的情况很多。首先，计算机系统中信息的相对独立性使得对信息的增删更改十分容易，而且修改之后看不出任何改动过的痕迹；其次，电子文件在形成、归档、管理和利用过程中会形成大量的动态文档，而动态文档中的数据不断地被更新或补充，以反映最新情况；最后，存储载体和信息技术的不稳定性，新的信息编码方案、存储格式、系统软件不断出现，对电子文件的稳定性产生了巨大的冲击，新的系统要求将电子文件转换成某种标准格式或新的文件格式，往往会造成电子文件信息的损失、变异。

7.信息存储的分散性

电子文件信息存储的分散性表现在两个方面：其一，一份电子文件的内容、结构和背景信息分散保存。其二，一份电子文件的信息可能来自其他多个文件。电子文件信息分散存储，在归档保存时容易出现部分信息缺失的情况，影响文件质量及其功能的发挥。

8.多种媒体信息的集成性

电子文件可以将文字、图形、图像、影像、声音等各种信息形式加以有机组合，形成"多媒体文件"。这种文件将文字、图像、声音等表现媒体融为一体，能够更加真实地再现记录的场景，从而强化档案对社会活动过程的记忆和生动的再现功能。

以上每一个电子文件的特点既是优点，又是缺点。管理电子文件的基本思路是：扬长避短、趋利避害，用新的管理理念、管理方法和管理技术，将其优势放大再放大，将其劣势缩小再缩小。

二、电子文件的计算机管理

（一）电子文件的著录

电子文件的著录是指获取、核对、分析、组织和记录关于文件内容、结构、背景和管理过程的信息，以准确描述电子文件的过程。由此概念可以看出，在电子文件管理中，著录信息即元数据。具体说来，著录项目即元数据元素，著录项目的具体数据即元数据元素的值，著录条目的格式即元数据格式，著录信息的编制即元数据的生成、捕获，著录信息的管理即元数据的管理，著录信息的应用即元数据的应用，著录信息的保存、维护和移交即元数据的保存、维护和移交。

1.电子文件的著录项目

较传统的著录标准而言，这些标准具有以下特色。

（1）内容类著录项目基本一致

两类标准基本上都包括文件题名、分类号、主题词、关键词等项目。

（2）结构类著录项目增多

结构类著录项目描述了与电子文件解码、输出相关的属性，除了稿本、文种等之外，元数据标准还规定了格式模板、媒体类型、数据格式、存储位置、系统环境、密码、数字签名等著录项目，这些项目为电子文件著录所独有。

（3）增加了管理过程类著录项目

出台的所有元数据标准都设有管理史、保存史、利用史等项目，用来描述保存文件过程中鉴定、归档、销毁、迁移、移交、载体转换、利用等各项活动的时间、人员、处理结果和相关法律规定。这对于回溯电子文件历史原貌异常关键。

（4）背景类著录项目细化

电子文件的背景类著录项目包括形成文件的职能活动、职能部门、工作人员、形成时间等行政背景，形成文件的法律依据等法律背景，以及文件之间的联系等。其中的人员、时间项目则有可能根据文件的特点予以细化。比如对于电子邮件，人员则可能包括发件人、收件人、转发者等。详细的背景信息有助于确认电子文件的历史原貌。

2.电子文件著录的特点

与传统著录相比，电子文件著录具有全面性、全程性、综合性的特点。

（1）全面性

电子文件著录的全面性包括两层含义：其一，描述对象的全面性，具体包括文件内容、结构、背景和文件在形成后所经历的整个管理过程。其二，作用的广泛性，著录的基本作用是描述电子文件，在此基础上可以有多种用途，除了挑选具有检索意义的著录信息编制检索工具之外，还包括保障电子文件的真实、完整、可读等。

（2）综合性

电子文件的著录综合采用人工著录和系统自动著录相结合的手段。随着自动化程度的加深，人工直接著录将减少。系统自动著录将增加，电子环境中大多数著录信息可以由系统自动生成或捕获。当然，不管自动化程度如何，人工控制是必不可少的。

（3）全程性

电子文件的著录不再发生于归档后的某一个时间点，而是贯穿于文件的整个生命周期。文件一经产生，其著录便已开始；文件一旦变化，其变化情况就被记录在案。

（二）电子文件的开发利用

电子文件开发利用工作的内容较手工管理并无明显区别，信息开发工作包括分类、编目、编研等，信息服务包括提供利用、用户分析和反馈等。不过，在网络和计算机技术的支撑下，电子文件开发利用工作可借助的手段更多，信息的表现形式更丰富，利用的效率更高，当然，安全问题也更为突出。

1.归档电子文件的利用

归档电子文件利用范围的确定须有严密的审核批准制度，并严格按照批准的范围提供利用。归档电子文件的封存载体不应外借。未经批准，任何单位或人员不允许擅自复制电子文件。利用归档电子文件时应使用拷贝件，并且应遵守保密规定。

2.电子文件的检索

检索是最重要的开发利用工作，查全率、查准率的高低是决定用户满意度的关键因素。电子文件的检索工作应满足以下要求。

（1）实现目录体系的标准化

制定、遵守目录标准既是共享、互换信息的需要，也是持续建设档案目录的要求，是一件利在长远的工作。尤其是进馆文件，标准化目录是档案馆提供无缝检索的数据基础。文件检索标准包括规定著录项目的数据内容标准、规定著录项目之间关系的数据结构标准以及规定著录项目取值的数据值标准。

（2）展现文件层次结构

文件的价值往往不单独体现在某一份具体的文件上，而是体现在一系列相关的文件整体上。电子文件检索系统，尤其是档案馆的检索系统应能展现从文件集合到单份文件的层次结构。这种按照文件来源组织而成的等级结构，体现了文件、档案管理者关于文件来源、文件形成背景、文件之间内在联系等方面的专业知识，是文件检索的特色所在，其最大的好处是能够让用户获得所需文件的完整背景信息。

（3）提供多种检索途径

按照用户的使用方式，检索途径可以分为两类：一是主动式，即用户通过主动输入要查询的文件所包含的数据值来检索文件，如关键词、主题、时间、责任者、文种等。目前，较为普遍的检索途径是关键词，关键词有的来自题名，有的来自全文。在关键词检索中，布尔检索是常见的检索方式，用户可以根据需要对多个关键词进行逻辑运算，更精确地表达检索需求。二是被动式，即系统为用户提供分类体系，用户按照既定的目录结构层层搜索，直到发现所需的文件。完善的检索系统应该同时提供以上两种检索入口。

（三）电子文件的保管

手工管理中的保管是指对经过整理入库的档案的日常维护工作，一般发生在文件归档之后，基本方法是通过保护载体来维护信息的完整和有序。电子文件的保管则贯穿在文件整个生命周期之中，无法仅仅通过载体保护的方法来维护数字信息，工作内容和方法都较手工保管要复杂。

1.电子文件的存储管理

存储管理的基本任务是为电子文件信息选择合适的存储设备（即载体）、存储方式和存储系统架构，并对载体实施保护。

（1）存储设备

①硬磁盘和磁盘阵列

硬磁盘即通常所称的硬盘，利用电磁信号转化来记录和读出信息。按接口类型分有ST506、IDE、SCSI接口；按磁盘尺寸分有14英寸、8英寸、5.25英寸、3.5英寸等。作为计算机系统中最常用的外存，硬盘存储容量大，采用随机存储方式，存取速度快，数据传输率高，可靠性高，适宜作为在线存储介质。

磁盘阵列应用磁盘数据跨盘技术，组合多个硬盘，使其协同工作。它容量极大，可以很好地满足多人在线并发访问，安全性好，能够免除单块硬盘故障所带来的灾难性后果，为许多大型系统所采用。

②磁带和磁带库

磁带是最早出现的磁存储介质。目前的计算机系统多采用二分之一英寸开盘式磁带和四分之一英寸盒式磁带。磁带存储容量较大，成本低，以串行方式记录数据，存取速度较慢，通常作为硬磁盘可靠、经济的大容量备份。

磁带库技术支持从装有多盘磁带的磁带匣中自动搜索磁带、拾取磁带并放入驱动器中，可实现数据的连续备份、智能恢复、实时监控和统计，整个存储容量可达数万GB。

③光盘、光盘塔和光盘库

光盘采用激光技术写入和读出信息，主要包括只读光盘、一次写入光盘和可擦写光盘三种。其中只读光盘只能用来检索或者播放已经记录在盘上的信息，如CDROM、DVD等。一次写入光盘可根据需要录入信息，但只能写入一次，一旦录入便不能再进行修改和删除。可擦写光盘允许反复擦写信息。光盘成本低，制作简单，容量大，体积小。一次写入光盘是档案部门常用的光盘类型。

光盘塔由几台或十几台CD-ROM驱动器并联构成，可支持几十个到几百个用户同时访问信息。光盘库是一种可存放几十张或几百张光盘并带有机械手和一个光盘驱动器的光盘柜。它利用机械手从机柜中选出一张光盘送到驱动器进行读写，或将光盘取出放置到机柜的指定位置上。光盘库容量极大，适用于具有海量多媒体信息的存储。

（2）存储方式

①在线存储

在线存储是指存储设备和所存储的数据时刻保持"在线"状态，可供用户随意读取。通常选用硬盘、磁盘阵列作为在线存储设备，性能好，但价格相对昂贵。

②离线存储

离线存储也称脱机存储，存储设备和所存储的数据远离系统应用，无法直接访问。通常选用磁带、光盘等作为离线存储介质，容量大，价格相对低廉。需要离线存储的数据包括在线数据的备份，以及不常用的数据。

③近线存储

近线存储即近似在线存储，是介于在线存储和离线存储之间的一个存储级别，所采用的设备通常是由廉价磁盘组成的磁盘阵列。访问量不大的数据可采取近线存储的方式。

（3）存储系统架构

信息化建设初期，若要访问数据，必须将存储设备与某服务器或客户机直接相连，这样的存储系统架构称为直接附加存储（Direct Attached Storage，DAS）。随着对更高存储效率和更低存储成本的追求，出现了网络附加存储（Network Attached Storage，NAS）和存储区域网络（Storage Area Network，SAN）这两种新的存储系统架构。网络附加存储将存储设备直接连在网络上，按照TCP/IP协议进行通信。存储区域网络将各种存储设备集中起来形成一个存储网络，以便于数据的集中管理。

2.电子文件信息维护

（1）权限控制

为保护国家和机构秘密、知识产权、个人隐私，需要在分析机构规章制度、业务性质、利用风险的基础上，合理定义各类用户、各类文件的访问权限，并在业务系统和电子文件管理系统中实现，以保证合法用户访问的便利，防止非法用户的恶意访问。权限控制应当尽可能细致，防止未经授权就对信息采取存取、收集、利用、公布、删除、修改、销毁等操作。

（2）电子文件信息维护的关键技术

①加密

加密技术包括对称加密技术和非对称加密技术两种。如果加密密钥与解密密钥相同，则为对称加密，又称私钥加密。对称加密技术的特点在于使用简单快捷，密钥较短但破译困难，但是存在密钥难以安全分发、难以管理等问题，不适用于开放系统，一般用于不在政府确定的保密范围之内的民用敏感信息。如果加密密钥和解密密钥不同，则为非对称加密，又称公钥加密。其中加密密钥可公之于众，称为公钥，解密密钥只有解密人自己知道，称为私钥。非对称加密技术的保密强度不及对称加密技术，但密钥管理、传递简单，适用于开放系统，且可用于数字签名。以上两种加密技术也可以综合应用。经过加密的电子文件一般应解密后保存。

②身份认证

身份认证技术旨在确认用户的身份。在用户进入计算机系统时验证其身份技术包含口令认证、智能卡认证、USB Key认证、生物认证等。口令认证通过验证用户输入的用户名和口令来验证其身份，是最常见的认证技术。智能卡是一种内置集成电路的芯片，芯片中存有与用户身份相关的数据，用户登录时将智能卡插入专用的读卡器读取其中的信息，以验证用户的身份。USB Key是一种USB接口的硬件设备，它内置单片机或智能卡芯片，可以存储用户的密钥或数字证书，利用USB Key内置的密码算法实现对用户身份的认证，是目前较流行的一种验证方式。基于公钥基础设施（Public Key Infrastructure，PKI）的USB Key还可以用作数字签名。公钥基础设施是利用公钥加密技术提供安全服务的基础设施。生物认证技术以人体唯一的、可靠的、稳定的生物特征（如指纹、虹膜、脸部、掌纹等）为依据，通过图像处理、模式识别的方法来验证用户身份。这几种验证方法的成本依次增加，安全性也依次增加。

（3）电子文件信息维护体系

可能危害电子文件信息的因素，除质量受损的存储设备以外，还包括计算机技术自身的固有缺陷，如病毒、木马等恶意程序；地震、洪水等天灾；火灾、盗窃等人祸，不合理、不完善的安全保护制度；怀有恶意企图的用户等各种因素。因此，在机构和档案馆内部应构筑涵盖制度、管理、人员、技术在内的全面的信息维护体系，包括制定出完善的规章制度、合理分配和有效监督各类人员的管理权限、培训和考核人员、采用可靠的安全保障技术等。当然，广义上的电子文件信息维护体系还包括相应的法律规范和道德规范，这需要全社会的努力。

（4）入侵检测

入侵检测用于监控网络和计算机系统是否出现被入侵或滥用的征兆，可以阻断发生在内部的非法访问，是对防火墙技术的有效补充。

（5）长期可存取

长期可存取技术即保障电子文件长期可读性的技术，包括转换为开放格式、迁移、采用多格式阅读软件等。

（6）备份

备份是信息安全保障最重要的辅助措施，可为受损或崩溃的信息系统提供良好的、有效的恢复手段。在复杂系统中，还需要对数据文件所依赖的系统环境和应用程序进行备份操作。备份时需要根据相关制度确认备份的方式，确定备份的存储设备、套数，明确是否需要异地备份。备份最好自动执行。

（7）物理隔离

物理隔离是将不同网络相分离，保证其不相连，其目的在于隔断非法用户的访问链路。凡涉及国家秘密的计算机信息系统，不得直接或间接地与国际互联网或其他公共信息网络相连接，必须实行物理隔离。物理隔离技术发展很快，从最初的双机双网方案，到安装在计算机硬盘上的隔离卡，再到网闸这种独立的物理隔离设备，在保证两个独立主机系统间永不连接的条件下，内外网切换访问的便利性在不断增加。

三、我国电子文件管理模式的完善措施

（一）明确电子文件管理主体

现阶段，我国区域电子文件管理的主体具有多样性，有综合档案馆、电子文件中心、文件形成机构等。尽管由国家档案局牵头研制的国家标准《电子文件归档与管理规范》中明确指出由档案馆最终保管电子档案，但是由于档案馆对电子档案管理和控制模式涉及的因素多，实现难度大，而且数字档案馆的研究和实践还不够成熟，可供参考的现实模式很少，诸多理论问题还处于摸索之中。因此，一些学者认为，档案馆对电子文件的管理缺乏理论论证和技术支持。但是，国外的实践经验为我们确立档案馆的电子文件管理主体提供了实践基础。美国、英国、加拿大和澳大利亚等国的电子文件管理主体均为国家档案馆，并强调了电子文件的利用服务。美国的ERA项目旨在使美国国家档案馆捕获并保存联邦政府各部门产生的各种类型、格式的电子文件，并为政府部门及公众提供便捷、有效的利用服务；英国以电子文件从生成到接收进入档案馆的全程、无缝管理为目标，多年来致力政府机关电子文件的在线捕获和在线服务。即使是由其他部门开展的电子文件管理研究项目，国家档案馆也是其合作伙伴。以国家档案馆为中心，形成电子文件管理和服务网络，应是我国电子文件管理的必要且可行之道。

（二）尽快制定和实施电子文件管理国家战略

由综合性档案馆集中统一管理相应行政区域内的电子文件（档案），可以视为电子文件集中式管理模式在一定区域范围内的具体表现。行政区域划分造成的相对独立分工，决定了各行政区域档案工作的相对独立性。由于我国各地对电子文件的管理沿用了传统档案管理工作的做法，从而导致了多种电子文件管理模式存在的局面。这不仅造成国家资源的浪费，而且也不利于国家对电子文件的掌控。制定和实施电子文件管理国家战略可以从根本上改变这种状况，使我国电子文件管理模式朝着更加科学合理的方向发展。

《电子文件管理暂行办法》的下发，确立由国家电子文件管理部际联席会议制度来确定我国电子文件管理的国家政策。这一举措极大地推动了我国电子文件的管理工作，我国开始从战略角度来规划电子文件管理。作为我国电子文件管理机构，国家电子文件管理部际联席会议制度的主要职责之一便是负责统筹规划和组织协调全国电子文件的管理工作，这为我国制定和实施电子文件管理国家战略奠定了基础。

将电子文件管理上升到国家战略后，应尽快充分发挥电子文件管理部际联席会议的职能，增强国家档案行政管理部门在电子文件管理工作中的主导权，从推

动电子文件管理立法、制定政策规划、制定重大项目方案、制定电子文件管理标准等方面入手，逐步解决我国电子文件管理的重大问题。

（三）整合现有模式的精华

实现电子文件管理"国家化"并非是要颠覆或抛弃地方和机构层面已经取得的成果，而是要兼顾各方，充分吸收现有成果的精华。正如在替换或升级一个系统时，人们往往要考虑新系统对原系统已有数据的兼容问题，而不是直接放弃原有数据。对于电子文件管理模式，同样也是如此。不放弃是一种态度，是对已有模式的肯定。

鉴于我国目前存在多种电子文件管理模式，而且这些模式基本上都是停留在地方层面和机构层面，因此不管是新构筑一种更高层面的电子文件管理模式，还是将现有的某种地方模式上升到国家层面的模式，都有必要对现有模式进行整合，吸收其中的精华。现有模式的精华往往被实践证明是可行且成功的，已经被人们所认可。通过整合现有模式的精华形成的新模式，更容易应用于实践中，也更易于被人们所接受。

（四）建立通用的标准模式

在某种成功模式的基础上，建立通用的标准模式，并进一步推广和应用，将极大地简化我国电子文件的管理工作，而且可以最大限度地避免现存的重复建设现象。

第一，同级同类档案馆相似。我国电子文件管理的主体绝大多数为各级各类档案馆。现实的情况是，我国同级同类档案馆在各自发展过程中虽有一些自己的特色，但更多的是体现出很大的相似性。例如，市级档案馆、区县综合档案馆在馆藏档案的主要来源、成分和管理方法上都具有共性。同系统（如高校系统）内的档案馆也存在类似的共性。同级同类档案馆的相似性，为建立通用的电子文件管理标准模式提供了物质基础。此外，我国档案工作实行的统一领导、分级管理原则，也为建立通用的电子文件管理标准模式提供了便利。统一领导有利于建立通用标准模式工作的组织和协调，分级管理有利于在各个层面实现意见统一。

第二，榜样的力量是巨大的。成功的模式容易得到人们的广泛认可，有可能被模仿和借鉴。这为通用标准模式的推广和应用提供了可能。例如，应用系统，开发商的普遍做法是在某种模板的基础上根据客户的具体需求进行修改。不管开发商面对的是什么样的客户，其所用的模板都一样，只是最后建成的系统有所区别。我们可以将其理解为，其所用的模板是一种通用的标准模式，最后建成的系统是标准模式的具体外在表现形式。也就是说，通用的标准模式被具体应用于电子文件管理实践后，其表现形式可以存在差异。

第二节 电子文件管理软件及其应用

一、电子文件管理软件的开发及其应用案例

随着办公自动化的迅速普及和档案学理论研究的进展,电子文件管理软件也得到了飞速的发展,各个领域的学者、开发人员等,都在进行着孜孜不倦地探索。

(一)单机版档案管理软件阶段

20 世纪 80~90 年代,当微型计算机在我国开始普及时,已经有一些单位敏锐地意识到利用计算机来管理档案要比手工管理档案方便,于是开始了使用档案管理软件来代替手工管理的道路。从软件的开发形式上,由于其功能要求比较单一,一般都由各单位懂计算机的人员,或由本单位的技术部门自行开发,所用的开发程序一般都为 FoxBASE 或 FoxPro,程序相对简单,一个单位开发成功后,往往也会推广到同系统的其他单位使用。20 世纪 90 年代之后,开始有一些软件公司进入档案管理软件领域,开发了一些商品化的软件,但档案管理软件自行开发是这个时期的主要特点。

总体上,这一时期的档案管理软件有如下特点。

第一,由于计算机网络还没有普及,所以这个时期的软件普遍为单机版的软件,数据库和软件都运行在同一台计算机上。

第二,运行平台单一,支持的数据库种类少。这个时期的软件,开发工具多为 FoxBASE 或 FoxPro,运行在 DOS 或 Windows 操作系统下,不能随意挂接多种数据库,数据库的性能也较为低下,检索速度慢,数据库稳定性差。

第三,功能比较简单。这个时期的档案管理软件,基本功能有数据录入、检索、目录、统计报表打印、统计等,起辅助管理的作用,在数据库中主要存储档案案卷或文件的著录信息,并不存储它的电子版或扫描版。

第四,软件的通用性比较差。这个时期,相关的档案管理标准还不健全,各开发单位自行定义数据结构,致使软件只能用于开发单位或某一类单位,不能针对不同类型的档案、不同的管理模式进行变化。

(二)网络版管理软件阶段

在 20 世纪 90 年代中后期,随着计算机的迅速普及和应用,档案界已经普遍认识到档案管理必须依托计算机来进行信息化管理。信息化管理的程度,成为衡量一个档案馆(室)工作水平的重要指标。在国家档案局的有关档案馆(室)达标升级的指标中,将录入计算机的目录数占全馆档案的百分比列为一个重要的考核

指标，于是各个档案馆（室）纷纷采购硬件设备，购买档案管理软件，档案管理软件的需求量大增。

这个时期，以前以个人或部门进行开发档案管理软件的弊病暴露出来。个人或部门开发缺乏必要的动力和长效机制，使档案管理软件的后期升级、维护困难，自行开发的软件不能很好地成长，因此商业软件公司开发的档案管理软件受到人们的欢迎，因为在购买这些软件时，软件公司也会提供相应的服务和以后的升级。档案管理软件的市场需求量很大，涌现出一大批开发档案管理软件的公司，如津科、世纪科怡、泰坦等，形成竞争的局面。

随着档案管理软件的增多，如何选择规范、评测档案管理软件，成为人们关注的问题。国家档案局开始对国内档案管理软件进行测评和筛选工作，重新筛选了一些软件在全国范围内推广，对档案管理软件的功能进行规范。

总体来看，这一时期的档案管理软件有如下特征。

第一，商业公司开发的档案管理软件占据了主流市场。其所用的开发工具由过去的 Visual FoxPro 逐渐变为 PowerBuilder 等专业数据库开发工具。

第二，所开发的档案管理软件，基本可使用 MS SQL server、Oracle、IBM DB2、Scbase 等不同的网络数据库，档案管理软件的安全性、稳定性大大提高。

第三，除在以前的单机版软件外，广泛出现了网络版软件，以 C/S 为主、B/S 为辅的模式，成为大多数档案管理软件的形式。

第四，这一时期的档案管理软件，比前一时期的档案管理软件在管理功能上也增强了许多。适用性增强，许多软件可以适用于文书、基建、会计等不同种类的档案的管理；可以进行全宗、案卷、文件不同级别的档案管理，对档案进行著录、标引、检索、编研、目录打印等日常管理工作；可以进行部门、类别的设置；可以针对不同用户设置不同访问权限；可以进行数据的备份、导出、导入等工作。但基本上还是进行的对以纸张为载体的档案的管理，没有涉及电子文件。

（三）电子文件管理系统阶段

21世纪初，随着网络技术的迅猛发展，人们的工作方式发生了巨大变化，以前人们工作的副产品——文件不再以纸张形式形成，而是在网络环境中直接生成电子文件。为了更好地保证电子文件的真实性、完整性，档案界提出了前端控制的思想，即将过去在归档时才进行的著录工作，要求前置到文件形成时。同时要求能在档案管理软件中完成档案的归档、著录、检索、存储、发布、利用等一系列工作，而以前的档案管理软件显然不能满足这些要求，因此人们将档案管理软件做一个划分，将以纸张为主体的管理软件称为计算机档案辅助管理软件，以电子文件为主要管理对象的称为电子文件管理系统。

电子文件管理系统和计算机档案辅助管理软件有很大的区别：以前只著录文件级或案卷级的目录信息，通过目录信息便于人们查找到纸质档案；而现在，电子文件管理系统在其内部不仅要保存这些目录信息，更重要的是，还直接保存电子文件本身，这些电子文件是人们有可能直接在网络环境中形成的，有文本文件、图形文件、图像文件、音频文件、视频文件等多种类型，也有可能是将纸质文件经过扫描进入系统中转化形成的电子文件；电子文件管理系统不仅要存储电子文件本身，还要保存电子文件在其生命周期中形成的背景信息，这些背景信息即元数据，对检索、管理、维护电子文件起到了非常重要的作用；电子文件管理系统不仅要处理电子文件管理系统内部的数据，还要与各个其他的信息系统进行信息的交流、交换，甚至要嵌入这些系统中，和这些系统集体在一起，通过工作流、自动捕获、代理机制等技术，实现前端控制，实现真正的文档一体化。

因此，国内的档案管理软件公司在21世纪初，在原有的档案管理软件基础上进一步发展，以适应电子文件管理的需要，现在已经有一些软件公司开发出具有新特点的软件。

考察这些软件，发现它们有如下特点。

第一，选择具有跨平台性的开发工具进行开发。要实现电子文件管理系统在不同的操作系统上运行，必须选择恰当的开发工具。

第二，多种技术的集成。包括全文检索、OCR以及流媒体服务等方式。通过集成，可以实现对档案内容的高效检索、扫描文件信息的自动提取及查询，以及音视频档案的网络点播等功能。

第三，密切关注各个分散业务的关联性，通过建立以工作流技术为核心的业务流驱动机制，结合便利的短信功能和审批流功能，实现各个业务环节的平滑流转和相互驱动处理。系统支持对各类文件信息的归档整理，这些信息包括公文、从OA和PDM等业务系统采集的预归档信息等。

第四，强大的自定义功能。由于各个单位的管理模式不同，为适应不同单位对不同类型档案的管理，往往采用模板自定义技术来增强管理软件的适用性，模板的自定义工作无须编程就可以实现。模板自定义技术给用户提供了广阔的个性空间，用户可以快速地部署适合自身特点的档案系统，并且能够在自身需求、管理模式上发生变化时随需应变。

第五，信息安全是档案信息利用的基础。系统提供权限管理、数据加密、数据备份及恢复、日志管理、访误删除等完整的安全防护体系，确保信息资源能够安全存储并安全访问。

二、我国档案管理软件发展的问题

虽然我国档案管理软件有了很大的发展,但现阶段仍然存在着一系列问题。国内档案界人士认为,"档案管理软件在对传统的纸质档案管理方面,功能成熟成型,而电子文件管理功能则严重欠缺"。造成这种状况的原因,有软件公司的问题,也有档案管理部门的问题,还有档案管理软件用户的问题,必须根据不同情况,采取相应措施加以解决。

(一)"信息孤岛"问题

各个软件公司开发的档案管理软件,缺乏相应标准的指导,数据库格式、元数据标准等都不统一,各个档案管理软件之间,不同系统之间,不能实现数据的共享和互访,成为"信息孤岛"。针对此问题,一方面国家档案主管部门应加快相关标准和规范的制定,尽快统一数据库格式和无数据标准,促进各个档案管理系统之间进行信息的共享和交流;另一方面,也有人指出,软件公司可以尽可能开发基于跨平台的电子文件管理系统来解决"信息孤岛"问题。

(二)开发成本巨大问题

在电子文件管理时代,不同单位的业务模式往往不一样,要实现对电子文件的全程管理,不同单位也往往有不同的需求,有的单位要求进行嵌入式开发,有的单位则希望全面整合,因此在第二个阶段的那种批量化的、通用的档案管理软件越来越不适用。各个单位在实施时必须进行定制开发,而定制开发带来的问题是开发成本过大,不能广泛推广。因此,档案管理软件公司需要进一步细分市场,根据不同的用户,开发出不同的模块,根据用户的需要,进行模块化组合,降低成本,获取订单。

(三)软件复杂、用户难以掌握问题

随着需求的增多,档案管理软件也越来越复杂,功能强大的同时,往往造成操作上的困难,因为再强大的软件也需要具体的人员去操作完成。因此,需要软件公司进一步在流程和界面设计方面下功夫,分解流程,简化操作,使软件易于掌握。另外,软件公司也要加强对软件用户的培训和服务,使软件的功能得到最大限度的发挥。

总之,档案管理软件显然是档案信息化管理的核心,它的人性化、易用性、功能的强弱、成本的高低都影响了我国档案信息化的水平。虽然现阶段我国档案管理软件中存在着一系列的问题,但是随着国家电子政务的实施,随着国家信息化的发展,档案管理软件中存在的这些问题终将得到解决。所以希望国家档案主管部门能够站在全局的高度,大力扶持档案管理软件的开发,发展不同层次、能

满足不同档案管理需求、具有广泛适应性的档案管理软件，推动我国档案信息化的进程。

第七章　大数据时代档案管理技术

第一节　计算机与多媒体档案管理技术

一、计算机档案管理技术

计算机技术从20世纪70年代末期开始引进到我国的档案部门。从20世纪70年代末至今，我国计算机档案管理经历了调查论证、初步实验、技术攻关、推广应用、网络化管理、数字档案馆等阶段，在档案信息处理领域逐步得到普及，并在辅助档案实体管理的业务工作中也发挥了重要作用。计算机档案管理已经由单机、局域网环境向联机、广域网环境和数字档案馆的方向发展。计算机技术应用于档案管理的主要领域有：档案计算机著录和自动标引、计算机档案编目和检索、计算机辅助立卷、文档管理一体化、档案原文存储与检索、计算机档案业务工作辅助管理、档案资料的自动编辑、档案保管环境的自动控制、字迹褪变档案的信息增强和恢复性处理、多媒体档案信息存储和管理、档案管理网络化和信息化等。

（一）计算机档案著录和自动标引

1.计算机档案著录

计算机档案著录就是由计算机辅助人工来完成对反映档案文件外部和内部特征的各种信息，包括文件编号、档号、题名、责任者、分类号、主题词、密级、保管期限、规格地采集和编排，使之有序化地过程。

（1）计算机档案著录的一般流程

①档案信息的采集

档案信息的采集是指对将要著录的档案收集其手工著录卡片、案卷目录或文件目录、档案原件等相关的原始材料,为档案信息著录做好准备。

②档案目录数据库的建立和项目设置

具体包括:建立档案目录数据库、设置档案著录项目、定义项目类型和长度等。目前,很多文档管理软件已经设置好了文书档案数据库著录项目格式,向用户提供其他种类档案(如会计档案等)数据库的建立、著录项目的增、删、改功能。档案部门应按照《档案著录规则》和《中国档案机读目录标准》的要求,并结合本单位档案工作的具体情况设置著录项目、定义项目类型和长度。

③数据输入与保存

数据输入是指将手工著录卡片、案卷目录、文件目录、档案原件等按照数据库设置的项目格式输入计算机的过程。

(2)著录项目

档案计算机著录项目必须按照《档案著录规则》和《中国档案机读目录格式》的要求来设置。例如,在文件级档案目录著录中,必须著录的项目包括:档案馆代码、全宗号、年度、件号(馆编)、正题名、并列题名、责任者、文件形成时间,选择著录项目有:件号(室编)、组织机构、问题、附件、稿本、密级、保管期限、文件编号、分类号、关键词(主题词)、载体类型、数量和规格、附注等。

2.档案自动标引

档案自动标引,是指采用计算机技术自动对档案文件(案卷)的题名、摘要或正文进行扫描和词频统计,直接抽取关键词或对照机内主题词表和分类表将抽取的关键词规范成主题词或分类号的过程。从标引的深度来看,档案自动标引有全文主题标引和题名主题标引;从标引技术的应用来看,包括抽词标引和赋词标引;从选用的标引词来看,包括关键词标引和主题词标引。由于受到汉字输入、存储容量及软件技术的限制,目前档案部门大多采用题名关键词自动标引,有的单位已经开始了全文主题自动标引和全文自动标引系统的研制工作。

(二)计算机档案编目和检索

计算机档案编目是在对档案机读目录进行处理的基础上,利用计算机的检索、排序和打印技术,将计算机内的档案目录信息按照一定的规则体系集合排列,自动编辑和打印各种档案目录的过程。

1.计算机档案编目的基本功能

①自动提供档案标准目录格式的编目,如案卷目录、卷内目录、全引目录、归档文件目录等的编辑和打印。②自动提供各种档案自由目录格式的编目,如专题目录、分类目录、科技档案目录、人事档案目录等的编辑和打印。

2.计算机档案编目的过程

①按照用户的需求，在档案目录数据库中检索、收集相关的目录信息，保存在一个临时的数据区域里。②对临时区域里的档案目录信息按用户的要求进行排序处理。既可以按照单一条件排序，也可以按照两个以上的组合条件进行排序，前者如"卷内目录"编目按照"文号"进行排序，后者如"革命历史档案目录"编目就可以按照"时间"和"档号"两个条件组合来排序。③输出不同格式的目录。包括标准格式输出、自动生成格式输出、输出到文件再排版输出等方式。

3.计算机档案编目的输出版式

档案计算机编目的输出版式主要有簿册式和卡片式两种。簿册式目录又称书本式目录，是以表册的形式，将案卷或文件目录的条目按一定的规则编排，打印在纸上，形成目录簿册。簿册式目录的编辑须遵循档案工作国家标准《文书档案案卷格式》和行业标准《归档文件整理规则》有关规定。卡片式是将一个案卷或一份文件的目录信息按一定的规则编排，打印在纸上，形成卡片式目录。

4.计算机档案检索

计算机档案检索，是指利用计算机及网络和配套设备，根据利用者的要求，制定相应的检索策略，从计算机档案数据库中获得所需档案信息的过程。

计算机档案检索从不同的角度划分，具有不同的类型。例如：按档案数据库的性质，分为目录型、事实与数值型和全文型检索；按计算机处理方式，可分为脱机检索和联机检索；按检索服务的方式，可分为定题检索和追溯检索；按检索语言，可分为受控语言检索和自然语言检索。

（三）计算机辅助立卷

计算机辅助立卷，是指文件的归档立卷参数自动进行立卷。主要步骤有：①设置案卷的有关参数，包括：案卷题名、案卷日期、案卷密级、保管期限、案卷主题词（分类号）等。②进行逻辑组卷。一般有两种逻辑组卷方式：自动组卷方式和手工组卷方式。自动组卷时，用户可输入相关组卷条件，如档案类型、时间、保管期限、密级、主题词（分类号）等，由计算机自动将符合条件的文件添加到卷内，还可对自动组卷的结果进行处理，包括移出、添加文件，按某一特征对卷内文件进行排序等。手工组卷是指不通过系统批量组卷，而是利用键盘或鼠标"手工"拖动文件到指定案卷内，从而实现灵活组卷。③案卷编辑。包括编辑案卷题名、生成卷内目录、编制案卷备考表等。④打印输出。根据国家有关案卷格式和规格的规定，打印输出案卷封面、生成案卷目录、编制案卷备考表等。⑤物理组卷归档。物理组卷归档以逻辑组卷为基础。具体有以下几种情况：完全按照逻辑组卷结果进行物理组卷；借助逻辑组卷简化立卷工作，物理组卷与逻辑组卷结果不完全一致，如一个逻辑卷可以对应多个物理卷，或者几个逻辑卷构成一个物理卷；按照大流水号对归档文件进行排列，不进行物理组卷而实行逻辑组卷，在逻辑组卷的基础上进行档案检索。

（四）档案业务工作计算机辅助管理

档案业务工作计算机辅助管理，是指利用计算机技术对档案的收集、整理、鉴定、保管、利用（借阅）、统计等档案业务工作进行辅助管理。如档案自动借阅管理包括：利用计算机系统进行借阅登记、归还登记、提供借阅预约登记、打印催还通知单等，提供档案库存、借出、归还等信息。档案自动统计可以对馆藏档案数量、利用情况等进行数据统计和分析。

（五）档案保管环境的自动控制与档案信息增强、恢复

档案保管环境的自动控制，是指利用计算机技术对档案保管环境的温度、湿度、防火、防盗等进行自动监测和管理。此外，可通过计算机图形处理技术对发生字迹褪色、字迹扩散和污染覆盖的档案进行信息增强和修复性处理。

二、多媒体档案管理技术

多媒体技术是指利用计算机对文本、数字、图形、图像、声音等不同媒体的信息进行综合集成管理的技术，即通过计算机将多种媒体信息进行综合，使它们之间建立起逻辑连接，并对它们进行采样量化、编码压缩、编辑修改、存储传输和重建显示等处理。多媒体技术的研究领域非常广阔，涉及计算机硬件、软件、计算机网络、人工智能、数字出版等，其产业涉及电子工业、计算机工业、大众传播和通信业等多项产业。

（一）多媒体技术的特点

1. 多样化

媒体的多样化和媒体处理方式的多样化。

2. 集成性

在数字化处理的基础上，对各种媒体信息的集成管理。

3. 交互性

与传统媒体信息传递的单向性和用户接受的被动性不同，多媒体系统与用户之间具有良好的交互性。用户通过与系统的交互和沟通，能有效地进行学习和思考，进行系统的信息查询和统计，增进知识和解决问题。

4. 实时性

用户与多媒体信息检索系统之间的交互可以实时进行，能够及时更改查询条件，调整检索策略，提高信息检索的效率。多媒体技术的主要内容有：多媒体数据压缩和图像处理；音频信息处理；多媒体数据库及基于内容的检索；多媒体著

作工具，包括多媒体同步、超媒体和超文本等；多媒体通信与分布式多媒体，包括 CSCW（Computer Support Cooperative Work）、会议系统、VOD（Video on Demand）和系统设计等。

（二）与多媒体技术有关的关键技术

1. 数字信息处理技术

包括模拟信号与数字信号的相互转换，文本、数值、图像、音频、视频的编码和解码技术。

2. 数据压缩和编码技术

数据压缩是通过数学运算将原来较大的文件变为较小文件的数字处理技术，它实际上是一种编码，即对数据表达式的一种压缩式编码。数据压缩的基本特征就是把某些表达式中的字符串（如 ASCII）转化成包含相同信息但长度尽量短的一个新串，其目的是减少数据的冗余度，提高数据密度的有效性。图像、视频、音频等媒体信息量巨大，必须通过压缩和编码才能方便传输和存储，如在遥感技术中，各种航天探测器采用压缩和编码技术，将获取的大量信息送回地面。与数据压缩和编码相关的国际标准有静态图像压缩标准 JPEG（Joint Photographic Experts Group）标准和动态图像压缩标准 MPEG（Moving Picture Experts Group）标准。

3. 媒体同步技术

媒体同步技术是指协调媒体流的实时演示以及维持媒体间时序关系的技术。同步（Synchronization）一般指多媒体系统中媒体对象间的时间关系，广义上则包括内容、空间和时间关系。时间关系是指媒体对象出现的时序关系，在此，应考虑媒体对象间通过消息传递或状态访问产生进一步动作的"制约关系"，以及多媒体演示过程中"用户交互"对媒体对象活动的影响。

媒体对象包括时间相关的媒体（如音频、视频、动画）和时间无关的媒体（如文本、图形、图像）。媒体对象间的同步由时间相关的媒体对象和时间无关的媒体对象之间的关系组成。如电视中视觉信息和听觉信息间的同步，属于连续媒体间的同步；幻灯演示中画面显示与音频流之间的同步，则属于时间相关的媒体和时间无关的媒体之间的同步。

4. 多媒体数据库技术

传统的数据库管理系统主要适应于格式化和结构化的数据，而文本、图像、语音、动画、视频等都是非结构化的数据，而多媒体数据库管理系统需要解决对非结构化数据的集成管理问题和交互性问题。

5. 多媒体网络技术

多媒体技术与网络技术、多媒体通信技术的结合使多媒体信息服务和应用拥有了广阔的发展前景。多媒体网络技术和服务的主要领域包括：多媒体远程会议、超高分辨率图像系统、VOD（视频点播）系统、数字图书馆等。

（三）多媒体技术在档案信息存储与检索中的应用

档案材料中既有大量的纸质文件，还有大量的照片、录音、录像和工程图纸。随着多媒体计算机技术的发展与成熟，计算机档案管理可由对档案目录信息的管理深入到对图、文、声、像等一次档案文献的直接管理，使用户获取生动、直观、全面的多种媒体的档案信息。利用多媒体技术，将本地区、本部门举行的重大活动及召开的重要会议的实况录像、录音等存储在多媒体数据库中，可随时调用查阅。而且，对于利用者而言，档案由枯燥的文字形式变成了集声频、视频和动画于一体的立体信息，可提高档案的利用率。另外，多媒体档案信息查询可避免利用者查阅整本案卷时翻阅其他文件的可能性，减少了对档案原件的磨损，并能够起到一定的保密作用。

多媒体档案管理系统的功能主要包括：

1.档案全文影像扫描、存储和检索

利用数字扫描技术将档案原文输入到计算机，进行全文检索。

2.照片档案的数字扫描、存储和检索

采用扫描仪对照片档案进行扫描，形成数字文件保存在硬盘或光盘上，利用多媒体档案管理软件，提供数字照片的浏览检索、打印输出等功能。

3.录音档案的数字化处理、存储和利用

计算机通过声卡对播放的录音进行采集和压缩处理，存储在光盘上，实现录音档案的数字化。利用多媒体档案管理软件对声音文件进行管理、检索和利用。

4.录像档案的数字转换、存储和利用

利用视频采集压缩卡由计算机连续捕获播放的录像档案信息，并转换、压缩成录像数字文件存储在光盘上。利用多媒体档案管理软件进行管理、检索和利用。

第二节　档案管理网络化技术

一、计算机网络概述

网络技术是计算机技术和通信技术高度发展、密切结合的产物，计算机网络是将不同地理位置具有独立功能的多台计算机终端及其附属设备，用通信线路连接起来，并配备相应的网络软件而组成的计算机系统的集合。

（一）网络的组成、结构

1.网络的组成

计算机网络由数据传输系统和数据处理系统组成。数据传输系统又叫通信子系统，包括通信传输线路、设备、通信传输规程、协议及通信软件等，其任务是进行数据传输、交换和通信处理等。数据传输系统包括计算机、大容量存储器、数据库、各种输入输出装置及软件等，其任务是进行数据输入、存储、加工处理和输出等。

2.网络的结构

网络的结构主要有如下几种基本形式：

（1）总线形

各节点设备与一根总线相连。这种结构的网络可靠性高，单个节点出故障时，对整个系统影响不大。另外，节点设备的插入或拆卸十分方便。

（2）环形

这种结构采用点对点式通信，将各节点连接成环状。网络中各主计算机地位相等，通信线路和设备比较节省，网络管理软件比较简单，但网络的吞吐能力差，只适于在较小范围内应用。

（3）星形

每个节点通过连接线与中央节点相连。中央节点是控制中心，相邻节点之间的通信要通过中央节点。这种结构的网络比较经济，但可靠性较差，若中央节点出故障，整个网络将瘫痪。

（4）树形

各个节点按层次展开，由各级主计算机分散控制，各主计算机都能独立处理业务，但最高层次的主计算机有统管整个网络的能力。这种结构的网络通信线路连接比较简单，网络管理软件也不复杂，维护方便，但各个节点之间很少有信息流通，资源共享能力较差。

（5）网状形

各节点通过通信线路连接成不规则的形状，网络中没有统管整个网络的主节点，通信控制功能分散在各个节点中，具有较高的可靠性，某一个节点发生故障不会影响到整个网络。这种结构资源共享方便，但网络管理软件比较复杂。

大型计算机网络系统结构更为复杂，往往是上述几种基本结构中某几种的结合。

（二）网络的类型

1.按网络结构，分为集中式网络和分布式网络

集中式网络是由中央主机统一控制整个网络的一种网络形式。它的优点是：网络资源、人员和设备可以集中管理、使用，比较经济。但如果中央主机或通信线路出现故障，整个网络的功能都会受到影响，网络的可靠性不高。

分布式网络没有统管整个网络的中央主机，而由各个节点分散控制。资源共享能力强，网络可靠性高。但网络控制软件复杂，网络的协调性较差。

2. 按网络连接区域范围，分为广域网、局域网和城域网

广域网（Wide Area Network，简称WAN），在地理覆盖范围上很广，通常覆盖一个国家或洲，甚至是全球范围，如Internet网络。主机通过通信子网连接。子网的功能是把消息从一台主机传到另一台主机，就好像电话系统把声音从讲话方传到接收方。

局域网（Local Area Network，简称LAN），是在一个局部的地理范围内（如一个学校、工厂和机关内），将各种计算机、外部设备和数据库等互相连接起来组成的计算机网络。它可以通过数据通信网或专用数据电路，与远方的局域网、数据库或处理中心相连接，构成一个大范围的信息处理系统。局域网常被用于连接机关内部各个部门、公司办公室或工厂里的个人计算机和工作站，以便共享资源（如打印机）和交换信息。

城域网（Metropolitan Area Network，简称MAN），是一种大型的LAN，与LAN技术相似。它是在一个城市范围内建立的计算机通信网，或者在物理上使用城市基础电信设施（如地下光缆系统）的网络。

3. 按所用的通信线路，分为专用网络和公用网络

专用网络是专门建立的通信网络，通信线路由网络成员拥有。这种网络规模不大，建设耗资巨大。公用网络是借助公用通信线路建立的网络，如借用电话网、卫星通信等。这种网络的建设成本低，可进行远距离传输，但其建设速度和应用范围依赖于国家通信设施的完善和通信技术的发展。

（三）网络的作用

1. 便于信息资源交换和共享

计算机网络中各个节点之间可以很方便地互相通信，用户可以分享网络中的硬件、软件和数据资源，可以避免重复劳动，加快系统开发和应用的进程，大大提高系统的总体效益。

2. 可以充分发挥计算机的功能，均衡计算机的负荷，提高工作效益

计算机网络能使联网的计算机平均分配负荷，网络中的设备可以相互替代，使得系统的可靠性及其效率大大提高。

3. 计算机网络为用户创造了一个更方便的使用环境，能满足用户的多方需求

用户通过计算机终端与多台计算机联系，可利用网络中存储的各种信息，方便、迅速地获取自己所需要的信息。用户还可以上传信息，实现与其他网络用户的信息交互。

二、档案管理网络化

档案管理网络化是网络技术应用于档案管理系统的结果，也是适应社会信息化发展的必然趋势。档案管理网络化的基本前提是档案管理的计算机化以及档案资源的数字化。档案管理网络是由多个计算机档案管理系统通过通信线路连接起来的复合系统。各个大型档案机构的计算机成为网络中的节点，每个节点连接许多终端，各个节点通过通信线路连接起来，形成了一个纵横交错的档案管理网络系统。

档案管理网络化的基本目的是实现档案信息资源共享，打破单个计算机档案管理系统传递速度和存储空间的限制，使用户能够远程存取所需的档案信息。

档案管理网络化是推动档案事业信息化发展的重要基础，档案事业信息化的水平依赖于档案管理网络化的广度、深度和发展水平。《全国档案信息化建设实施纲要》明确规定：适应国家信息化建设和档案事业发展的要求，把档案信息化纳入国家信息化建设的总格局，以档案网络建设为基础，以档案信息资源建设为核心，以扩大档案信息资源开发利用为目标，加快推进档案资源数字化、信息管理标准化、信息服务网络化的进程，促进档案事业持续快速健康发展，为改革开放和现代化建设服务。

（一）档案管理网络化的条件

1.资金与设备条件

档案管理网络化建设需要投入大量的资金和设备，这是首要条件。我国经济发达地区，如珠三角、长三角、环渤海湾等地区的档案事业发展有扎实的地方经济实力作为后盾，档案工作的现代化程度较高，档案管理计算机化、网络化和信息化水平领先于全国其他地区。而我国中、西部地区的地方财力十分有限，制约了当地档案管理网络化的发展。因此，档案部门除了争取各级政府的支持以外，还需要广开渠道，争取社会各界的支持、企业投资和私人捐资等。

2.技术与人员条件

档案部门需要引进国内外先进的技术，培养既通晓档案业务又掌握现代技术的专业人才。目前我国在进行档案管理网络建设，推进档案事业信息化发展的过程中，应对现代信息技术和人才的引进持积极、开放的态度，并善于借鉴图书情报部门网络化建设的成熟技术和成功的经验，培养、吸引具有创新意识、具备现代技术技能和复合知识背景的现代档案管理人才。

3.通信网络和电子政务网的支持

我国通信网络发展迅速，信息网络实现了跨越式发展，成为支撑经济社会发展重要的基础设施。我国基础信息网络和重要信息系统数量明显激增，公共电信网、广电传输网、互联网等基础信息网络和银行、民航、税务、海关、证券、电力等关系国计民生的重要信息系统建设规模和管理水平进一步提高。我国广电传输网建成由无线覆盖网、卫星传输网、微波传输网、光缆干线网、有线接入网和互联网组成的广播电视传输信息网络，成为世界上覆盖人口最多的广播电视信息网络。当前，我国档案网络建设已纳入政府电子政务网建设体系之中，其性能和服务的改进和完善有赖于电子政务网络系统的发展和完善。

我国通信网络的高速发展、上网人数的激增、电子政务网络建设为档案管理网络化提供了充分的通信网络条件，奠定了档案网络服务和利用基础。

4.标准化与各个部门之间的协作

档案管理网络化的实现必须以标准化为保障。要使各个独立的档案管理系统通过通信网络连接起来，必须首先实现机读数据记录、软件设计以及各种硬件设备的标准化，标准化是网络资源共享的基础。

此外，各个部门之间的协作也很重要。合作者之间一致同意并遵守的约定和协议是网络建设的前提。档案管理网络建设中的合作包括地区性、行业性等各个领域的协作，须有高效的管理手段和协调手段才能取得令人满意的效果。

（二）网络档案管理信息系统的运行模式

1.Client/Server（客户机/服务器）运行模式

Client/Server模式（C/S模式）即客户机/服务器模式是20世纪90年代初期继终端/主机运行模式之后出现的一种普遍应用的网络应用系统结构。该模式克服了原来只有主机执行操作、计算和存储数据的数据集中管理方式所带来的弊端，使客户机能承担一部分计算和操作功能，大大减轻了服务器的运行负荷，具有分布式系统分担负荷的优越性，结构简单，对外部网络不具有依赖性，主要用于机构内部局域网。

C/S模式的工作原理是：将应用系统的任务进行分解，服务器（后台）负责数据管理和处理，客户端（前台）完成档案管理业务处理和与用户的交互。在运行过程中，客户端向服务器发出请求，服务器将数据进行处理后传回客户端。该模式的缺陷是在处理复杂任务时客户端的负荷较重，使用单一服务器且以局域网为中心，软硬件组合及集成能力有限。

2.Browser/Server（浏览器/服务器）运行模式

Browser/Sever模式（B/S模式）即浏览器/服务器运行模式是基于Web的运行模式。该模式是在TCP/IP协议支持下，以H7rrP为传输协议，客户端通过Browser（浏览器）访问Web服务器以及与之相连的后台数据库的技术结构和运行模式。

B/S模式由浏览器、Web服务器、应用服务器和数据库服务器构成，其工作原理是：客户端浏览器通过URL访问Web服务器，Web服务器请求数据库服务器，并将获得的结果以HTML的形式返回客户端浏览器。

B/S模式的优点是：①简化了客户端，只需要装上操作系统、网络协议软件以及浏览器即可。②服务器集中了所有的应用逻辑，减轻了系统维护与升级的成本与工作量。③系统的可操作性增强，同时减轻了系统的培训任务。④提高了系统数据的安全性。所有用户只对应用服务器进行直接访问，减少了数据库登录点的数目。⑤具有广泛的信息发布能力。

3.结合C/S和B/S两种模式的网络档案管理信息系统结构

如上所述，C/S和B/S各有其优点和缺陷，为了保证档案部门内部局域网的安全，提高档案部门接收外部数据和向外传送数据的效率，可结合使用C/S和B/S两种模式，扬长避短。档案机构内部局域网可采用C/S模式，连接档案馆的各个科室，实现硬件和软件资源共享，提高工作效率。档案机构接收外部数据和发布数据，提供远程档案信息检索，则适合采用B/S模式。

（三）档案部门内部局域网

随着计算机技术、网络技术的发展和普及，20世纪90年代中后期以来，我国档案部门逐步建立了局域网，实现了机构内部硬件资源和软件资源的共享，以及档案信息的综合管理和利用。

1.档案部门内部局域网的模式

档案馆内部局域网连接档案馆的各个科室，实现办公自动化和文档一体化，提供计算机档案检索服务，实现档案借阅管理和库房管理的自动化，提高档案工作的效率。

对于企事业单位的档案管理而言，一般通过局域网使档案管理系统与本单位的其他信息管理系统进行连接，实现企事业单位的档案与其他各类信息资源的综合管理。这种模式可称为集成管理模式，即将档案管理系统纳入企事业单位的信息管理系统中去。根据集成的方式不同，可分为横向集成和纵向集成两种方式。

横向集成，是将属于同一组织级别的若干个部门的数据进行集成，实现数据共享和综合管理。如将档案管理系统集成到企业管理信息系统（MIS）和办公自动化系统（OAS）。纵向集成，是将属于不同组织级别的档案数据进行集成，实现综合管理。如建立档案目录中心或信息中心。档案目录中心就是以国家综合档案馆馆藏档案目录为主体，将本地区、本系统各级各类档案部门所形成的档案目录，按照统一的著录格式和数据规范进行集中并形成统一的目录检索体系，利用局域网或广域网进行查询。建设目录中心的目的是将分散保存的档案目录进行联网，供用户了解其所在位置，便于提供利用，这是档案信息化建设的一项基本任务。信息中心是指在一个企业或事业单位内部，实行图书、情报、资料、档案等文献资源的综合管理，从而实现对各类信息资源综合利用的目的。

2.档案部门局域网的结构及功能

局域网的结构一般以总线形结构为主，因为总线形网络结构连接简单，增加或减少节点方便。

档案管理系统网络版的业务功能包括：①文件流转管理（文件起草、批转、收发文登记等）。②辅助立卷和鉴定。③档案编目和检索。④档案借阅和统计。⑤档案的库房管理。⑥系统管理（用户管理、安全防护、备份与恢复等）。

（四）基于国际互联网的档案信息远程传递和利用

互联网（Internet）是世界上规模最大、用户最多的计算机互联网络，互联网技术的出现和应用深刻地改变了信息产生、传递和利用的方式，推动了整个社会信息化发展的进程。20世纪90年代后期以来，档案部门越来越多地应用互联网技术，建立档案网站，发布档案信息，提供档案信息的远程传递和利用。

1.档案网站的功能及现状

档案网站的出现是互联网时代的产物，它是各级国家档案馆在互联网上发布公开档案信息资源的重要窗口和提供在线服务的综合平台。档案网站建立在馆藏档案数字化、计算机档案管理和档案机构局域网的基础之上，其目的是集成档案信息资源，宣传档案事业，通过互联网向社会提供远程档案信息服务。国家档案局在《全国档案信息化建设实施纲要》《关于加强档案信息资源开发利用意见》等重要文件中都对档案网站的建设提出了明确的要求。根据《全国档案信息化建设实施纲要》的规定，各省、自治区、直辖市档案行政管理部门应建立链接本地区各级各类档案网站的门户网站，积极探索实现馆际互联的路子。在逐步推进地区性馆际互联的基础上，不断促进全国范围内的档案信息资源共享。以国家档案局网站为龙头，逐步与各地档案网站实现链接，最终构建全国档案工作信息网，为全社会提供方便、快捷、优质的档案信息服务。

我国三个中央级档案馆都建立了档案网站。省级档案馆中，除青海省以外，全国32个省、自治区、直辖市和特别行政区都建立了自己的档案网站，此外，大多数地市级档案机构也建立了自己的网站，由此基本形成了全国档案网站结构体系。档案网站的普遍设立，对于档案部门充分利用公共网络向社会提供优质档案信息服务，进行信息交流和资源共享，宣传档案事业，发挥了重要的作用。

我国档案网站从20世纪90年代后期建设之初至今，已经在网站内容的多样性和丰富性、外观、安全性等方面取得了长足的进步。但是，档案网站的信息资源建设和信息服务仍然是薄弱环节，不少档案网站虽然能够提供公开档案的目录检索，但能够提供档案全文检索、事实检索以及多媒体检索服务的网站还较少。此外，档案信息检索界面的人性化设计较为欠缺，系统与用户之间的交互性不足，档案网站的主动服务和个性化服务业务有待开拓。

2.我国档案网站的发展策略

（1）丰富档案网站的信息内容

我国档案网站经过十多年的建设和发展，无论在形式还是在内容上都有了明显的改观。但档案网站的内容仍然比较单一，所能够提供的档案信息有限。对于上网查询的利用者而言，大多数档案网站只能提供馆藏介绍、公开档案的目录信息检索，只有少数网站能够提供全文检索和专题检索。当前，档案网站的最大功能是宣传和报道档案机构以及馆藏档案信息，对于档案利用者来说，通过档案网站远程获取所需要的档案信息，交流、共享档案信息的实质性功用还未实现。

（2）集成档案网站资源

我国各级、各类档案部门和档案机构纷纷建立了自己的档案网站，但网站资源分散，缺乏有效的组织和控制，对于利用者而言，不利于全面、准确、快速地查询和检索所需要的档案信息。因此，集成各级、各类档案网站的资源，针对全国的档案网站建立有效的档案信息检索机制和定位机制，是组织和优化我国档案网站资源，提高档案信息检索效率的有效途径。

（3）加强档案网站的服务性功能

当前，我国档案网站很好地发挥了宣传和报道档案机构的作用，但网站的信息服务意识还比较薄弱。网站的外观设计、栏目设置，以及检索界面、所提供的信息内容等诸多细节都暴露出了这个问题。因此，我国档案网站应该提高档案信息资源服务的功能，改进服务的方式，丰富服务的内容，并结合利用者的特定需求提供个性化的档案信息服务。

（4）建立档案网站与电子政务的密切联系

我国档案网站大多数挂靠于政府网站，与政务活动关系密切。电子政务活动中所形成的电子文件和档案是记录电子政务活动的原始文献，在电子政务信息资源建设和开发利用中发挥着重要作用。档案网站以电子政务网为平台，具有广阔的发展前景，因此，有必要建立起档案网站与电子政务之间的密切联系，使档案网站能够成为展示电子政务活动，进行信息交流和互动的一个平台。

第三节 档案信息存储与数字档案馆技术

一、档案信息存储技术

（一）档案缩微存储技术

档案缩微技术是利用摄影的原理，把档案原件的信息按照缩微摄影记录在感光材料（如缩微胶片）上，形成依靠缩微阅读器等放大设备阅读信息的一种档案复制和信息存储技术。缩微技术的使用，可以大幅度地节省保管空间，节约大量的经费，对于需要长期保存的保单、病历、传票、珍贵手稿、文件、图纸等档案资料，均可使用缩微胶片处理。

1.缩微技术在档案管理中的作用

（1）节省存储空间

缩微品的存储密度大，体积小。利用摄影的方法将原件的缩小影像记录在缩微胶片上，普通缩小比率范围为1/7～1/48，超高缩小比率范围可达1/90～1/250。

（2）具有法律凭证作用

由于缩微模拟影像保真度高，更改困难，许多国家（包括中国）规定，按一定标准拍摄的缩微胶片具有法律凭证作用。

（3）记录效果好，寿命长

与光盘存储技术相比，缩微复制和存储技术更为成熟且稳定性好。缩微品的保存寿命相当长，在适当的保管条件下，缩微胶片可保存近百年甚至更长时间。即使在使用中胶片出现了损伤如划痕、断裂等，也只是损失有限的画幅，大部分信息不受影响。用缩微摄影技术拍摄档案、图书和资料时，可将原件的形状、内容、格式、字体以及图形等原貌忠实地记录在缩微胶片上，形成与原件完全相同的缩小影像。

（4）抢救重要档案，保护档案原件

利用缩微摄影技术方法，将那些年代久远的濒临破损的珍贵档案原件制成缩微品，原样保存其中所记录的信息。以缩微品代替原件提供利用，不仅可以减少对原件的使用和磨损，妥善地保管好原件，而且还可以利用缩微品作为它的副本保存和使用。

（5）开展档案文献的收集和交流

由于种种原因，我国不少档案分散保管在档案馆、图书馆和博物馆等不同的机构，给利用者查档造成了不便。此外，近代以来我国散落或者被掠夺到国外的珍贵历史档案的原件难以收回，而采用缩微摄影技术的方法，可以方便地将散失的档案文献拍摄成缩微品，进行文献信息的收集和交流，可以用缩微品的形式对档案文献进行出版、发行和交换，以便广泛地提供利用。

2.档案缩微品的种类

（1）片式缩微品

片式缩微品可分为条片、封套片、开窗卡片、缩微平片等，宽度有16、35、70、105毫米等几种，标准尺寸有75×125毫米和105×148毫米等。缩微胶片的普通缩小比率范围为1/7～1/48，超高缩小比率范围可达1/90～1/250。

（2）卷式缩微品

卷式缩微品用成卷的胶片连续拍摄而成，可分为盘式、盒式、夹式等几种。每卷胶卷的长度因存储文献资料的数量与篇幅长短而定，适用于复制成套的文献资料，如过期的丛书、多卷书、期刊、报纸及其他连续出版物等，便于长期保存和提供复印件。我国档案部门常用的卷式缩微品为16mm卷片和35mm卷片两种，70mm和105mm的卷片使用较少。16mm卷片一般拍摄幅面较小（A3幅面以下）的档案文献，35mm卷片一般拍摄技术图纸、地图、报纸及幅面较大和影像质量较高的档案文献。

3.数字缩微技术

数字技术与缩微技术的结合使用，使古老的缩微技术在数字时代焕发出新的生命力。缩微品数字化的工作原理是：用数字扫描系统对缩微胶片按一定的标准格式进行扫描，将胶片上的模拟图像转化成数字化的图像文件存储在计算机中，并与原有的档案目录数据库建立关联，实现对缩微档案信息的计算机检索。传统缩微制品是原件的忠实图像，主要适用于具有法律证据和其他需要忠实于原件的缩微制作；数字缩微品则以代码形式来记录信息，可以对已存储的信息进行追加和更改，适用于需要经常变动的文献缩微制品。

利用数字缩微技术对缩微胶片进行数字扫描和处理，为实现档案缩微品的计算机检索和上网提供了便利，可以通过网络远程检索和利用缩微档案信息，极大地提高档案缩微品的利用范围和利用效率。

（二）光盘技术与档案原文存储和检索

光盘是一种海量存储载体，其体积小而信息存储容量极大，为档案原文存储与检索提供了条件。光盘技术在我国得到迅速发展和广泛应用，沈阳档案馆最早开始应用光盘技术进行档案原文存储与检索，至今已经在档案部门得到普遍应用。

1.光盘的性能、种类和结构

光存储技术是一种通过光学方法存储数据的技术，一般情况下使用激光作为光源，所以也可称为激光存储。光盘技术的基本物理原理是：改变一个存储单元的某种性质，其性质的变化反映被存储的数据，识别这种存储单元性质的变化，就可以读出存储的数据。光存储单元的性质（如反射率、反射光极化方向等）可以改变，它们对应于存储二进制数据0、1，光电检测器检测出光强和光极性的变化，从而读出存储在光盘上的数据。由于高能量的激光束可以聚焦成约1um的光斑，因此它比其他存储技术有更高的存储容量。光盘的特点是容量大、寿命长、价格低、携带方便。CD光盘的容量一般为650MB.DVD盘片单面4.7GB（双面8.SGB），蓝光光盘的容量很大，其中HDDVD单面单层15GB、双层30GB；BD单面单层25GB、双面50GB。光盘技术适用于档案文献的原文存储和检索，以及多媒体档案信息系统的开发和利用。

此外，光盘用于档案信息存储和检索系统具有如下优点：可提供相当于联机系统功能的软件，同时，免除联机检索的费用，并避免远距离通信传输可能出现的失误；能够随机存取，检索速度快；可以将文本、图像、声音结合在一起，开发多媒体档案信息数据库；输出质量好，可改善字迹模糊档案文件的可读性。

根据光盘的记录方式，可将光盘分成两类，一类是只读型光盘，用户只能从光盘中读取数据，不能在光盘中写入数据，光盘中的数据是在光盘生产过程中从母盘中复制过来的。这种光盘制造工艺简单、成本低、价格便宜。包括CD-Audio、CD-Video、CD-ROM、DVD-Audio、DVD-Video、DVD-ROM等；另一类是可擦写光盘，可将已写入的信息擦除，重新写入新的信息，并可反复擦写，包括CD-RW、DVD-R、DVD-RW、DVD-RAM、MO、PD等各种类型。根据光盘的结构、材料和制造工序的不同，光盘主要分为CD、DVD、蓝光光盘等几种类型，这几种类型的光盘的主要结构原理是一致的，它们的主要区别在于材料的应用和某些制造工序的差异。

2.光盘原文存储和检索

光盘的海量存储功能，为档案原文存储和检索提供了可能。其原理是，对档案原件进行数字扫描，形成图像文件，存储在计算机硬盘或光盘中，对图像文件进行压缩和管理；利用全文检索技术对档案原文中任何一个字、句、段、章、节进行检索，而且还可以完成档案编目、统计及其他功能。一般情况下，光盘存储的是对档案原文进行扫描处理后形成的图像文件，而数据库管理软件、检索软件、目录信息和其他的辅助文件则存放在计算机中。为了方便光盘的使用，也可以将数据库管理软件、检索软件、辅助文件和图像文件都刻录在一张光盘上，这样就可以利用光盘独立进行检索了。

为了避免检索多张光盘所带来的手工换盘的不便，可使用CD-ROM光盘塔，配备数十个光区，或者使用CD-ROM光盘库，放入数百张光盘，同时检索多张光盘，达到快速检索的效果。光盘塔和光盘库技术可以解决档案全文、照片、录音、录像等多种载体的档案数字化存储、管理和利用的难题，而且通过网络可提供各类档案信息的远程存取。

二、数字档案馆技术

（一）数字档案馆的特征和功能

数字档案馆是一个数字档案信息系统，它通过网络将分散异构的数字化档案信息联结，实现资源共享。

1.数字档案馆的主要特征

（1）信息存储的数字化

数字化档案信息是数字档案馆的资源基础，它有两个来源：一是馆藏档案的数字化，主要体现为将存储于不同载体的模拟档案信息如纸质档案、声像档案信息等通过数字化处理转换成数字形式。二是直接接收归档的电子文件，电子文件是基于网络生成的原生数字信息。将这两个来源的数字化信息进行组织和管理，建立数据库系统。

（2）信息存取的网络化

网络是数字档案馆存在和运行的保障。数字档案馆依附于网络而生存，网络出现故障，数字档案馆的运作就要受到影响。网络将用户端、Web服务器、检索系统、对象数据库等数字档案馆的各个组成部件连接，实现对数字档案信息的网上发布、查询和检索。

（3）信息资源的分布式管理

对各个分布式的数字对象资源进行收集、存储、发布和检索。它要求各个数字档案馆遵循统一的高层协议，对基于不同系统平台和应用软件产生的异构数字档案信息进行整合，建立一个全面的数字资源库，并提供统一的检索入口。

2.数字档案馆的主要业务功能

（1）数字档案信息的收集和存储

通过数字化技术将现有的馆藏数字化，并通过在线和脱机方式接收各个立档单位归档的电子文件及其元数据。在此基础上，将不同格式和类型的数字化档案信息转换成统一格式，进行压缩处理和存储。

（2）数字档案信息的组织和管理

对数字化对象进行标引和著录，建立目录和索引，并对电子文件及元数据进行组织，分解出元数据和对象数据，集成为元数据库和对象数据库。

（3）数字档案信息的发布和查询

提供目录级和文件级查询服务,以及基于内容的多媒体信息检索服务。

(4)数字档案信息的安全和权限管理

由于档案本身的保密性,数字档案馆的安全和权限管理尤为重要。可利用身份认证、数据加密、数字水印、数字签名以及防火墙等技术实现对用户身份的识别及权限控制,以及数字档案馆的安全管理。

数字档案馆是传统档案馆的未来发展趋势,但数字档案馆建设必须以传统档案馆为基础和依托。一方面,传统档案馆的实体馆藏是数字档案馆的资源基础;另一方面,数字档案馆是传统档案馆向网络空间的延伸。传统档案馆的资源在网络环境中可以被更多的人远程获取。此外,数字档案馆是收集和管理电子文件的重要方式。传统档案馆以纸质档案为主要管理对象,它的一套管理机制和方法适用于纸质文件而不适用于电子文件,而数字档案馆则可以实现电子文件的在线归档、组织和利用,完成对电子文件整个生命周期的控制。

(二)数字档案馆关键技术

数字档案馆是以计算机硬、软件技术为基础,以网络通信技术为支撑,并辅以各种高新技术而建立的一种集成信息系统。数字档案馆在信息的收集、存储、组织、管理和利用的过程中,必须借助各种高新技术。具体包括:

1.档案数字化过程中的主要技术

文字图像扫描技术、光学字符识别(OCR)、视音频捕捉、多媒体信息压缩等技术。对于音频、视频以及静态图像、活动影像等多媒体信息必须确定数字化的规范格式。

2.数字档案信息加工、组织和管理过程中的主要技术

应该以标准化方式对数字化资源进行加工和组织。在传统档案著录和标引的基础上,根据规范的元数据标准,抽取相应的元数据,并建立元数据集。在此过程中,需要采用多媒体信息标引技术、信息抽取技术、海量信息存储和组织技术、数据挖掘技术、数据集成技术、超大规模数据库技术等。

3.数字档案信息发布和查询过程中的主要技术

多媒体数据压缩和传输技术、分布式资源与运行管理技术、图像与视频数据检索技术、基于内容的信息检索技术等。

4.数字档案馆的安全和权限管理中的主要技术

防火墙技术、密钥技术、身份认证技术、数字签名技术、数字水印技术等。

需要指出的是,在数字档案馆的建设过程中,对于维护档案信息的真实性、完整性和可靠性,以及保密性方面有着很高的要求。如果档案在数字化和利用过程中丧失了其完整性和可靠性,那么数字档案馆存在的基础将会动摇。这需要在

数字化过程中采用最佳技术尽量减少信息失真,并在信息传输和利用过程中采用各种安全保障技术。

(三) 数字档案馆的发展阶段

数字档案馆建设必须以档案馆业务工作自动化为基础,我国数字档案馆建设一般需要经历以下几个阶段:

第一个阶段:档案馆自动化阶段。实现档案实体管理和档案信息组织的自动化。具体包括:档案登记、借阅、催还以及库房管理等日常业务和实体管理的自动化,以及档案信息的自动分类、自动编目和自动标引,信息检索计算机化,建立内部局域网。

第二个阶段:单个数字档案馆建设阶段。主要包括馆藏数字化、档案网站建设,以及接收电子文件进馆并提供利用等内容。目前中国很多数字档案馆项目正处于这个阶段。而大规模接收电子文件进馆工作还没有真正展开。

第三个阶段:多个数字档案馆互联阶段。实现多个数字档案馆之间的互操作,以各个数字档案馆共同遵循的高层协议为基础,整合各个档案馆的资源并提供统一的检索入口。

我国大部分省级以上的综合档案馆、国家专业系统和大型企业的档案馆,以及有关高校的档案馆已经具有档案自动化的基础,馆藏数字化工作正在持续进行,目录型和全文型数据库也在纷纷建立。

总体上,我国东部发达地区的数字档案馆建设处于第二阶段即单个数字档案馆建设阶段,而中西部地区的数字档案馆建设还处于由第一阶段向第二阶段的过渡期。

第八章 大数据时代的档案管理工作

第一节 大数据环境下的档案信息资源整合

一、档案信息资源及其整合的概念

档案信息资源的概念有狭义和广义之分。狭义的档案信息资源是指来源于档案的，反映事物特征、运动状态、方式及规律的，已经加工处理有序化并大量积累起来的有用的集合。狭义档案信息资源实际上从属于广义的档案信息，包含了档案信息的三个层次。但是狭义档案信息资源并不等同于档案信息，而是具备了创造性、规模性以及开发性三大条件的档案信息。

档案信息资源整合是对各个相对独立的信息系统中的档案信息资源、功能结构及其互动关系进行融合、类聚和重组，使其形成一个新的有机整体，从而提供一个效能更好、效率更高的新的资源系统。

档案信息资源整合，就是在我国档案工作"统一领导、分级管理"体制下，围绕特定的主题，对分散形成的档案进行信息资源集中，以集中反映某一实践领域或对象的基本情况，最终达到档案资源结构合理、配置优化，可以有效地实现信息资源的增值效益工作，能够适应信息全球化，增强区域综合竞争力的社会系统工程。

二、大数据环境下档案信息资源整合的必要性

大数据时代，庞大的纸质档案信息资源和海量的数字档案资源的不断增长，给档案管理部门带来了巨大的挑战。但是，档案馆运用大数据挖掘技术和分析方法，开展档案信息资源整合，挖掘潜藏在档案信息资源中的深层价值，恰好可以

解决这一难题。因此，实现大数据时代背景下海量信息的整合，是档案部门迎接挑战的有效方法。我们将从新时代的发展趋势、提高档案信息资源服务质量的需要和实现档案信息资源数字化这三方面来进行必要性分析。

（一）新时代的发展趋势

随着社会信息化的发展，数字化与网络化建设的不断完善，档案信息资源的记录载体、记录方式、管理方式也随着时代的进步而发生着变化，档案信息资源的管理也应朝着网络化、数字化的方向发展。

随着人类的进步和发展，大数据时代的来临，人们在计算机系统存储的数据信息也越来越多，这些数据是人们工作、生活和生产活动等的原始记录，能够为人们提供重要的利用价值。由此可见，档案信息资源整合将是挖掘档案信息资源潜在信息价值的有效措施，是实现档案信息资源、共享化的必然选择，也是适应社会信息化进程的需要，更是档案事业发展的必然趋势。

除此以外，实现档案信息资源的整合还是解决传统档案资源管理模式带来的弊端的需要。长期以来，档案保管机构各自为政，造成档案资源长期分散，而这种分散性已然不适应大数据时代集中性的需求，于是便产生了对档案信息资源进行整合的诉求。档案信息资源数字化、信息化后，体现的明显特征是相对完整性、集中性，这就出现新的诉求——档案信息资源整合。尤其是现代电子计算机普遍应用，所生成的文件档案信息越来越具有电子特征后，我们进行整合时不得不考虑到未来发展趋势问题。例如，科技部、财政部、农业农村部等有关部门协调成立的国家科技文献资源网络服务系统，教育部主持推进的全国高校信息保障系统，由文化和旅游部、国家图书馆牵头的中国数字图书馆工程以及各地数字档案馆的建设等，这些工程建设是对信息完整性、集中性需求的体现。

（二）提高档案信息资源服务质量的需要

国家档案局按照以人为本的思想，引导全国各级档案部门以民生需求为导向，把涉及人的档案应收尽收，建立面向全民的多元化档案资源体系。

在现代政府以公民需求为导向信息管理的核心下，充分利用信息技术提供高效、高质的档案信息服务，是未来服务发展的方向。在这种背景下，档案馆被推向了信息公开的前台，意味着档案信息资源开发具有了政治合法性和迫切性。社会信息资源整合程度的提高与公众信息意识的觉醒为档案信息资源的整合创造了良好的社会环境与氛围，同时使档案资源的整合成为一种必然趋势。

近年涉及老百姓切身利益的民生档案数量与日俱增，与之相对应的是人民群众利用档案的需求也不断增加，因而迫切需要一种能够集中保管和统一利用的档案管理机制的出现与创新。整合档案信息资源为公众提供了一个双向主动式档案信息服务手段。除此之外，一方面是档案信息资源提供服务的频次、速度、要求越来越高；另一方面是档案信息资源服务的范围、空间、形式越来越广，社会的需求永远是激活档案信息资源整合和开发的力量源泉，推动档案信息资源整合的动力是适应时代发展和档案信息资源服务对象多元化的需要，档案信息资源整合的建设会使档案服务社会的力度、方式、手段实现新跨越。

总之，实现档案信息资源的整合，可以提高人们利用档案信息资源的检索效率，可以改善档案网站、档案馆以及档案室的服务质量。

（三）实现档案信息资源数字化

大数据环境与过往的信息环境最大的区别，不仅是巨量的数据资源的诞生，而且是大数据能够对信息、数据等进行筛查、分析和处理。大数据的处理包括了大数据采集、大数据处理、大数据统计分析与大数据挖掘等方面。大数据具有数据挖掘和分析、内存计算和流处理技术等处理技术。大数据的存储包括分布式文件系统、非关系型数据库（NOSQL）、数据仓库等存储技术。大数据的应用技术包括云计算及其编程模型MapReduce、大数据获取技术、大数据存储技术、大数据分析技术、大数据可视化技术等。

在大数据时代，档案馆既要开展纵向层次的整合，又要开展横向功能的整合。档案馆可以通过综合利用大数据的存储技术、处理技术以及应用技术实现数字化档案信息资源的功能，如实现数字化档案信息资源的交换与共享功能、安全存储功能等。

一方面，云计算技术的具体应用说明大数据技术能够实现档案信息资源的交换功能。例如，档案"云平台"的构建。支撑云、公共云、业务云三个平台共同组成了档案信息资源整合的"云平台"。其中在业务应用层，可以通过大数据的存储处理技术完成档案信息资源的采集、编目、存储等工作。数据整合处理层通过对档案信息资源的分类等工作加工，编研不同的档案成果，形成不同的数据库，如特色档案、现行文件等。

另一方面，大数据技术在档案信息资源共享平台充当着非常重要的角色。通常来说，档案信息资源整合共享平台有着采集功能、审核功能、信息管理功能、信息共享功能、安全保障功能。其中，采集功能主要是负责收集档案信息，既可自动采集，又可人工采集。大数据的获取技术可以通过档案信息资源的数据分析，从而更好地获取可以用的档案信息资源。审核功能主要负责对其质量的监控，通过层层严格地筛选和鉴定，删除不合格的档案信息，动态存储可利用的资源。此外，还可以通过大数据的智能过滤技术提前对档案信息资源进行筛选和加工。

大数据技术可以促进档案信息资源共享功能的实现。公众可以通过档案信息资源整合共享平台，在线访问和查询档案馆藏信息资源，使档案信息资源充分地发挥自身的价值，服务大众。其次，档案信息资源整合共享平台可以打破地域限制以及"信息孤岛化"的状态，促进各大档案馆之间的联系，实现更大范围内的资源共享。

三、大数据环境下档案信息资源整合的SWOT分析

大数据是以容量大、类型多、存取速度快、应用价值高为主要特征的数据集合，正快速发展为对数量巨大、来源分散、格式多样的数据进行采集、存储和关联分析，从中发现新知识、创造新价值、提升新能力的新一代信息技术和服务业态。

随着互联网的普及，计算机信息技术和网络通信技术的飞跃式发展，各种数据和信息呈现出爆发式的增长。事物都有两面性，互联网在给人们带来获取大量文本信息资源快捷方便的同时，也带来了一些难题，如如何快速有效地在海量的信息资源中挖掘出自己所需要的信息资源。总之，大数据时代已经悄然降临，海量信息也给档案部门的档案信息资源整合带来了挑战。因此，档案部门应该实事求是地立足于档案信息资源整合的现状，结合大数据的时代背景，充分应用大数据时代的信息挖掘技术，采取有效的措施实现档案信息资源的整合。

接下来，我们将采用SWOT分析法：S（strengths）是优势；W（weaknesses）是劣势；O（opportunities）是机会；T（threats）是威胁或挑战，对大数据环境下档案信息资源整合的优势、劣势、面临的机遇和挑战进行分析，有利于档案部门在进行信息资源整合时认清形势，扬长避短，抓住机遇，寻找良好的契机，制定符合大数据时代背景的档案信息资源整合措施。

（一）优势分析

在大数据时代，各种数据信息日益膨胀、呈现爆炸式的增长。那么，将各种分散的、独立的信息统一到一起，形成逻辑上统一的整合体，将是目前档案部门存储和利用大数据的最大需求。因此，实现档案信息资源的整合与共享是大数据时代和信息化时代的召唤，得到了国家层面的高度重视。接下来，我们将从国家政策支持、信息挖掘技术进步、数字化现代管理系统的产生三方面来分析大数据时代档案信息资源整合的优势。

1.国家政策的支持

国家档案局对《各级国家档案馆收集档案范围的规定》进行了修改，按照以人为本的思想，引导全国各级档案部门以民生需求为导向，把涉及人的档案应收尽收，建立面向全民的多元化档案资源体系。由此，可以看到国家是支持对档案

信息资源进行整合的。

"十三五"规划期间，国家档案局印发的《全国档案事业发展"十三五"规划纲要》中也制定了相关的政策支持档案信息资源整合的发展。并提出档案资源的发展目标就是实现档案资源多样化。依法管理档案资源，各级国家机关、团体、企事业单位档案实现应归尽归、应收尽收；档案资源更加齐全完整、丰富多元，覆盖人民群众的档案资源体系更加完善。

2. 大数据环境下信息挖掘技术的进步

互联网的发展与普及，各种数据以及信息呈现出爆发式的增长。互联网在给人们获取大量文本信息资源快捷方便的同时，也带来了诸如如何挖掘、筛选自己所需信息的难题，但是大数据时代的信息挖掘技术则刚好可以帮助人们解决这一难题。以"Web"数据挖掘技术为例。

首先，谈一下"Web文本挖掘技术"在档案信息资源整合中的应用。Web是当今互联网上最受欢迎、最为流行的超文本信息系统，不仅能实现各种类型数据的无缝集成，还具有提供图形界面快速检索等功能。因此，我们可以利用web文本挖掘技术的高效率、智能化等优势，结合档案信息资源整合中所面临的多种多样的问题，帮助人们改善检索效果以及服务。

一方面，Web文本挖掘技术可以有效地改善档案信息资源的效果。通过对信息的聚类处理，对使用者的检索历史信息进行分析，对分析结果进行分组，并分别进行标注，可以使提供的检索内容更加精确，在一定程度上优化使用者的检索效果。这样可以提高检索信息的准确度，提升搜索效率，节约检索时间等。另一方面，可以改善服务。比如，档案馆、档案网站等可以通过掌握、分析使用者浏览各类信息资源的频率以及所花费的时间，分析判断出使用者对不同类型信息资源的兴趣度，这有利于升级、完善更加人性化的推荐，定制多样性的服务。

3. 数字化的现代档案管理系统的产生

随着计算机技术、通信技术以及互联网技术的飞速发展，传统的档案管理模式遇到了严峻的挑战。与发达国家相比，我国档案管理现代化建设有一定的滞后性。有关组织部门明确指出要充分利用现代技术改造传统的档案管理方式，加快电子档案建设，完善干部档案管理系统和干部信息管理系统，逐步实现档案管理的数字化。档案数字化必将成为今后档案的主要存在形式。

数字化档案管理是对传统干部人事档案管理工作的一次创新，能够实现对档案和档案材料收集、鉴别、整理、保管、传递、统计、查阅等日常工作的数字化管理，并可通过组织系统专网实现干部档案的网上浏览和远程查阅。这为今后干部任用、干部提拔等工作带来了极大的方便。系统分为日常业务管理、档案数字化采集系统和数字化档案查阅系统三大部分。

（二）机遇分析

只有抓住机遇，才能更好地发展自己。大数据技术的发展为档案信息资源整合提供了一些机遇，抓住这些机遇，有利于档案事业更好地发展。

1. 我国的信息化建设为档案信息资源整合提供了环境支撑

我国在进行信息化建设中不断完善通信网络与计算机系统，这为档案信息资源的整合提供了良好的基础设施条件。首先，我国已经基本形成了一个覆盖全国、通达世界、技术先进、业务多样的国家公用通信网络框架。目前，全国几乎所有的学校、科研部门、政府、企业和家庭都使用上了计算机网络。其次，网络的连通是档案信息资源整合的基本手段和有效途径，网络使数字化档案资源互相联结，社会公众能不受时空条件的约束获取自己所需的档案信息。先进、专业的通信网络的建成为档案信息资源整合提供了许多实践的机会，日渐成熟的因特网技术为实现档案信息资源整合提供了良好的基础设施条件。

"十二五"期间，我国的档案信息化建设已经取得了一些成果，例如档案信息化建设初具规模，初步建成以局域网、政务网、因特网为平台，以档案信息管理系统为支撑，以档案目录中心、基础数据库、档案利用平台、档案网站信息发布为基础的档案信息化体系。

在"十三五"规划中，国家档案局印发的《全国档案事业发展"十三五"规划纲要》中提到要加快档案管理信息化进程。它要求各档案部门、档案网站等主体加快提升电子档案管理水平，积极参与国家政务信息化工程建设，制定相关标准和规范，明确各类办公系统、业务系统产生的电子文件归档范围和电子档案的构成要求；加强对业务系统电子文件归档管理，通过推进电子档案管理促进电子会计政务和电子商务文件归档管理工作。

"十四五"计划的实施，也标志着修订后的《中华人民共和国档案法》正式实施。对做好新时代档案工作提出了总体思路和要求，明确了新时代档案工作四个"好"、两个"服务"的目标任务，把对档案工作重要地位作用的认识提升到前所未有的高度，为档案事业的发展提供了根本遵循。

2. 电子政务建设为档案信息资源整合提供了技术支撑

在我国，档案有着为政治提供服务的职能，因而档案馆、档案室等档案管理部门必须结合国家电子政务建设的大背景开展档案管理工作。因为电子政务建设能够促使政府更加重视档案室、档案馆、档案网站、档案公共服务平台等的建设，给予相应的资金以及技术支持。有了政府资金、技术支持作为后盾，档案信息资源整合工作可以更加顺利开展。

3. 档案部门的数字化建设为档案信息资源整合提供了基础

近年来，社会环境的变革使档案界不得不改善档案信息工作，各地档案部门不同程度地进行了数字化、信息化管理建设，为档案信息资源整合提供了好的开端。档案部门要努力建设并投入使用一批内部局域网，基本实现档案管理现代化和办公自动化，部门、地方自行建立为本部门机关服务的档案目录信息中心，为逐步构建中国档案文献数据库创造条件。档案部门根据电子档案管理的要求，加强对本单位电子文件的管理，保证电子文件真实、完整、有效。此外，北京、上海、江苏、浙江、广东等地选择在国家档案馆开展网络环境下接收电子档案试点工作。北京市近年来制定档案信息资源整合发展规划，实现市区县档案馆之间的联网与开放档案目录；深圳市建立数字档案馆系统，将原有各种载体的档案数字化，对档案文件实施数字化管理。

（三）挑战分析

知己知彼，方能百战不殆。一方面，我们既要抓住机遇，促进档案信息资源整合发展；另一方面，也要了解其面临的挑战和威胁，以制定好相应的解决对策。接下来，我们将从以下几方面进行分析。

1.需要庞大的资金支持

虽然档案管理部门在开展档案信息资源整合工作的时候，得到了政府的财政资金支持，但是这些资金远远不够，档案信息资源整合的后续工作需要更多的资金做支撑。然而，档案部门缺乏其他筹款渠道，因而资金将是大数据环境下档案信息资源整合面临的一大困境。此外，受我国各地区经济发展水平的制约，各区域档案信息资源整合建设的投入、档案数字化、信息化建设等方面都存在着严重的不平衡以及信息不对称等问题。

2.档案信息资源质量的把关

档案信息资源的质量难以控制。就目前的情况来看，我国大部分公共档案馆的馆藏结构单一，政府部门的文书档案占了很大的比例，而其他类型的档案少之又少，特别是某些特色档案更是缺乏，档案信息库的建设要有坚实的资源基础，单调无用的信息根本无法吸引用户的目光，大量的投入只能是一种浪费。因此，要采取多种措施，大力加强档案馆的馆藏建设，丰富自身资源，建设特色档案库已成为当前工作中的重中之重。另外，档案信息资源与其他社会信息资源相比，有着机密性的特点，有一大部分档案因为涉及国家集体的秘密而不能轻易地在网上公布，而必须履行一定的手续，超过一定的时限才可以公之于众，而事实上，等到这些档案过了保密期之后，其所载信息则往往已经过时滞后，无法满足公众的现实需要。除此以外，档案信息资源的质量没有统一而具体的标准。所以，在进行档案信息资源整合的时候，如何收集质量优、价值高的档案资源也将是面临的一大挑战。

3.档案信息资源整合管理体制的建立存在困难

我国现存档案工作实行的分级、分专业管理体制暴露出了许多弊端,已经不适应档案信息资源整合工作的开展,大量档案资源长期散存在各单位,处于非专业管理状况,管理混乱,损失难以想象。有的单位把档案长期堆放在楼层间,虫蛀鼠咬,温湿无常;有的单位将档案堆放在各个办公室,基本无人过问,损毁现象严重。档案管理无序,查找利用困难,更难以服务社会,并存在重复建设的问题,财力、物力浪费严重,同时综合档案馆馆藏结构单一,服务功能弱化,均为档案信息资源整合管理体制建立所面临的困难。

实施档案整合信息资源管理机制不仅是对已有的档案信息资源进行整合,重要的是通过资源整合理顺管理体制和建立新的规范化运行机制,以确保今后不再产生新的档案资源分散问题。建议实行大档案管理体制,确定省、市级综合档案馆的中心地位,并赋予其整合的权利。把现有市县级综合档案馆作为中心基点,才能有效地克服资源分散的问题,打破各自为政的管理模式,提高档案馆的辐射力、影响力、凝聚力。

四、大数据环境下档案信息资源整合的策略

(一)从内容层次开展档案实体整合

档案实体整合是一个个体层次的整合过程,丰富的馆藏是档案信息资源整合的基础。档案实体整合包括综合档案馆自身管理制度、管理程序、馆藏系统信息的整合,还包括县级区域内各种实体信息部门的整合,将区域内各个独立、分散的部门档案资源进行综合整合。

1.现有馆藏整合

档案馆不再仅仅是一个实体保管机构,还是今后实现档案资源共享的主要源头和基地。传统的档案实体一般以案卷形式保管在库房,档案馆应对其馆藏数据清楚掌握,做好基础的编目工作。目前,档案馆的实体整理工作一直在做,但是结果不尽如人意。档案馆应根据档案整合功能特征从档案馆管理制度化、归档程序化、馆藏数字化、信息网络化、控制智能化方面进行管理。还应做好现有馆藏各种载体标准、海量存储整合工作,有选择地将原始馆藏中有特色、有较高利用价值的档案数字化,积极将已接收进馆的文件建成编研成果数据库,使传统档案信息与现有档案信息共同发挥作用,如建立电子政务档案、城建档案、指纹档案、民生档案等特色数据库。

2.开展区域档案信息资源整合

以往,单个部门多自己保存自己形成的档案,然而单个部门的条件往往有限。

如果把一个区域县级的部门档案整合在一起会节约很多人力、物力。滕霞认为："在区域整体规划中设立县级单位为档案管理中心，各级档案信息形成部门向县档案馆移交，建立一个以档案部门为主体、各专业主管部门配合的区域管理模式，实现档案资源集约化、人员素质现代化、业务建设标准化、管理工作规范化、利用服务优质化。"

（二）从技术层次开展数字档案信息资源整合

在大数据的时代背景下，档案数字资源具有数量庞大、增长迅速、多源异构等新特点，在给人们带来丰富信息的同时，也给数字档案信息资源的整合带来了一定的困难，如数据存储问题、安全保障体系的建设等问题。

1.建立统一的档案数字信息资源整合标准体系

在大数据时代，档案数据的多样性已成为常态，要实现档案数字资源的整合就需要协调相关利益方建立兼顾适用性、稳定性和国际性的档案数字资源整合的标准体系，完成对不同协议、标准、规范的整合。这包括档案信息化过程中涉及的各类数据组织方式和网络通信协议的整合，各相关业务系统中使用的数据标准和协议规范的整合以及采用的各类存储、应用标准的整合等。唯有如此，才能确保整合工作遵循相同的标准，方便档案数字资源的存储和迁移，实现档案数字资源的交流与共享。

2.实现由馆藏中心模式向服务中心模式的转变

前面我们提到过大数据时代的信息挖掘技术，如云计算、Web 4.0文本挖掘技术等。这些大数据技术可以通过对复杂关联的数据网络中出现的趋势进行预测，为人们的行为决策提供有益指导。这就要求档案部门改变过去单一的"供给式"思维模式，关注大众的利用需求，构建起以社会利用需求为导向的档案数字资源体系。比如，档案网站导航、索引等人性化服务的提升都可以更加方便用户。时刻关注用户需求的变化，进而实现由馆藏中心模式向服务中心模式转变，不断提高档案服务与用户之间的匹配度。

3.构建适应大数据要求的档案数字资源分析系统

毫无疑问，构建适应大数据要求的档案数字资源分析系统依然要用到大数据信息挖掘技术。接下来以"云计算"技术为例加以说明。

云计算技术具有资源虚拟化、高可扩展性、高可靠性、按需付费等显著的特征。它适应了大数据时代分布式存储与海量数据并行处理的需求，实现了计算机资源的服务化，是大数据时代档案数字资源整合的基础平台和支撑技术。

首先，各档案部门应根据国家统一规划以及自身基础设施建设与档案数据库资源的匹配程度，灵活选择适合的云部署方案。处在档案数字资源整合关键节点的部门应架设私有云,其他部门可根据自身情况将关键数据存放在私有云上,同时以动态申请公有云的方式弥补自身计算能力、存储空间等的不足。其次,云计算能统一各应用环境之间的业务逻辑、组织结构和表达方式等,消除信息孤岛,从而建立集成的档案数字资源管理平台,促成档案数字资源深层次整合与知识开发的实现。最后,云计算能实现对档案应用的整合,并以服务的形式向用户发布,同时支持用户利用各种终端设备随时随地访问所需的云服务。这些都将最大限度地发挥档案数字资源整合的优势,提高档案服务的效率和便捷程度。

(三) 从服务层次开展档案信息资源整合

众所周知,档案馆开展档案信息资源整合一方面是为了加强对档案信息资源的管理,另一方面更为了提升档案馆的服务效能,方便公众查找和利用。

1.构建主题档案数据库

在大数据时代,基于公共服务的视角下,档案馆既要做好档案的征集、保存、管理等基础性工作,又要积极实现档案信息资源的共享,满足公众多样化的需求和高标准的期望。

首先,档案馆可以打破"条块"机制的束缚,和各级档案馆分工合作,形成资源互补,最大限度地发挥资源优势。同时,依托档案馆形式各异的馆藏资源,根据一定的标准进行资源挖掘与整合,推进档案的数字化工作,建立编研成果数据库,做好检索与服务工作,从而提升检索效率,完善服务质量。

其次,广大公众既可以是档案的利用者,还可以是档案信息资源收集者。档案馆可以通过广泛的宣传,如通过网络宣传、发放宣传手册等方式调动大众贡献档案信息资源的积极性。此外,档案馆还可以以"公开征集"的形式征集档案。

除此以外,档案馆还可以构建联机检索数据库,将档案馆的数字化档案信息资源分门别类,然后实施联机检索,方便公众打破地域限制,检索其他档案馆的馆藏档案信息资源。沈阳市档案馆的检索数据表明公众对民生档案、家庭档案以及社会保障等相关档案的查阅最频繁。因此,档案馆在进行档案实体资源整合的时候,可以按主体建立编研成果数据库,比如建立社保档案、婚姻档案、民生档案等主题档案数据库。

2.构建档案信息资源整合共享平台

在大数据时代背景下,档案馆数字化档案工作的开展,催生了海量的数字化档案信息资源,且公众对档案信息资源的需求也日益增多,实现档案信息资源的整合与共享是时代的必然趋势。

档案信息资源共享平台是一种基于互联网技术,整合了采集、审核、存储、发布、共享利用功能的软硬件集合。通常来说,档案信息资源整合共享平台有采集功能、审核功能、信息管理功能、信息共享功能、安全保障功能。

首先，公众可以通过档案信息资源整合共享平台，在线访问和查询档案馆的馆藏信息资源，使档案信息资源充分发挥自身价值，服务大众。其次，档案信息资源整合共享平台可以打破地域限制以及"信息孤岛"，促进各大档案馆之间的联系，实现更大范围内的资源共享。浙江省在构建整合共享平台方面有诸多成就和可供借鉴参考的经验。

（四）从安全层次开展档案信息资源整合

在大数据时代，个人电脑、手机等移动设备，微博、微信等社交App产生的多种类型的信息构成了海量的大数据资源。这些数据涉及个人、企业、国家等人类生产生活的方方面面。然而，这些海量的数据资源面临着黑客攻击、恶意泄密等安全威胁，尤其是档案馆存储的档案信息资源有的涉及国家或者企业的机密。因此，在大数据时代，档案馆加强数字化档案信息资源的安全保障体系的建设就显得极其重要。

1.加强访问安全的建设

首先，加强访问安全的建设。访问控制是实现档案信息资源受控共享、保障档案信息资源被合规访问的有效措施。访问控制是档案馆网络安全防护的重要渠道，起着关键性的作用。通过访问控制技术能够合理地控制和认证用户访问权限，保证非法用户无法窃取资源。常用的访问控制措施有身份认证、口令加密、设置文件权限、控制网络设备权限等。档案馆应建立IAM（身份识别和访问管理）和隐私保护系统，实现统一身份认证与访问权限控制，达到用户安全集成管理的目标，有效应对档案数字资源整合与大数据应用过程中的安全风险。其次，通过数据加密技术保护档案信息安全。通过SSL（secure sockets layer，安全套接层协议层）加密，实现在数据集的节点和应用程序之间移动保护大数据。

总之，档案馆可以综合运用大数据集成、存储、处理、访问相关技术以及云平台保障技术加强数字化档案信息资源安全保障体系的建设，保障档案信息资源不受非法侵害和恶意泄密。

2.加强存储安全的建设

为了实现档案信息资源的整合，档案馆开始尝试构建档案信息资源整合共享平台，档案信息资源整合共享平台通常包括用户端、各级档案部门、档案控制中心和云端模块。在实施档案信息资源整合与共享的过程中，其存储安全十分重要。一方面，为了保护档案信息资源的存储安全，档案馆在上传数字化档案信息资源到整合共享平台的时候需要进行扫描，防止恶意数据的侵袭。另一方面，档案馆要开展数据加密存储，寻求适用于档案馆存储系统的加密存储技术、密钥长期存储和共享机制。这样既能保护档案馆用户的隐私性，又能保障档案云平台和档案信息资源整合共享平台的信息存储安全。

总之，档案馆在开展档案信息资源整合工作的过程中，一定要格外重视安全保障体系的建设。一方面，档案馆要提升安全防范意识，从档案存储物理系统到档案信息资源本身，多方位实施安全防范与控制。另一方面，档案馆要构建风险预警与防控机制。例如，在档案"云平台"的构建过程中，开展风险识别、风险控制等工作，监测与维护存储资源的安全。

第二节　大数据环境下的档案信息资源挖掘

一、利用大数据技术进行档案信息资源挖掘的应用背景

在大数据时代，数据的种类和规模空前庞大，数据成了一种最重要的社会资源，且亟待人们对其进行开发和利用。大数据深刻改变了人们的生活、生产和思维方式，对社会各方面造成了巨大影响，档案信息资源在新的社会背景下也发生了巨大改变并越发显现出大数据的特征，如何对海量档案信息资源进行高效系统挖掘，从而实现深层次开发利用成为当下档案工作的中心。传统的档案信息资源挖掘工作不能满足新形势下档案信息资源的开发要求，将以云计算、语义引擎和可视化分析为代表的大数据技术应用到档案信息资源的挖掘工作中，可以为其带来巨大机遇，世界各国深入推广、积极倡导于大数据技术，我国也出台了相关政策进行支持，为大数据技术深入应用于档案信息资源挖掘领域提供了支持。

（一）我国政府的支持与引导

大数据概念一被提出，就成为最热门的名词之一。大数据技术给社会带来强烈冲击，深刻影响着社会的各个领域并引发思想变革。联合国公布了《大数据促发展：机遇与挑战》白皮书，对大数据技术给人类社会带来的机遇和挑战进行分析，在该报告中，联合国分析了大数据技术在中国互联网行业的发展状况，并认为大数据技术将会给中国互联网行业带来巨大的发展机遇。

《国务院关于促进大数据发展行动纲要的通知》指出了我国大数据技术发展的形势和意义，认为大数据是重塑国家竞争优势的新机遇，并提出了在我国发展大数据的指导思想和总体目标，同时提出在未来的国家发展过程中，应利用好我国的数据数量优势，努力实现数据数量、质量和数据应用水平的协同发展，注重对数据资源潜在价值的挖掘，将大数据这一战略资源的作用得到最大限度的发挥，以提升国家竞争力。

在《促进大数据发展行动纲要》中明确了未来发展大数据的指导思想，包括"大力推动政府信息系统和公共数据互联开放共享，加快政府信息平台整合，消除信息孤岛，推进数据资源向社会开放……着力推进数据汇聚和挖掘"。这些指导思想对于在档案信息资源挖掘过程中使用以云计算为代表的大数据技术，实现档案信息资源共享、消除档案信息资源孤岛、实现数据广域采集具有很好的引导作用。

目前，我国已经认识到大数据对于国家未来发展的重要价值，并为大数据技术的发展提供了思想指导和政策支持。档案信息资源是国家记忆的主要构成部分，也承担了保存国家记忆的重要使命，是未来国家战略资源最重要的组成部分之一。在国家积极倡导大数据技术应用的当下，把大数据技术与档案信息资源的挖掘工作紧密结合，构建一个基于网络的具有多种结构的、承载"中国记忆"的数字资源库，并使用大数据技术对档案信息资源进行深入挖掘和利用，顺应时代的要求和政策的支持方向，扩大档案信息资源的社会影响力，使档案信息资源为国家信息化进程的深入和国家竞争力的提升作出更大的贡献。

（二）大数据技术在档案信息资源挖掘工作中体现的优势

在大数据时代必须使用新的数据处理技术才能更好地开发和利用数据资源。大数据背景下档案信息资源已具备大数据特征，主要体现在以下几点：一是各级档案机构所产生的档案信息资源总量日渐庞大且增长迅速；二是档案信息资源种类日趋繁杂，而且结构日渐复杂；三是档案信息资源的价值丰裕度、凝聚度很高。对具备大数据特征的档案信息资源进行广泛采集，深入挖掘，对档案信息资源发挥最大化效用具有不可估量的意义。

档案信息资源的挖掘工作是指对海量的档案信息资源进行采集，并对采集到的数据进行清洗、集成、变换等处理，最后选择相应的挖掘模型，实现对档案信息资源价值的开发和提取，从大量的档案信息资源中挖掘价值、提取知识，从而对其进行更为广泛和高效利用的过程。

档案信息资源的大数据化给其挖掘工作带来了很多困难，如档案信息资源的采集问题、清洗问题、价值分析问题和结果提取问题等，但是大数据技术运用于档案信息资源的挖掘工作有以下几点优势。

1. 可以实现档案信息资源更系统、更全面地采集

大数据处理技术强调对整体数据进行分析和挖掘，取代了传统档案信息挖掘中以抽样代替整体的方法，可以改变因为遵循传统经验思维搜集局部档案信息进行分析而造成的挖掘成果的片面性和不完整性。云存储技术手段为信息采集提供了足量的空间，为系统、全面采集档案信息资源提供了技术支持。

2. 可以实现档案信息资源的智能化提取，并提高挖掘的精确度和效率

基于云计算的大数据价值分析技术可以在挖掘过程中提高精确度，可视化技术可对档案信息资源进行全面直观的呈现，语义处理技术为档案信息资源的智能检索创造了条件，有利于挖掘效率的提升。

3.可以弥补由于档案缺失而造成挖掘结果价值低的问题

大数据技术通过对海量档案信息资源进行处理分析，创建数据资源库，当某一部分档案信息资源存在缺失时，可以根据档案信息资源间的关联性原则对相关资源进行追踪，以补充缺失的档案信息，从而保证档案信息资源挖掘结果的完整性和可靠性。

二、大数据技术在档案信息资源挖掘中的具体实践

大数据技术对社会生活的各个方面造成了冲击，深刻影响着人们生产和生活的方式。在档案信息资源的具体挖掘流程中，以语义处理技术、云计算技术和可视化技术为代表的大数据技术正得到日渐广泛和深入的应用，并取得明显的效果。

（一）语义处理技术在档案信息资源挖掘中的应用

1.应用必要性分析

在大数据背景下，档案信息资源的总量呈现急剧增长的态势，且其结构形态也表现出越发复杂的特点，多媒体类档案占据着越来越大的比重。在此背景下使用人工方法对档案信息资源进行采集、开发和利用的难度越来越大。语义处理技术在大数据挖掘的过程中为机器提供了可以理解数据的能力，使用自然语言处理技术对原始档案信息资源进行处理，构建数字化档案信息资源跨媒体语义检索框架，为深入挖掘档案信息资源提供技术支持，可以在语义理解的基础上提高档案信息资源挖掘算法的语义化程度和性能，最终实现对海量、繁杂档案信息资源的快速挖掘、智能提取，提升挖掘质量和挖掘效率。

2.语义处理技术在档案信息资源挖掘中的具体应用过程

语义处理技术的主要作用是对原始的档案信息资源进行自然语言处理，以便机器更好地"理解"使用者的目的和需求，从而实现对档案信息资源更为精确地提取。自然语言处理是基于计算机科学和语言学，利用计算机算法对人类自然语言进行分析的技术，属于人工智能领域的一个重要方法。自然语言处理的关键技术包括对自然语言的词法分析、语义分析、句法分析、内容分析以及语音识别技术和文本生成技术等。在档案信息资源挖掘过程中，这些技术可以使计算机对原始档案信息资源有深入的理解和认识。这些技术有利于档案信息资源挖掘者系统地掌握档案信息资源的内容概要，对档案信息资源进行内容检测，依照关键词义、语义对档案信息资源进行系统分类整理，对原始信息进行深入挖掘检索、质量检

测。利用这些技术还可以实现自然语言所表达的内容信息不同形态之间的转换，有利于档案信息资源的丰富拓展以及清晰表述，对档案信息资源挖掘效率的提升意义重大，同时为智能检索技术的应用奠定基础。

自然语言处理技术主要包括两大类，即机器翻译技术和语义理解技术。机器翻译技术，即使用计算机实现对自然语言内容的认识和提取，并以文本或其他形式输出，可把一种类型的自然语言翻译成另一种类型的自然语言。语义理解技术则强调把检索工具和语言学进行有机结合，通过对关键词专用检索工具的开发以及对原始信息的前文扫描，弄清其词义、句意之间的相互关联，从而在语义层次上实现检索工具对检索目标词汇的用解。在自然语言处理技术中会用到汉语分词技术、短语识别技术、同义词处理技术等，对原始语言信息进行系统区分、鉴定和提取。

总的来说，在档案信息资源挖掘过程中，语义检索技术方法主要有两种：语义分析法和分词技术。前者目的在于在资源挖掘中对检索关键词进行语义分析，对关键词进行拆分，并查找拆分后关键词之间的关联以及搜索与关键词含义存在关联的其他关键词，最终实现对查询者目的的解读，搜索出最符合使用者要求的结果；而分词技术则是当档案使用者对档案信息资源进行查询时，将其查询词条按照相应标准进行划分，然后按照对应匹配方法对划分后的字串符进行处理，实现对目标资源提取的一种技术。将语义处理技术应用于档案信息资源挖掘工作中，有利于提高档案信息资源的检索质量，使检索结果更符合使用者需要，可以更确切、高效和准确地实施档案信息资源挖掘工作。

目前，语义处理技术已经在档案信息资源的开发利用中得到了实践。例如，维基百科、百度百科等无须付费的新型资源库本身覆盖了范围很广的信息资源，且这些资源易于获取、成本低、更新速度快，将其应用于档案管理领域，使之逐渐成为档案信息资源挖掘和自然语言处理的语义知识库和语义知识来源。从这些语义知识库中，可以对近义词、相关词、上下位词和同义词进行智能分析、自动抽取，从而大大增加了对档案信息资源进行语义分析的智能化程度，可以提高在档案信息资源挖掘工作中提取目标资源的效率和准确度。

（二）云计算在档案信息资源挖掘中的应用

云计算是分布式计算的一种，指通过网络"云"将巨大的数据计算处理程序分解成无数个小程序，然后通过多个服务器组成的系统对这些小程序进行处理和分析，并把得到的结果返回给用户。在云计算发展早期，简单地说，其就是简单的分布式计算，解决任务分发，并进行计算结果的合并。因此，云计算又被称为网格计算。通过这项技术，可以在很短的时间内（几秒钟）完成对数以万计的数据的处理，从而拥有强大的网络服务能力。

　　云计算是继计算机、互联网后的又一次IT革命，云计算是信息时代的一个大飞跃，未来的时代很可能是云计算的时代。虽然目前有关云计算的定义有很多，但总体来看，云计算的基本含义是一致的，即云计算具有很强的扩展性和高可用性，可以为用户提供一种全新的体验。云计算的核心是可以将很多的计算机资源协调在一起，使用户通过网络就可以获取到无限的资源，同时获取的资源不受时间和空间的限制。

　　在档案信息资源的挖掘过程中，首先要完成档案信息资源的采集，然后进行档案信息资源的预处理，即对档案信息资源进行价值分析和去噪处理，以实现档案信息资源的高效挖掘、优质开发。在此过程中，云计算技术广泛应用于构建档案信息资源整合共享平台，以拓宽档案信息资源的采集渠道；提供高效且廉价的档案信息资源处理工具，以降低档案信息资源的挖掘成本，并提升档案信息资源的价值密度。构建基于"云平台"的云档案系统，从而实现对档案信息资源更全面系统地开发与利用。

　　1.应用必要性分析

　　云计算的应用必要性体现在以下几个方面。首先，可以平衡档案信息资源挖掘基础设施建设。目前，由于地区经济发展不平衡、经费投资差别大，我国档案信息资源开发挖掘工作在基础设施建设上存在较大差别。一些发达地区在档案信息资源挖掘基础设施的建设上投入大量资金，确保了工作需求得到满足，但是有些经济欠发达地区的基础设施建设存在较大缺陷，没有足够的设施和技术对档案信息资源进行挖掘、开发。在这种情况下，通过云计算的基础设施服务来统筹规划档案机构的挖掘工具、管理服务器、存储器等基础设施，通过建设营造云计算环境，向分布的档案机构提供基础设施服务支持，这样不仅可以节省档案信息资源挖掘基础设施建设的资金，还可以平衡不同经济状况地区的档案信息资源开发状况，使挖掘技术力量较弱的档案部门同样可以开展档案信息资源开发工作。其次，可以拓宽档案信息资源采集渠道。在档案信息资源挖掘工作过程中，最基础的部分是对海量档案信息资源的采集。广域的数据采集对于档案信息资源挖掘成果的系统性、全面性至关重要。通过云计算构建"档案云"平台，实现档案信息资源共享，对各档案机构、企事业单位的档案信息资源进行统筹规划，合理存储、调动、分配档案信息资源，消除以往的档案信息资源"孤岛"，将其融合为一个档案信息资源的"海洋"。分散的档案机构在进行档案信息资源采集时，不仅可以对自身馆藏资源进行采集和处理，还可以通过档案信息资源整合共享平台，综合考虑云平台中档案信息资源的关联性，拓宽采集渠道，深入探索档案信息资源价值，实现更为高效、优质地挖掘和开发。

云计算存储空间大、计算能力强、安全性高，现在通过云计算实现数据共享的技术条件已经成熟，并在档案信息资源管理领域有所应用。随着档案信息资源的大数据特征进一步明显，云计算必将在档案信息资源的挖掘和开发领域发挥越发重要的作用。

2.云计算在档案信息资源挖掘中的具体应用过程

云计算应用体现在三个层次，分别是基础设施服务、平台服务和软件服务。目前，云计算在档案信息资源挖掘过程中最直观的应用是构建云档案平台，完善数字化的云档案管理系统，实现档案信息资源和档案基础设施的共享，以拓宽档案信息资源的挖掘渠道，扩大档案信息资源的采集范围。此外，云计算是对海量数据进行分析和处理的关键技术，也是进行大数据分析及应用的基本平台。在档案信息资源挖掘过程中，云计算的MapReduce处理技术可以对海量的档案信息资源进行预处理，以关联原则和聚类分析的方法，对档案信息资源分批处理并对其进行价值分析，确保档案信息资源的优质挖掘。

（1）构建云计算平台以拓宽档案信息资源采集渠道

云档案平台的构建是档案信息资源挖掘的前提，构建云档案平台之前必须建设平台必需的资源设备体系，具体包括作为云档案平台服务器端的服务器设备、互联网设备和档案信息资源的存储设备和构建云档案平台必需的现有档案信息资源，这些由云平台的构建者统一实施建设，以完成构建平台的硬件准备。此过程就是构建一个把档案信息资源、档案处理软件资源和档案信息存储资源有机整合的资源池，把档案机构现有的大量相同类型的资源构成同构或接近同构的资源池的过程。通过上述工作将不同的档案机构间或同一档案机构中的异构档案信息资源进行处理，使之整合成同一结构类型的档案信息资源，为实现档案信息资源共享、广域信息采集奠定基础。之后所构建的云档案平台的管理系统，负责对该平台中存储的海量档案信息资源进行统筹管理，同时协调支配云平台的各类任务，使云档案平台得以正常运行、高效操作，并保证平台的安全性。在此环节中，云平台管理系统负责管理档案信息资源、各项具体应用任务、云平台的安全性监管和用户的使用情况管理等。通过构建管理系统实现档案信息资源的共享，以形成档案信息资源广域采集。基于以上操作，最后通过云档案平台的服务系统实现档案信息资源的共享，以统一标准实现档案信息资源的整合之后，构建成一个规格确定的档案云平台，在技术上能将分布在不同档案部门的数据库和一站式检索界面结合起来，最大限度地实现档案信息资源共享和业务协同。同时，建立平台的服务接口，建立查询、访问档案信息资源的服务区域，从而实现档案信息资源的共享。在此过程中，云平台还可以创建其信息数据采集接口，注重对网络档案信息资源的采集和移动互联网App数据的采集，利用强大的储存能力和对档案信息资源的处理能力，对档案信息资源进行收集。云档案平台的构建实现了档案信息资源的扩区域整合，把档案信息集中统一存储在后台数据库中，为海量档案信息、资源的安全存储和高效共享提供了存储空间和管理工具，为档案信息资源的大规模系统采集提供了基础，为档案信息资源的挖掘开发提供了条件。

（2）云计算可以对挖掘对象进行价值分析、资源整合，提升挖掘精确度与效率

云计算的 MapReduce 处理技术在档案信息资源挖掘的数据预处理阶段可发挥重要作用，主要应用于对海量档案信息资源进行价值分析以及对原始档案信息资源进行数据清洗，以实现档案信息资源的高效挖掘。不同地域的档案机构在进行档案信息资源的深层次开发利用时，通过信息资源共享平台采集到的档案数据是凌乱复杂的，不具有应用价值的档案信息资源普遍存在，同时由于多信息资源采集渠道导致存在大量重复档案信息资源。MapReduce 应用算法可以对档案信息资源价值进行评估和处理。在档案信息资源挖掘工作的数据预处理阶段，对采集到的大量档案信息资源进行同构化处理后，将其分割成几个部分，在此过程中每一部分都会有相应的键——值对应关系，将这些档案信息资源交予不同的 Map 区域进行处理，此时在不同的 Map 区域对最开始的键——值对再次进行处理，形成中间结果更细化的键值对，继而由 Shuffle 进行清洗操作，把所有具有相同属性的 Value 值组成一个集合，将此集合呈至 Reduce 环节进行价值合并，Reduce 部分将这些 Value 值进行搜集，把相同的 Value 值合并在一起，最终形成较小的 Value 值集合。MapReduce 对海量档案信息资源分而治之，并使用"物以类聚"的分析方法，分析档案信息资源之间内在的特点和规律。根据档案信息资源属性间的相似性对其分而治之，再根据其价值点之间的相似性对其实现价值聚合，可以在档案信息资源挖掘中实现资源清洗和价值分析整合，提升挖掘效率。

（三）可视化技术在档案信息资源挖掘中的应用

1. 应用必要性分析

在大数据背景下，档案信息资源种类、结构更加复杂，数量也更巨大。在档案信息资源挖掘过程中，需要对诸多海量的、多元化的、结构复杂的档案信息资源进行直观展示，使档案信息资源的管理者和使用者可以清晰洞察档案信息资源背后所隐藏的信息，并将这些信息转化为可以对自身生产生活发挥实际作用的知识。对档案信息资源进行挖掘首先必须对原始资源有清晰、直观的认识，随着档案信息资源总量的增大，这一过程愈发困难。对于档案信息资源的开发者和挖掘者而言，海量的档案信息如同一个口很大的黑洞，必须对这些资源进行逐一认识、排查，发掘其所隐藏的价值。当原始挖掘对象的总量很大时，还需要对原始信息

资源进行检索，在传统的档案信息资源检索条件下，为了浏览所有结果，用户只能不断翻页。在档案信息资源的挖掘过程中引入可视化技术，把档案信息资源以及其内部不可见的语义关系以图形的形式进行直观呈现，同时在使用计算机对档案信息资源进行处理时更加注重人机交互的过程，以更系统、高效地对档案信息资源进行发掘，准确提取其潜在价值，使之发挥更重要的社会效用。

2.可视化技术在档案信息资源挖掘中的具体应用过程

信息可视化的定义为"使用计算机技术，使复杂的数据信息以交互的、可视化的形式体现出来，以增加人们对其认知程度"。可视化技术的主要研究重点在于它倾向于对复杂的数据信息进行综合分析，将其转化为易于理解的可视化图形，以直观的视觉方式展现数据中隐含的信息和规律。人类从外界获取的80%信息来自视觉系统，因而可视化的主要任务在于建立起符合大家普遍认知的、易于理解的心理印象。信息的可视化技术已经发展多年，现在越发成为人们分析抽象、复杂数据的重要工具之一。

在档案信息资源挖掘领域，信息可视化技术也可以发挥类似的效力。首先构建一个完整的档案信息资源数据集，即档案信息资源可视化界面，对该数据集中的档案信息资源进行全面的认识。其次放大目标所在的档案信息资源领域并剔除不需要的档案信息。最后结合用户的具体需求向用户展示具体细节，通过用户的具体操作和实践过程探索在档案信息资源可视化分析中使用者的行为，以此对可视化系统的实现提供指导。同时，注重档案信息资源的关联性和系统性，向用户展示档案信息资源数据项之间的相关性。在上述过程中须注重对历史操作数据的搜集和整理，要重视保存并整理在与使用者进行交互过程中产生的历史记录，这样可以对可能遗失的相关信息资源进行复原，也可以对类似的工作进行复制和重复以及细化更深层次的档案信息资源可视化处理与挖掘工作。与此同时，注重使用者、档案信息资源和档案管理者三者之间的交互，以实现档案信息资源可视化的操作。

档案信息资源的可视化描述是对其进行高效、准确挖掘的前提。这一过程的主要内容是构建反映档案信息资源具体内容的图符、多纬度空间描述图、特征库、知识组织体系和相应的数据压缩格式。对于档案信息资源，尤其是以文本形式存在的文书类档案信息资源，可以根据这些档案形成的时间先后将其进行图形化显示，将它们的特性以图形形式表示出来。当前可应用于档案信息资源挖掘工作中的文本信息可视化技术有很多种，如标签云技术，即将原始档案信息资源的原始属性根据词频规则，总结规律，根据该规律对其进行排列，用大小、颜色、字体等图形属性对原始档案信息资源的关键属性进行可视化表述。除此之外，还有图符标志法，这种可视化方法可以把专业的、复杂的档案信息资源以十分直观且易于理解的形式向挖掘者和使用者进行展示。在档案信息资源挖掘过程中,通过可视化技术了解挖掘对象的属性和关联性,对采集的海量数据进行去噪处理,有利于管理者和使用者更清晰地认识这些信息资源,从而实现档案信息资源准确高效地提取。

目前,已经有很多城建档案馆将可视化技术运用于档案信息资源的管理和应用中,如鞍山市城建档案馆、安庆市城建档案馆等。通过可视化技术对馆藏资源进行直观表示,增强了档案信息资源采集、归档、处理过程的透明度,对档案信息资源的开发利用有着重要作用。除此之外,南京信息工程大学也对高校档案信息资源进行了可视化处理,构建了以校档案馆为中心,涵盖学校各级党政机关、学院各档案机构的档案信息资源可视化协作网,将学校的行政类档案、学术类档案以及其他类型档案信息资源进行系统搜集,将相关数据利用可视化技术以图符的形式进行直观展示,并将其应用于有关联关系的抽象网络档案信息资源库。以可视化管理技术对该网络信息库进行管理,并设计易于操作的人机交互界面,以此辅助用户充分发掘和分析档案信息库中隐含的知识信息。

三、大数据技术应用下档案信息资源挖掘工作的发展趋势

大数据技术深刻地影响着档案信息资源的挖掘过程,在社会信息资源日新月异的大数据背景下,未来的档案信息资源挖掘工作也必须适应时代发展的潮流。在大数据技术得到深入应用的前提下,档案信息资源的挖掘工作逐渐呈现出新的发展趋势,主要体现在挖掘主体协同化、挖掘对象社会化和挖掘方式标准化三个方面。

(一)挖掘主体协同化

在大数据时代,档案信息资源外延的扩大化以及跨媒体的语义处理技术在档案信息资源挖掘领域的应用,未来的档案信息管理工作应当秉承以档案部门为主导的协同合作主体多样化原则。在档案信息资源挖掘领域主要体现在挖掘主体的协同化。在大数据背景下,数据的关联性日渐紧密,档案信息资源与其他类型的信息资源之间也具有越来越紧密的联系,档案机构在从事信息挖掘的过程中与其他社会机构协同合作成为未来档案信息资源挖掘工作的新趋势。各级档案馆可以加强与图书馆、博物馆等文化事业单位的协同与合作,推进信息资源的共享;也可以加强与商业机构的合作与协同,对档案信息资源进行协同开发,注重与档案信息资源的服务供应方、互联网运营商的协同,挖掘档案信息资源中隐藏的商业价值;高校档案机构也可以搭建与政府机构、企事业单位、民间组织进行信息交流的平台,主动推送档案信息服务,与这些机构协同挖掘档案信息资源的价值,

获得人力、物力和财力上的支持，使高校的研究成果产生更大的社会效益。

总之，档案信息资源是大数据时代最重要的财富之一，其价值的挖掘和提取对未来数十年社会的发展具有不可估量的意义，档案信息资源的挖掘工作关系到档案信息资源的整合与优化，关系到档案服务工作的前进方向，关系到信息化社会档案信息资源对于社会的服务能力，更关系到我国在大数据时代能否把握历史机遇，实现综合国力和国际竞争力的全面提升。大数据技术虽然已经普遍应用于社会的很多领域，但在档案信息资源挖掘领域中的应用尚处于起步阶段，使用云计算、可视化分析、语义处理技术等大数据技术系统而高效地进行档案信息资源挖掘是当下和未来档案工作的重要内容。广泛采集、综合分析、整合成果、高效利用，树立大数据背景下的档案信息资源挖掘新理念，使用以大数据技术为基础的档案信息资源挖掘新技术，广泛借鉴国内外先进成果，积极总结经验教训，顺应时代潮流和国家政策的指引，完善相关标准和法规，大力深化大数据技术在档案信息资源挖掘领域的应用，打造多部门协同发展，面向多元化信息来源、统一协调的档案信息资源挖掘体系，为我国的档案事业作出更大的贡献。

（二）挖掘对象的社会化

大数据时代，各类新型数字化媒体层出不穷。这些社会化媒体每天都产生和传递着海量的社会信息资源，而这些信息资源日渐成为档案信息资源的重要来源，如何对与日俱增且价值巨大的社会档案信息资源进行采集、存储，并挖掘其中价值成了档案挖掘工作的难题。大数据技术在档案信息资源挖掘中的深入应用可以解决这一难题，云档案平台的构建可以实现社会化档案信息的跨区域共享和流通，云存储技术可以为体积巨大的社会档案信息资源提供安全可靠的存储空间，语义处理技术可以实现跨媒体的档案信息资源处理。这些都为社会档案信息资源挖掘提供了技术支持。如今档案信息资源的社会化趋势与日俱增，随着"大档案观"理念和档案的"社会记忆"理念的提出与推广，档案信息资源的外延逐渐扩展，关于社会化媒体信息资源的研究也愈发活跃。如今，社会媒体信息资源的急剧增长极大地推动着我国档案信息资源的社会化进程，社会媒体的应用深刻改变着社会民众的档案意识，为档案信息资源的社会化注入潜在推动力。大数据技术为其开发利用提供技术支持和保证，在未来的档案信息资源挖掘中，挖掘对象的社会化已成为必然趋势。

（三）挖掘方式的标准化

虽然云计算、语义处理技术已应用于档案信息资源挖掘领域，并将不断普及，但是想要实现档案信息资源更大范围的资源共享、应用工具的共享和利用，还有很多挑战，最主要的挑战在于挖掘方式的标准化处理。国务院颁布的《促进大数据发展行动纲要》中提到要"推进大数据产业标准体系建设，加快建立政府部门、事业单位等公共机构的数据标准""推进数据采集、政府数据开放、指标口径、分类目录、交换接口、访问接口……关键共性标准的制定和实施""积极参与ISO/IEC、ITV等相关国际标准的制定"。在目前的大数据挖掘工作中，原始档案信息资源普遍存在著录标准、组织标准不统一现象，这给档案信息资源的挖掘利用造成了困难。因此，今后云计算技术、语义处理技术应用于档案信息资源挖掘时将呈现出挖掘方式标准化的趋势。在未来的档案工作中，各级档案机构首先要做好档案信息资源组织标准的构建工作，为跨媒体的语义处理和信息提取创造条件。要注重对现有档案信息资源组织标准的完善和对统一挖掘标准的理解和推广，实现大范围的档案信息资源标准化处理，从而使档案信息资源的挖掘方式实现标准化和统一化。同时，在云档案平台的构建过程中也应该注意标准化建设，需要由国家出台相关政策对云计算服务平台标准进行规范和指导，在具体的实践过程中，严格执行现有的档案数据著录与案卷级、目录级数据格式标准，还应总结问题出台新标准，以实现档案信息资源在未来更大范围内的资源共享、广域采集和标准化开发利用。除此之外，还应当注意在档案信息资源挖掘过程中如何参与制定与执行国际标准，建立起标准化的信息资源接收渠道，形成统一规范的接收协议。实现全球通用的档案信息资源执行标准是新技术在该领域得以普及和推广的重要保障。

  建立统一标准，在该标准下对档案信息资源进行采集、整理，进而实现标准化的挖掘和利用。在现实中已经有了初步的探索，比如浙江省丽水市完成了全市范围内的云档案信息共享系统的构建，该系统把市区及下辖九个县区的各数字化机关档案室、档案备份系统和云档案信息资源共享系统整为一体，采用统一标准进行处理，大大提升了档案信息资源的挖掘效率，也为我国未来在全国范围内推行档案信息资源的标准化处理提供了借鉴。

第三节　大数据环境下的档案信息资源开发与利用

一、档案信息资源开发与利用基础

（一）档案信息资源开发与利用的含义

  档案信息资源的开发与利用就是在档案工作领域运用现代信息技术采集、处理、传递和使用信息资源，提升档案工作质量的过程。开发的任务是生成有用信息，通过信息的生产确保信息的供给。利用是实现信息的价值，确保信息能够在各项活动中发挥作用，形成效益。可以说，档案信息资源开发是基础，利用是目的，两者互为因果，相辅相成。

（二）移动互联网环境下档案信息资源开发与利用的特征

在移动互联网环境下，档案信息资源开发与利用有了一些新的特征，把握变化才能更好地适应这一环境。

1. 获取档案信息资源的途径增多

传统获取档案信息资源途径主要包括到馆获取、从档案编研成果中获取、访问档案网站获取。在移动互联网环境下，档案获取途径变得更加丰富，微信、微博、手机 App 等多种途径可供选择。在这些社交媒体的帮助下档案走进了千家万户。

2. 时间上的碎片化

由空间的移动性导致了档案信息资源利用时间的碎片化。这一特点不仅要求档案信息资源可被随时访问到，还对档案信息资源开发者提出了新的要求。在移动互联网环境下，人们已经进入"读图时代"，档案信息资源展示形式应该与时俱进，图片、小视频是当前更受欢迎形式。另外，阅读时间碎片化对档案信息资源的内容也产生了一定影响，人们更加倾向于简单娱乐性的内容。因此，档案信息资源开发者应该把握住移动互联网环境下的新特点，提供用户需要的内容。

3. 空间上的移动性

移动环境指的是人或物处在不断变化的空间环境中，一方面，这一特点为档案利用提供了便捷，用户获取和利用档案信息的空间自由度更大。另一方面，这一特点也对档案利用工作提出了挑战：移动空间环境中的干扰因素增加，用户对档案信息的利用呈现碎片化趋势，对档案信息的质量要求更高，移动环境对无线网络、信息传输等的技术要求也更高。

4. 用户主导档案信息资源开发

在移动互联网环境下，网民的"话语权"得到增强，更加有利于表达自身诉求。传统的由"档案馆"主导的档案信息资源开发逐渐向用户主导转变，一些调查活动使用户加入档案信息资源开发的"选题""选材""编辑"，甚至是宣传推广中。利用者也是开发者，使档案信息资源利用率得以提升。

5. 档案信息资源利用的深度增加

在移动互联网环境下，档案信息资源的利用从简单的"实物利用"向"知识利用"转变。档案的凭证性作用依然重要，但是在移动互联网环境下人们参考档案指导实践活动、利用档案信息进行创作、通过档案回忆历史的例子随处可见。档案信息资源开发利用深度加深。

二、档案信息资源开发与利用的策略

移动互联网环境下的档案信息资源的开发与利用必然要经过功能定位、选题、选材、编辑、公布、推广这几个环节。下面主要针对这几个环节提出相应的策略。

（一）科学定位，明确服务内容

1. 大数据思维锁定主要用户群

科学定位首先要解决"为谁服务"的问题。在移动互联网环境下，档案利用者的范围与数量总体在增加。这些利用者大致可以分为两类：一类是原有的档案利用者，这些人在传统环境下就是档案信息资源的利用者；另一类是在移动互联网环境下新产生的利用者，这些人主要通过微博、微信等社交媒体浏览档案信息。我们需要通过分析这些利用者的特点来确定档案信息资源开发与利用的定位。

2. 精确设置服务内容

第一，移动互联网环境下档案信息资源的开发与利用必须体现出档案信息的资源优势。档案相较于其他信息，具有高度可靠性，因此档案信息的真实性是我们的优势。第二，开发对用户有价值的信息，通过调查统计将开发内容的决定权交给利用者，我们可以在微博上展开类似于"你最需要的档案"的讨论，调查利用者需要的内容。第三，发布有趣的内容，人们总是对秘密的事更感兴趣，我们可以开发那些大多数人都有兴趣的档案信息。第四，推出"民生档案"，它们与我们息息相关，许多"老城记忆"类的档案信息不仅阅读量高还引发许多民众参与互动。第五，反映热点的内容，紧跟社会热点不仅会吸引利用者目光，而且会增加利用者转发的可能性，增强用户推广欲望。

（二）精心选择表现形式

在移动互联网时代，人们对信息的要求更高，引人入胜的标题、直观形象的形式、简约友好的界面让档案信息资源的利用更有优势。

1. 引人入胜的标题

在移动互联网时代，大量的信息充斥在人们的生活中，拟好标题是做好编辑的第一步。

2. 简约友好的界面

在移动互联网环境下，用户获取利用档案信息资源的简约化是发展趋势，友好简单的页面是优质服务所不可或缺的。以微信档案公众号为例，一般设有两级菜单，一级菜单下设二级菜单，一般为3~4个，要求菜单名称文题通俗易懂。另外，菜单总体应该尽可能覆盖利用者需要的功能，但又不可太过复杂，影响利用。

第四节 大数据环境下的档案信息服务创新

一、档案信息服务的概念

档案信息服务是指档案馆通过档案信息的收集、整理、归档、利用等一系列活动，为用户提供其所需的档案信息资源，以满足用户的档案信息需求，为用户解决各种社会问题提供方便。所谓大数据时代的档案信息服务，就是指充分利用云计算和大数据技术，从各种类型的档案信息中，快速获得有价值的信息，实现迅速、优化、系统、科学的档案管理模式。

二、大数据环境下档案信息服务的特点

（一）档案信息、服务的智能化

大数据环境下，档案机构工作人员可以通过数据库技术、数据的合理压缩、网络远程信息传递、自动翻译、扫描等技术手段对档案信息资源进行立卷归档，组织成具有有序结构的档案信息资源库，通过计算机网络技术进行云储存。利用档案数据库系统进行智能计算检索、分析、查询、处理、存储数据等，从而使档案资源的开发利用实现数字化和智能化、纸质档案与信息高速公路的接轨。另外，还能在大数据技术的支持下，使用户仔细分辨自己的档案需求，分析所得的结果，改变档案信息形态，从而使档案信息资源得到充分挖掘和利用。

（二）档案信息服务的高效化

原始的档案信息服务是对一整个库房、一排排档案柜架、一盒一盒的纸质档案进行手工翻阅查找，不仅工作量大，而且效率低下，准确率低，极大地影响了档案信息资源的利用率。在当今大数据时代，数据量大、时效高、速度快，以手工检索为主的查档方式已经不适应时代的需要。随着网络信息技术和大数据的发展，查阅者只要满足档案机构规定的查阅权限要求，符合档案保密规定，就可以通过网络终端对所需档案信息资源进行智能搜索、查找，甚至进行浏览、分析和利用，检索速度以秒计，大大提高了档案检索和利用的速度。

（三）档案信息服务范围的社会化

在大数据背景下的档案信息服务，只有得到用户的一致认可，服务的效果才能得到最大限度的展现。档案机构的中心工作是提供服务利用，因此在提供方面，档案机构一直坚持以社会公众需求为导向，坚持以优质的服务质量和高效的服务效率，以较低的服务成本，最大限度地满足社会公众的需求。网络环境时代，由

于网络资源和网络技术的发展，社会公众查询和利用档案的方式变得更加便捷，并且随着大众的档案意识日益增长，档案机构的用户范围越来越广，各种网络范围、用户层次、地域单位都能共同利用档案信息资源，逐渐呈现出"社会化"趋势。

三、档案信息服务研究的主要内容

（一）大数据环境下开展档案信息服务的必要性和可能性

传统档案信息服务主要建立在馆藏基础之上，服务地点局限于馆内，服务手段相对落后，服务速度和效率受到极大的影响。传统档案信息服务的种种弊端促生了档案信息服务的大数据化管理模式。

1.大数据环境下开展档案信息服务的必要性

（1）传统档案信息服务的内容单一

传统档案信息服务以纸质档案的提供为主，主要包括档案借阅服务、档案外借、制发档案复制本等，内容单一，大大限制了视频、音频、影像等多媒体信息的利用以及综合开发利用。而大数据时代，档案馆藏数量巨大，既有传统纸质档案，又有电子档案信息，一切数据和记录几乎都归入大数据范畴，档案资源更丰富，类型更多样。而且人们更加追求对档案数据的整体分析，找到它们之间的联系，而不是零散数据的利用。所以，大数据环境下，不仅要开展档案信息服务，更要创新档案信息服务。

（2）传统档案信息服务的手段落后

传统档案信息服务一般不借助计算机，以人工处理为主。手工式操作让整个服务过程烦琐复杂，且档案原件在长期利用中受各种因素的制约容易出现磨损，影响后期利用。大数据环境下，TB级非结构化数据的出现让传统数据处理技术受到质疑。我们必须借助数据挖掘、知识挖掘技术，从大数据档案中挖掘符合用户需要的信息，才可以改变人工服务方式所带来的不便，实现向大数据管理模式的转变。尤其对于动态更新的档案，对服务速度要求很高，借助传统服务手段既影响效率又影响效果，只有不断改进档案信息服务的手段，才能更好地顺应大数据热潮。

2.大数据环境下开展档案信息服务的可能性

（1）档案领域具备现实的发展环境

随着新兴技术的出现和发展，我国档案事业逐步向智慧化发展。各项社会实践活动产生了大量的数据信息，包括各级各类档案机构的信息、传统载体档案的数字化和数字化环境中产生的电子档案等，这些多样化的档案大数据如果只是简单地应用于传统档案馆的服务中将很难实现档案信息服务的创新与发展。面对社会发展的实际和用户对档案的多样化、个性化、集成化的需求，契合大数据时代的技术，将"为政府作嫁衣，为领导当参谋"的档案部门转化为资源建设部门是新时期档案工作的方向。档案大数据为大数据时代档案信息服务的开展提供了基本的素材积累，档案事业顺应大数据潮流的发展方向更为这一背景下档案信息服务的开展提供了指导思想，切实打造了现实而可靠的发展环境。

(2) 馆藏档案具备典型的大数据特性

第一，馆藏档案数据体量浩大，类型多样。实体档案馆和数字档案馆的数据资源都极为丰富，既有传统纸质档案，又有档案馆搜索引擎、BBS论坛类、电子邮件类、网络电话、视频会议、档案网站等的半结构化和非结构化的信息等。相应的，档案馆的存储介质也越来越多样化，磁盘、光盘、云盘、移动硬盘等的出现让档案信息存储密度更高，集成性更强，更加符合大数据的4V+1C的特点，为档案馆在大数据环境下开展档案信息服务奠定了基础。第二，馆藏档案数据易于处理。大数据环境下，馆藏档案数据的分析已由传统的人工分析转变为网络分析和数据分析为主，档案工作者一敲一点之间，只需要几秒钟的时间就能实现对馆藏数据的简单统计。大数据时代，更多新技术的出现让信息生产和加工的成本逐步下降，处理更加简单，使以前只能被少数管理阶层才能进行的加工活动增加了更多参与者。第三，馆藏档案数据价值巨大，但密度很低。档案是历史留给我们的社会记忆，具有其他材料不具有的价值，同时其价值还有大小之分。但是，馆藏档案数据量的多少并不代表数据价值量的大小。相反，很多时候数据量的庞大却意味着数据垃圾的泛滥。档案数据的集成过程如果简单地将所有数据聚集在一起而不进行任何数据筛选、清理等操作，将会产生很多没有任何价值的数据，降低档案价值密度。因此，档案数据量的大小与档案数据价值并不一定成正比。

(二) 大数据环境下档案信息服务创新研究的主要内容

大数据给档案信息服务模式带来了冲击，未来档案服务机构的核心竞争力很大程度上取决于其信息服务的能力，这就要求档案服务机构就服务方式进行创新。大数据时代是信息的时代，不仅包括繁多的数据，也包括各种数据平台。

1. 云计算背景下的档案信息服务

在云计算背景下，构建数字档案馆是受"服务型数字档案馆"的启发而提出的。之所以构建数字档案馆，是因为数字档案馆能够使档案云服务平台应用起来，并且使其系统能够得到有效运营和维护，最大限度地实现档案信息云服务，满足档案信息用户的各种需求。基于云计算构建数字档案馆，提供档案信息云服务，已经是当前档案信息服务模式的一大趋势。

(1) 数字档案信息资源

基于云计算的数字档案馆可以将多个实体档案馆、机关档案室、数字档案馆等的档案信息资源进行组合，形成一个云档案共享网络。这个方式能够很好地提高数字档案信息资源的利用率，更加全面地满足利用者的利用需求。随着机密性档案的不断降密和公开，越来越多的档案信息展现在世人面前，供利用者查阅，档案信息的利用范围也越来越广。因此，为满足利用者的信息需求，数字档案馆需要不断收集实体档案馆的档案信息资源来充实档案云服务资源库。

(2) 档案云服务基础

档案云服务基础是实现数字档案馆云服务的基础部分，主要包括服务器、交换器、虚拟机、操作系统等，是实现数字档案馆云服务的硬件要求，为数字档案云服务提供操作平台。云计算中的应用程序只是在互联网上运行，不需要在本地计算机安装，避免了用户的安装、维护等麻烦。但是，我们可以肯定档案云服务在数字档案馆服务中占有基础性地位。

(3) 档案云服务控制

档案云服务控制是数字档案馆云服务实现的核心部分，包括数据管理、用户管理、员工管理、系统管理、系统维护等。该部分主要是对档案资源、服务器、虚拟机、交换器、操作系统等设备进行管理和控制，保证该系统的正常运行，为档案云服务的应用打下基础。

(4) 档案云服务应用

档案云服务应用是数字档案馆云服务实现的重要环节，该部分主要包括档案的收集、整理、利用、保存、借阅、统计等众多档案基础管理性工作。正是因为档案云服务的应用，才能将数字档案信息资源与用户连接起来形成档案云服务网络，简化档案用户的借阅程序和档案工作者的工作内容。

(5) 用户终端设备

用户终端设备主要是为档案用户提供进入数字档案馆云服务平台的端口服务，这可以是任何一种移动终端，如电脑、iPad、手机等。任何档案馆、档案室以及其他档案管理机构和个人等都可以不受限制地访问任何数字档案馆中的档案信息资源，以满足自身的信息需求。

基于云计算构建数字档案馆创新性云服务在理论上没有太多的问题，但在技术和生活实践中却存在着很多困难，这需要档案工作者有勇气、有目标、有毅力，对原有的档案信息服务模式进行革新。随着云计算技术在档案信息服务方面的影响不断扩大，越来越多的人力、物力和财力投入到档案信息服务当中，未来的档案信息服务模式将会焕然一新。

2.基于微信的档案信息服务

腾讯研发出一种新型的信息交流工具—微信,它可以快速方便地发送文字、图片、声音、视频等。用户可以通过关注微信公众号来了解想要知道的信息。如今许多档案馆、档案室、立档单位等档案服务机构基本上都开通了微信公众号,为广大微信用户提供档案信息服务。这项举措无疑是在原有档案信息服务方式的基础上进行的服务创新。

(1)档案推送

档案工作者必须利用微信向微信用户发布并且推荐一些档案信息资料,无论是文字信息、图片还是视频,确保微信利用者能够看到自己感兴趣的档案资料,以提高档案信息的公开度和利用率。这些档案资料不仅要包括国家机关档案、社会组织档案、企业档案、个人档案等,还要包括本馆特色的档案信息。同时,档案工作者可以利用该微信公众号发布一些最新的馆藏信息,如档案馆开放信息、讲座信息、展览信息等。总而言之,档案推送这一板块主要是全面展示本馆馆藏信息与最新信息的。

(2)档案查询

档案查询主要是对用户提供查档服务,根据主题、关键词、责任者等为用户提供相关的档案信息。服务范围包括档案馆藏资源目录体系、档案使用方法,并在帮助用户的过程中不断总结用户需求,有组织、有计划地组织好档案信息资源、档案资料等。同时,档案服务机构要逐步改善技术水平,创建档案服务系统,提高档案信息服务的查全率与查准率。档案服务机构也要逐渐完善和丰富档案内容,无论是文字、图片还是视频,应一应俱全,为用户提供丰富的档案资料以供参考和查询。

(3)档案咨询

档案咨询是档案服务机构与用户相连接的纽带。微信作为新兴的信息交流媒体具有优秀的社交网络服务属性,人与人之间可以进行实时交流、互动和资源共享。用户通过微信能够直接和档案服务人员进行交流,一对一的方式使双方的交流更为顺畅,也能逐步建立起档案服务人员与用户之间的情感桥梁。通过档案咨询,档案服务人员会认识到工作中有哪些不足,从而提高服务效率;而用户则可以通过在线咨询完整地得到档案服务人员的答复,对档案工作的理解将会更加深刻,以确保档案服务人员工作的顺利开展。

以上三点是任何一个档案微信服务平台都必须具备的,其他的附加功能则是根据各地档案服务机构的服务方式、服务内容、服务范围等所决定的,不用作太多具体的要求。各自的档案信息服务机构应有各自的服务特色,不能千篇一律。

总之,档案信息服务历来是伴随着档案发展的历史全过程,从分散服务到系统服务,逐渐完善成为一个服务体系。从古至今,档案工作实现着从重"藏"到重"用"、从为一小部分人服务到面向社会服务的重大转变。随着社会的发展，这个转变正在逐渐进行。从纵向层面讲，档案信息资源至今还没有完全开发出来；从横向层面讲，档案服务机构至今还未建立起较为完善的档案信息服务模式以及体系。因此，研究档案信息服务相关内容应该发展成为档案发展事业要务之一。

在大数据时代的背景下，将档案信息服务置于Web4.0环境、云计算环境和各种交流App软件相结合，研究档案信息服务应将如何创新开展。在Web2.0环境下，我们通过构建档案信息服务互动系统来改变原有的服务方式；在云计算环境下，我们可以通过构建数字档案馆形势下的创新性云服务来提高档案信息服务效率；在微信背景下，我们可以利用微信及其他手机App软件便捷地推广档案信息服务范围。虽然目前在理论研究层面和实践探索层面已经取得了一定的成果经验，但是我们在对档案信息服务方式进行创新研究的同时要注意以下几个方面的问题：一是要提高档案工作人员的服务意识，紧随时代步伐，重视研究、宣传和利用网络技术优化档案信息服务；二是要深化微信平台内容、功能、资源等方面的开发与研究；三是要借鉴其他领域的成功经验，注重理论研究与实践经验相结合。

四、档案信息服务模式面临的机遇与挑战

随着信息化与数据化进程的加快推进，大数据理念正在影响着人们学习、工作、生活的方方面面，为新时期的档案信息服务工作带来了新的机遇和挑战。

（一）大数据环境下档案信息服务工作的机遇与挑战

1.大数据环境下档案信息服务工作的机遇

大数据时代，信息资源增长迅猛，丰富了馆藏档案信息资源的内容和数量。一方面，"互联网+"环境下出现了泛档案化的现象，对传统的档案格局形成了较大冲击，原有档案信息资源与网络化所产生的信息资源的结合，使档案信息更加具有完整性；另一方面，随着互联网的高速发展和普及化，自媒体的发展使全民的言论自由得到最大化的显现，出现了语言狂欢化的现象，各种社会问题、新闻事件都能够出现在网络上，这也是档案信息的一部分。另外，随着档案数字化工作的推进，一些原来被忽略或者不被发现的档案信息也将重见天日。

大数据环境提高档案信息服务效率。当今时代，手机通信和互联网应用已经相当普及，信息的网络化传播使人们足不出户就可以尽知天下事。在这种时代背景下，档案信息的数字化和网络化可以大大方便人们对档案信息的查询、查阅，提高档案信息服务的工作效率。

2.大数据环境下档案信息服务工作的挑战

大数据时代，档案信息服务工作面临理念、技术和管理成本等方面的挑战。

(1) 档案服务理念方面

以档案为核心是传统的档案管理理念，价值性是档案信息收集的主要标准，对档案信息的分析与解读应秉持严谨的专业性和科学性态度。在传统的档案管理理念指导下，档案管理工作会耗费大量的人力、物力和时间，但也造就了档案收录与分析工作精准化的优良特征。相比较而言，在大数据管理理念指导下的档案工作呈现出泛档案化和价值性弱化等特征，视频、音频、图片、文字等丰富的档案形式和冗杂的档案量，对传统的档案信息服务模式提出了新的挑战，档案信息化、开放性、多元性等大数据时代特征的出现，使档案管理向着服务化的方向发展。

(2) 档案管理技术方面

在传统的档案信息管理技术下，主要依靠人力开展信息收录与分析，而这种耗时费力的工作方式决定了最终形成的档案信息量较小，不存在数据存储容量不足的问题。而大数据时代信息收录与分析效率的大大提高，再加上泛档案化所带来的档案信息量的急剧增加，使数据存储容量成了不得不考虑的问题。同时，信息安全问题随之而来，档案数据的损坏、泄露或非法占用等都是现实存在的问题。档案管理与服务工作要想在未来有大的提高，最基本的和关键的就是要确保信息数据的安全。

(3) 档案管理成本和人才方面

在档案管理与服务工作中引入大数据理念，离不开一定的技术支持，这就需要配置专门的计算机平台，进行专门的应用系统的研发与购买，以及获得其他的一些技术性的系统支持。即使已有的技术储备和电脑设备可用，也需要进行较全面的升级，以便更好地与大数据理念相衔接。另外，专门人才的引进和培训也是必须要做的工作，有了配套的系统而没有懂行的专门人才，那也是不可能真正实现人数据背景下档案工作改革突破的，无论技术系统多么先进和完善，都离不开人的操作。综合这些因素，档案管理与服务工作的改革更新成本还是不小的，至少对于地方档案管理部门来说这着实是一项不大不小的挑战。

(二) 大数据环境下档案信息服务的创新路径

数据本身是没有价值的，通过数据提供服务才具有真正的价值，数据即服务。因此，我们要深入挖掘档案资源的价值，把档案资源充分利用起来，变死档案为活资源，使其能够源源不断地创造价值。这就需要档案部门加快档案资源开放进程，改变档案资源服务方式，构建基于档案资源价值存在的知识服务体系。

1. 紧跟时代步伐，创新档案信息服务理念

随着技术便利化的发展，人们对数据的需求变得急切、复杂和多元。档案部

门应创新服务理念,向"服务型"部门转型,做到由"坐等人上门"向"主动型服务"倾斜。在运用信息技术把隐藏在海量数据中的知识揭示出来的同时,主动对用户需求进行追踪、调查、研究,主动了解群众需求,有针对性地对数据进行量化分析,针对不同用户的不同需求,实行信息推送,实现主动服务、精准服务。

要实现档案资源物尽其用和档案工作向"服务型"转型,需坚持四种服务理念,即人性化服务、个性化服务、智能化服务和知识化服务。人性化服务,就是在档案服务中体现"以人为本"思想,秉持用户第一的原则,实现服务流程和服务态度的人性化,简化操作流程,服务热情、周到、用心、耐心、专心;个性化服务,是要求档案部门充分了解和掌握档案利用者的切实需求,对用户和数据信息进行分类整理,以提供快捷性、精准性匹配的服务;智能化服务,是要实现档案数据处理系统的科学化、智能化,快速完成数据分析,智能抓取有效信息,进而提供便捷有效的服务,实现档案知识的顺畅流通与广泛传播;知识化服务,是一种基于网络环境下的开放式的服务,是档案服务发展的趋势和方向。档案知识化服务应以档案资源为核心,以大数据技术为支点,以档案知识挖掘为重点,以档案知识应用和知识创新为目标来构建档案知识服务体系,实现知识提供与检索、知识整合与加工、知识共享与交流的一体化服务。

2.利用大数据优势创新档案信息服务内容

随着大数据时代的到来,新的广义的"大档案观"开始出现,这有别于传统狭隘的档案观,体现了新时期泛档案化的趋势和档案内容丰富、形式多样化的现实转变。档案部门在进行馆藏纸质档案数字化、接收档案文件电子化的同时,要有意识地收集更多类别广、形式多、价值大的数据资源。网络的发展产生了包括结构化数据、非结构化数据和半结构化数据在内的更多更复杂的数据种类,数字、符号、关系型数据库,文本、图片、表格、图像、影音等非结构化数据库,如E-mail、HTML文档等都应该纳入大数据时代档案收集的内容。要完成这些新内容的收集整理工作,需要创新手段,对网络资源进行实时监控,及时采录有价值的信息数据。网络信息数据的更换速率较快,而又蕴含海量资源,所以必须主动及时抓取网络资源。同时,档案部门要有意识地引导和培养网民的信息归档意识,从而降低抓取重要信息数据的难度。

3.积极挖掘档案信息服务渠道,提高档案信息服务效率

网络的发展改变了信息传播的方式,丰富了信息传播的渠道,相应地,档案服务借阅、咨询、展览等传统途径也应做适当的调整。档案服务途径要实现多样化、科技化和网络化,就应注重对各种新兴媒体的开发利用,基于云计算、云存储的云服务手段的运用,发挥网络远程功能。积极开发微服务,微博、微信是中国网民最重要的网络社交平台之一,充分发挥微博、微信等新媒体优势,掌握和

运用即时传播信息的服务形式，实现档案信息的即时分享、传播与交流。档案部门通过开通微博、微信可以传达档案信息和传送服务项目，拉近档案与大众的距离，拓宽档案信息服务的范围，提高档案信息服务的效率。远程服务可以最大限度地减少地理区域限制，实现档案服务方便快捷、节约成本、远程到达等目的。档案云服务是以云计算技术作为支撑，以云存储资源为保障，将分散的档案信息通过云平台组织构建起来形成服务云，借助这些云平台强大的计算能力和低成本、高安全性等特性，来提高国家档案信息资源共享效率的一种档案信息资源服务模式。云服务能够为社会公众提供安全、开放的档案信息查询利用服务。

中国有"变则通，通则久"的古训，社会是不断发展的，只有紧跟时代发展的步伐，根据时代发展的需要，引进创新服务理念、先进技术，升级服务系统，改善服务态度，使档案服务工作与时代需求接轨，才能实现档案工作的更好发展，才能更好地服务于人民，服务于党和国家、社会和个人。

参考文献

[1] 潘玉民.档案资源建设与开发［M］.上海：上海大学出版社，2023.04.

[2] 谢玉娟，宋欢，刘翠红.档案信息化建设与信息资源存储研究［M］.北京：中国商务出版社，2023.01.

[3] 杨晓玲，张艳红，刘萍.档案信息化管理与建设研究［M］.长春：吉林人民出版社，2022.03.

[4] 黄亚军，韩国峰，韩玉红.现代档案信息化管理与建设研究［M］.长春：吉林人民出版社，2022.03.

[5] 张旭芳，陈家欣.数字化档案管理与图书馆资源建设［M］.长春：吉林人民出版社，2022.07.

[6] 卢捷婷，岑桃，邓丽欢.互联网时代下档案管理与应用开发研究［M］.北京：北京工业大学出版社，2022.01.

[7] 孙爱萍.国家层面的私人档案信息资源体系建设研究［M］.北京：中国社会科学出版社，2022.02.

[8] 毕然，严梓侃，谭小勤.信息化时代企业档案管理创新性研究［M］.北京：新华出版社，2022.02.

[9] 杨冬权.新时代档案工作新思维［M］.上海：上海远东出版社，2022.07.

[10] 赵吉文，朱瑞萍.数字图书馆建设与档案管理［M］.汕头：汕头大学出版社，2021.04.

[11] 高莉.图书馆管理与档案资源建设［M］.长春：吉林人民出版社，2021.06.

[12] 郭美芳，王泽蓓，孙川.档案信息化建设与管理［M］.长春：吉林人民出版社，2021.06.

[13] 郭心华.档案资源建设与开放共享服务研究［M］.长春：吉林人民出版

社，2021.10.

［14］杨智勇.智慧城市背景下的档案信息服务模式研究［M］.武汉：武汉大学出版社，2021.06.

［15］张鹏，宁柠，姜淑霞.图书馆信息化建设理论与档案管理实践［M］.长春：吉林人民出版社，2020.10.

［16］李雪婷.人事档案信息化建设与创新管理研究［M］.长春：吉林文史出版社，2020.04.

［17］张璐璐.档案信息化建设与管理创新［M］.秦皇岛：燕山大学出版社，2020.07.

［18］高鹤林，方建，刘铮.档案信息化管理与建设研究［M］.延吉：延边大学出版社，2020.

［19］韩若红，陈贝贝，许艳芳.现代档案信息化建设与资料管理［M］.长春：吉林科学技术出版社，2020.

［20］于红宇，王磊，舒明磊.图书馆信息资源建设及档案管理［M］.长春：吉林文史出版社，2020.

［21］杨振力.智慧档案馆建设［M］.北京：中国戏剧出版社，2019.06.

［22］曾川.互联网背景下智慧档案馆建设研究［M］.合肥：合肥工业大学出版社，2019.10.

［23］范杰，魏相君.信息化视角下高校教学档案的建设与管理［M］.长春：东北师范大学出版社，2019.04.

［24］傅永珍.档案管理与信息化建设［M］.天津：天津人民出版社，2019.08.

［25］许艳.现代信息化图书馆建设与档案管理［M］.咸阳：西北农林科技大学出版社，2019.09.

［26］王静.人事档案信息化建设与创新管理研究［M］.长春：吉林出版集团股份有限公司，2019.07.

［27］韩光春，赵磊.档案管理与信息化建设［M］.延吉：延边大学出版社，2018.09.

［28］高海涛，李艳，宋夏南.档案管理与资源开发利用［M］.北京：北京日报出版社，2018.06.

［29］王世吉，周雷.现代档案管理理论与实践［M］.延吉：延边大学出版社，2018.09.

［30］刘亚静.档案管理信息化与自动化探索［M］.天津：天津科学技术出版社，2018.06.

［31］赵娜，韩建春，吕洪涛.信息化时代的档案管理精要［M］.天津：天津科学技术出版社，2018.09.